光明社科文库
GUANGMING DAILY PRESS:
A SOCIAL SCIENCE SERIES

·教育与语言书系·

个性化学习与服务研究
——教育大数据环境下的视角

牟智佳 | 著

光明日报出版社

图书在版编目（CIP）数据

个性化学习与服务研究：教育大数据环境下的视角／牟智佳著. -- 北京：光明日报出版社，2022.2
ISBN 978－7－5194－6467－7

Ⅰ.①个… Ⅱ.①牟… Ⅲ.①教学模式—研究 Ⅳ.①G42

中国版本图书馆 CIP 数据核字（2022）第 036667 号

个性化学习与服务研究：教育大数据环境下的视角
GEXINGHUA XUEXI YU FUWU YANJIU：JIAOYU DASHUJU HUANJING XIA DE SHIJIAO

著　　者：牟智佳	
责任编辑：刘兴华	责任校对：李小蒙
封面设计：中联华文	责任印制：曹　诤

出版发行：光明日报出版社

地　　址：北京市西城区永安路 106 号，100050

电　　话：010－63169890（咨询），010－63131930（邮购）

传　　真：010－63131930

网　　址：http：//book.gmw.cn

E － mail：gmrbcbs@gmw.cn

法律顾问：北京市兰台律师事务所龚柳方律师

印　　刷：三河市华东印刷有限公司

装　　订：三河市华东印刷有限公司

本书如有破损、缺页、装订错误，请与本社联系调换，电话：010－63131930

开　　本：170mm×240mm	
字　　数：323 千字	印　　张：18
版　　次：2022 年 2 月第 1 版	印　　次：2022 年 2 月第 1 次印刷
书　　号：ISBN 978－7－5194－6467－7	
定　　价：98.00 元	

版权所有　　翻印必究

前　言

个性化学习是由不同时代的教育家和研究者针对教育问题不断探索而提出的。古代伟大的思想家、教育家孔子最早提出"因材施教"的教育思想。从古到今，促进学生的个性化学习既是教学实践一直以来的目标，也是教育理论研究的内在旨趣之一。随着信息技术对教育的逐步优化，个性化学习的实现方式也在发生变化。在数字智能技术时代下，个性化学习是技术与教育深度融合的高级阶段的表现形式，是人类未来学习的主要方式。2018年4月，教育部印发了《教育信息化2.0行动计划》，在"实施行动"中提出，探索在信息化条件下实现差异化教学、个性化学习、精细化管理、智能化服务的典型途径。美国2016国家教育技术计划《未来学习准备：重塑技术在教育中的角色》在学习部分中指出，在技术增强的学习环境、学习数据分析、网络与移动终端的支持下，开展个性化学习有了更多现实发展潜力。从教育政策到技术应用，促进学生的个性化学习是教育信息化发展的核心诉求和价值取向。

近年来，大数据技术、计算机科学和人工智能的发展与融合使得各类数据得以记录和存储，数据呈现出大量化、多样化和快速化等特征。随着教育环境的变迁，各类结构化、半结构化和非结构化教育大数据的激增使得当前学习环境由数字化向数据化转变，教育大数据环境已然形成，而以数据搜集、分析和互操作为特征的数据集驱动研究也已被认为是科学探索中的第四个研究范式。当前，我国的教育信息化发展进入到以有效支持教与学、促进学生个性化发展为核心诉求的新阶段，已有的个性化学习分析并不能对新教育环境下的教与学形成有效指导。以机器学习和深度学习为关键支撑的人工智能技术的回归对个性化学习进行了重塑和再造。在信息化学习时代下，需要对个性化学习特征、模型、服务进行重新审思和确立，从而形成能够有效支撑新教育环境的个性化学习理论体系。

基于此，本书从教育大数据和学习分析的视角出发，以学习者为中心，在学习起点上以个性化需求预测分析为基础，在学习过程中以学习结果预测和学习预警为监控，在学习结果上以个性化学习评价为导向，在学习拓展上以个性化学习资源推送和个性化学习路径推荐为驱动，形成包含整个学习环节的研究案例。

本书共九章。第一章主要描述教育大数据的兴起与发展，从定量和定性两方面分析了当前学习分析领域的研究现状，明晰学习分析的基本理论、分析方法、过程监控、评价服务；第二章对个性化学习理论进行构思，提出个性化学习特征、分析模型和多模态数据表征，并对能够促进个性化学习的精准教学进行分析和设计，形成学与教的理论设计；第三章从学习需求视角对个性化学习需求要素进行分析，设计并验证了个性化学习需求预测模型；第四章从学习活动视角对个性化学习活动进行理论设计，包括内涵与特征、设计原理、理论模型、学习活动序列推荐框架；第五章从学习结果预测视角提出了 CIEO 预测分析思想和预测工作模型，设计了面向学习结果的六类分析指标，并得出学习结果预测计算方式；第六章从学习过程监控视角设计了学习预警模型，分析了学习预警系统的基础技术架构，并进行了技术实现；第七章从学习评价视角分析了学习测评发展的理论与技术趋向，解析了个性化学习评价的层级结构，并设计个性化学习评价模型和工具原型；第八章从学习资源推荐视角比较和分析了个性化推荐系统，设计了个性化学习资源推荐框架，并阐述其推荐过程与算法；第九章从学习路径推荐视角勾勒了基于肖像模型的个性化学习路径框架，设计了个性化学习路径系统平台结构。

本书围绕个性化学习的各个环节，从学习需求、学习活动、学习过程监控、学习评价、学习推送等方面开展一系列相对独立的理论与实证研究。研究成果对于个性化学习分析理论的丰富与深化、个性化学习服务的实践与应用、个性化学习产品的设计与研发提供了有益启示。

本书以教育大数据环境为基础，以学习分析为切入视角，对数字化时代下个性化学习进行了重思和设计，涵盖了从学习需求、学习监测、学习评价到学习推送的整套学习服务，形成了具有理论建构和实证支持的系列研究成果，本书的主要特色如下。

1. 在对个性化学习的理论支撑与技术支持分析的基础上，提出数字化时代下个性化学习内涵、特征、分析模型、服务模式和教学支持。

2. 在学习需求分析上，设计了包含内容、资源、过程和评价的个性化学习需求预测系统，应用系统动力学方法建立了个性化学习需求预测模型的主要动态方程。

3. 在学习活动设计上，对个性化学习活动的内涵与特征、个性化学习活动的设计原理与理论框架进行阐释，形成理论层面的设计模式。从数据驱动与学习分析视角设计个性化学习活动序列的推荐设计，形成实践层面的操作路线。

4. 在学习过程监控上，分别从学习预测和学习预警两方面进行分析，提出了学习结果预测指标和计算方式，设计了学习预警系统基础技术架构和技术路线。

5. 在学习评价上，提出了基于测评数据的个性化学习评价方案，可以实现对学习者的教学目标达成情况和知识点掌握程度的评判分析。

6. 在学习推送上，提供学习资源和学习路径两种服务。设计了个性化学习资源推荐框架与推荐过程，提出了个性化学习路径实施框架与支持系统。

受作者个人的研究视野和写作水平所限，书中难免有疏漏和不足之处，敬请同行和读者批评指正。

目 录
CONTENTS

第一章　教育大数据助力个性化学习 ································· **1**
 第一节　教育大数据的兴起与发展 ································· 1
 第二节　数据集驱动的学习工程学研究范式确立 ············· 6
 第三节　个性化学习服务的现实需求与发展契机 ············· 7
 第四节　学习分析领域组织与概念特征 ·························· 8
 第五节　学习分析研究主题的内容分析 ························· 14
 第六节　学习分析研究的未来趋势 ······························· 25
 本章小结 ·· 28

第二章　个性化学习理论构思 ·· **30**
 第一节　个性化学习内涵与实施阶段 ···························· 30
 第二节　个性化学习的理论支撑与技术支持 ·················· 38
 第三节　个性化学习特征分析 ······································ 46
 第四节　个性化学习分析模型与服务确立 ····················· 50
 第五节　个性化学习分析的多模态数据表征 ·················· 55
 第六节　面向个性化学习的精准教学设计 ····················· 65
 本章小结 ·· 94

第三章　个性化学习需求预测分析 ······································· **95**
 第一节　个性化学习需求预测研究设计 ························ 95
 第二节　个性化学习需求要素解析 ······························ 97
 第三节　个性化学习需求预测建模 ······························ 102
 第四节　个性化学习需求预测模型验证 ························ 108

1

本章小结 …………………………………………………………… 113

第四章　个性化学习活动设计 …………………………………… 115
第一节　学习活动设计的审视与反思 …………………………… 115
第二节　个性化学习活动的理论设计 …………………………… 117
第三节　个性化学习活动的自适应 ……………………………… 123
本章小结 …………………………………………………………… 124

第五章　学习结果预测分析 ………………………………………… 126
第一节　学习结果预测研究的内容解析 ………………………… 126
第二节　学习结果预测研究的设计取向 ………………………… 132
第三节　学习结果预测研究设计 ………………………………… 134
第四节　学习结果预测模型设计 ………………………………… 146
第五节　学习结果预测指标设计与评估 ………………………… 155
第六节　学习结果预测的计算方式 ……………………………… 166
本章小结 …………………………………………………………… 172

第六章　学习预警系统设计与实现 ………………………………… 174
第一节　学习预警研究现状 ……………………………………… 174
第二节　学习预警模型设计与数据源分析 ……………………… 178
第三节　学习预警系统的基础技术框架 ………………………… 181
第四节　学习预警系统的技术实现 ……………………………… 184
本章小结 …………………………………………………………… 189

第七章　个性化学习评价 …………………………………………… 191
第一节　学习测评理论与应用分析 ……………………………… 191
第二节　学习测评发展的理论与技术趋向 ……………………… 203
第三节　个性化学习评价层次塔 ………………………………… 206
第四节　个性化学习评价研究设计 ……………………………… 209
第五节　个性化学习评价建模 …………………………………… 212
第六节　个性化学习评价模型的验证分析 ……………………… 222
第七节　个性化学习评价工具设计 ……………………………… 226
本章小结 …………………………………………………………… 241

第八章　个性化学习资源推荐 ············ **242**
 第一节　个性化推荐系统比较分析 ············ 242
 第二节　个性化学习资源推荐框架 ············ 245
 第三节　个性化学习资源推荐过程与算法 ············ 248
 本章小结 ············ 250

第九章　个性化学习路径推荐 ············ **251**
 第一节　个性化学习路径内涵与特征 ············ 251
 第二节　学习者数据肖像模型设计 ············ 255
 第三节　个性化学习路径框架与推荐算法 ············ 259
 第四节　个性化学习路径支持系统设计 ············ 263
 本章小结 ············ 266

参考文献 ············ **268**

第一章

教育大数据助力个性化学习

各类结构化、半结构化和非结构化教育大数据的激增使得当前学习环境由数字化向数据化转变,教育大数据是数字化学习时代下的既定产物,它为学习分析提供了条件支撑。学习分析是教育大数据环境下开展个性化学习分析的基础视角,对学习分析研究领域的把脉分析有助于为个性化学习分析与服务提供经验借鉴。该部分首先论述教育大数据的兴起与发展以及数据集驱动的学习工程学研究范式的形成。之后从领域组织、概念特征、研究内容与未来趋势等方面对学习分析进行系统阐述,为个性化学习分析提供系统指导。

第一节 教育大数据的兴起与发展

一、从大数据到教育大数据

"大数据"是近年来出现在通信和计算机领域中的一个热门关键词。关于大数据,业界尚未有一个统一的定义,却有两个观点能够诠释大数据的本质。第一个观点来自 Gartner 公司的莫夫·阿德里安(Merv Adrian)在 2011 年第一季度刊登在 *Teradata Magazine* 上的一篇文章,文中指出"大数据超出了常用硬件环境和软件工具在可接受的时间内为其用户搜集、管理和处理数据的能力"[1];另一个观点来自麦肯锡全球数据分析研究所(Mckinsey Global Institute)在 2011 年 6 月发布的《大数据:创新、竞争和生产力的下一个前沿》报告,报告中提出"大数据是指大小超出了典型数据库软件工具搜集、存储、管理和分析能力的数据集"[2]。Gartner 公司将大数据概括成大量化(Volume)、多样化(Variety)

---

[1] ADRIAN M. Big Data: It's Going Main Stream and It's Your Next Opportunity [J]. Teradata Magazine, 2011 (1): 3–5.
[2] MANYIKA J, CHUI M, BROWM B, et al. Big Data: The Next Frontier for Innovation, Competition, and Productivity [R]. New York: Mckinsey Global Institute, 2011.

和快速化（Velocity）"3V"特征①，各特征的表现形式及发展演变如图 1-1 所示。

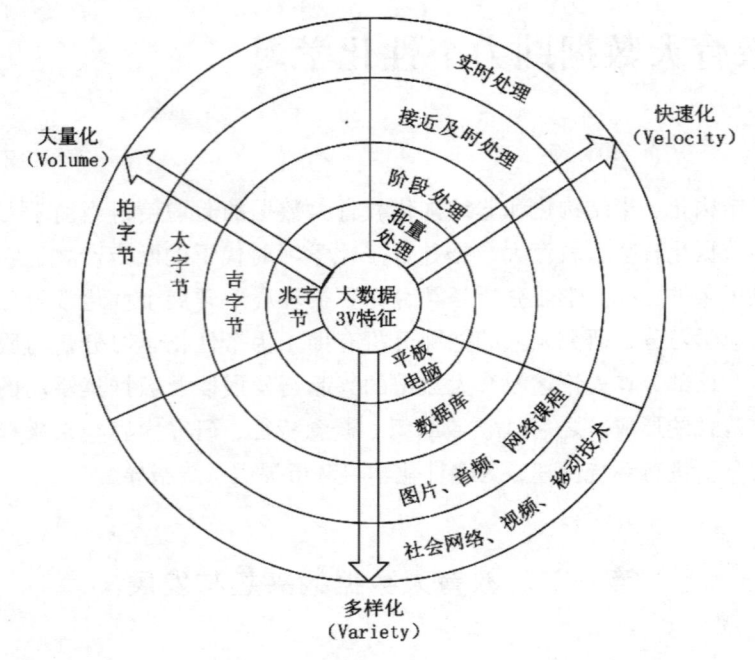

图 1-1　大数据的"3V"特征及其演变

相对于传统教育数据，大数据在数据量、数据结构和数据种类等方面都有显著不同。传统教育数据侧重线性、结构化、逐步处理，而大数据侧重非线性、非结构化、实时处理，能够记录整个教与学的过程，进而形成覆盖不同群体和行为过程的全息数据。大数据在教育中所体现的独特价值表现在以下三个方面：第一，为个性化教育提供了技术性支持，由原来的关注群体表现到洞察个体行为；第二，思维路径的改变——从演绎转向归纳，在"去经验"的过程中找到真正影响教育的重要因素；第三，信息真实性的凸显让信息从可疑到可信，使研究者能够真正获悉真实的情况②。

教育大数据是信息技术支持下教与学的各个环节所产生的各种类型的结构

---

① SYED A R, GILLELA K. The Future Revolution on Big Data [J]. International Journal of Advanced Research in Computer and Communication Engineering, 2013 (6)：2446-2451.
② 张韫. 大数据改变教育：写在大数据元年来临之际 [J]. 上海教育，2013 (4)：8-11.

化、半结构化和非结构化的具有大数据特征的数据集。各类学习平台作为学生开展网络学习的技术支撑，在学生使用过程中会记录学生的大量结构化、半结构化及非结构化个人学习信息，进而产生大数据。而基于大数据的学习分析能够依据学习者的学习行为分析其知识基础和认知能力，进而为其提供个性化的学习内容和资源，促进其个性化发展。当前，学习分析的发展正由大数据分析走向有意义数据分析，通过整合不同类型的数据（如网络平台行为数据、眼动行为数据、手势数据等），对学习者进行行为测量分析，以更为精确地定位学习特征、预测学习结果，为后续的学习干预提供准确的数据支撑。

二、教育大数据的模块内容

大数据技术包括四个模块内容，即数据获取，数据存储（包括数据索引、存储、分享和归档），数据分析（包括数据清洗和处理），以及数据应用，各模块之间的关系如图1-2所示。由于大数据具有大量化、多样化和快速化的特征，能够对数据进行实时处理，因此各模块之间的关系不仅包括从数据获取到数据应用的渐进序列关系，还包括两模块之间的交互和反馈关系。

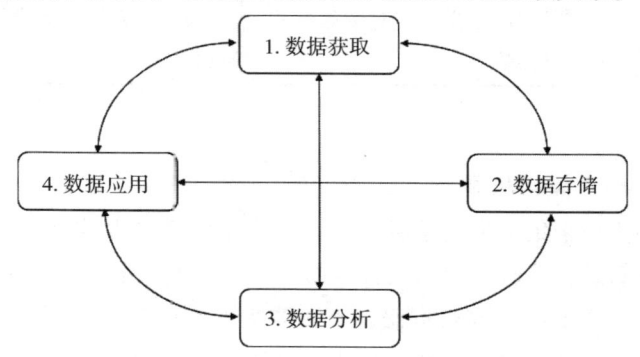

图1-2　大数据技术的模块构成及关系

当前，各类教育云服务平台为各类学习终端和数据记录提供了云服务支持，使得学习资源和学习数据能够统一管理。根据大数据技术的模块构成，我们对基于学习终端所形成的教育大数据模块内容从微观视角进行分析，以对其有较为系统具体的认识。

（一）数据获取模块解析

教育大数据的获取主要来自数据捕获、多感知数据和实时传感数据三个范畴，其获取方式和软件支持见表1-1。在数据捕获层面上，通过教育云服务平台可以对学生运用不同终端所产生的学习行为数据进行捕获，这类数据包括学生在台式机和笔记本终端下使用鼠标和键盘等输入设备所产生的数据，以及在平板电脑和智能手机终端下使用触控操作所产生的数据。在多感知数据层面上，主要借助移动终端中的摄像和感应功能对学生的外部行为进行记录，这类数据包括学生应用互动交流软件形成的远程视频交互数据，以及学生使用移动终端的使用偏好数据。在实时传感数据层面上，通过移动终端中的定位系统和传感器对学生的活动行为进行记录，这类数据主要是学生使用移动终端进行社会活动所产生的实时反馈数据。

表1-1　数据获取模块内容解析

获取范畴	获取方式	软件支持
数据捕获	键盘记录器、鼠标点击流、触屏捕获器	监控软件、网站追踪、移动终端应用
多感知数据	视觉探测、重力感应、远程视频交互	摄像头、感应传播、网真系统
实时传感数据	实时定位数据、实时图像显示、即时反馈	全球定位系统、图像传感器、智能网格

（二）数据存储模块解析

在通过多方位采集学生使用各类终端所产生的教育大数据之后，需要从数据服务、数据管理、平台管理和云计算等方面对数据进行存储，数据的存储方式和服务支持见表1-2。在数据服务上，需要为教育云服务平台的数据、各类教与学软件数据以及终端设备数据提供存储服务；在数据管理上，通过教育云平台中的电子学档系统可以对数据进行索引、检索和导航等；在平台管理上，教育云服务平台要能够适应不同的终端系统，并能对各类数据进行快速计算；在云计算上，可以通过私有云、公共云和混合云等方式对数据进行存储，并利用Hadoop分布式文件系统对数据进行分布式处理。

表1-2 数据存储模块内容解析

存储范畴	存储方式	服务支持
数据服务	平台数据服务、软件数据服务、终端设备数据服务	学习管理系统
数据管理	数据索引、数据仓库、数据检索和导航	电子学档数据库
平台管理	易用性、可拓展性、量子计算	教育云服务平台
云计算	私有云、公共云、混合云	Hadoop分布式文件系统

（三）数据分析模块解析

数据分析模块主要是通过相关分析、模式识别、预测分析和文本挖掘等方法对数据进行分析和挖掘，其分析方法和工具支持见表1-3。在相关分析中，既可挖掘在某一空间上共同出现而产生的共现关系，也可挖掘在某一时间段上相继出现而产生的序列关系。通过采用关联规则挖掘和序列模式挖掘，可以从学习者应用学习终端所产生的学习行为序列中挖掘出相关规则，以揭示学生在学习一些知识点的同时还学习了其他哪些知识点，以及在学习过程中浏览的学习内容、参与的学习活动与学习结果的关系等。在模式识别上，通过数据建模、仿真模拟和拓扑分析，可以对学习者的图像、语音和通信等进行识别和分析，以实现智能化的自动处理和判读。在预测分析上，根据学习者在学习过程中形成的已知记录，采用决策树、回归分析和时序分析等可以对其学习结果进行预测。在文本分析上，通过采用文本聚类、概念挖掘和文档摘要等对学习者生成的大量文本集合进行挖掘，可以发现其中隐含知识的过程，了解学生的知识水平和观点取向。

表1-3 数据分析模块内容解析

分析范畴	分析方法	工具支持
相关分析	关联规则分析、序列节点分析、社会网络分析	SSAS、UCINET
模式识别	数据建模、仿真模拟、拓扑分析	MATLAB、Stprtool
预测分析	决策树、回归分析、时序分析	SSAS、WEKA、SPSS
文本挖掘	文本聚类、观点分析、概念挖掘	RapidMiner、ICTCLAS

(四) 数据应用模块解析

数据应用模块是对数据分析的结果进行决策和应用,其应用范畴、应用内容和系统支持见表1-4。在学习分析上,通过教育云服务平台中的电子学档系统可以查阅学生的课程学习记录档案、知识点掌握情况以及练习题的完成情况,并为学习者提供智能评估和反馈。在个性化服务上,通过对学习者在学习管理系统中所生成的个人学习行为数据的分析,可以针对学习者的学习情况为其提供个性化的学习方案,并对其学习结果进行个性化评价,最后根据评价结果提供个性化学习资源推荐。在基于数据的决策上,通过对学生学习过程和结果的数据分析,教师可以在教学管理系统中通过调整教学目标、实施教学干预管理和开展课后补救等来改善学生的学习效果。

表1-4 数据应用模块内容解析

应用范畴	应用内容	系统支持
学习分析	建立学习档案、学习行为建模、智能评估和反馈	电子学档系统
个性化服务	个性化学习方案、个性化学习评价、个性化学习资源推荐	学习管理系统
基于数据的决策	调整教学目标、实施干预管理、开展课后补救	教学管理系统

第二节 数据集驱动的学习工程学研究范式确立

在大数据技术、数据科学和信息计算等领域的共同驱动下,数据集驱动的研究已经在地球科学、生物科学、医疗科学、计算机科学和天文学等学科开始了较为广泛的实践探索。以数据搜集、分析和互操作为特征的数据集驱动研究已经被认为是科学探索中的第四个研究范式[1]。该类研究包括超越存储要求的数据资源、计算密度和复杂度。随着教育大数据和学习分析的兴起,教育领域内数据集驱动的研究开始进入学界视野。教育大数据涉及不同层面,包括微观层

---

[1] HEY T, TANSLEY S, Tolle K. The Fourth Paradigm: Data - Intensive Scientific Discovery Microsoft Research [M]. Washington D. C.: Redmond, 2009: 11 - 12.

数据（如学习者点击流行为数据）、中观层数据（如教学模式与策略行为数据）和宏观层数据（如整合教与学结果的管理分析数据）。在这些数据的支持下，有研究者认为教育领域中应该形成基于数据集的学习工程学研究范式①，如图1-3所示。通过数据分析，一方面可以揭示数字化学习环境下的学习理论；另一方面可以促进数字化学习材料的优化与改善。而基于数据分析得出的学习理论可以更好地指导学习平台和材料设计，形成的技术增强下的学习资源则生成新一轮数据以支持分析。数据集驱动下的学习工程学能够快速精准地确定特定环境下的优缺点，并通过分析学习点击流数据和学习情感数据进行优化，最终依据学习科学对基本教与学假设进行验证，将反馈结果应用于教学材料设计和教学实践。在教育大数据环境下，该范式将成为教育研究的一种新兴研究范式。

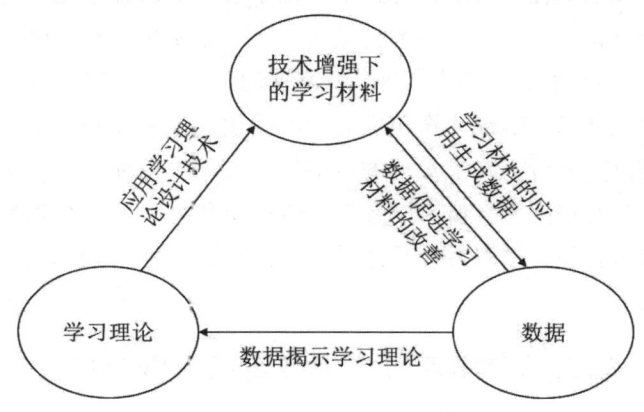

图1-3 数据集驱动的学习工程学研究范式

第三节 个性化学习服务的现实需求与发展契机

促进学生的个性化学习既是教学实践的终极目标，也是教育理论研究的内在旨趣之一。教育的作用和价值主要体现为教育者知识与受教育者个性的交融，最终将学生的个性优势引发出来。教育部颁布的《国家中长期教育改革和发展规划纲要（2010—2020）》在第十一章"人才培养体制改革"中提出注重因材施教，关注学生的不同特点和个性差异，发展每一个学生的优势潜能。移动技术、自适应

---

① ZUCKERMAN B L, AZARI A R, DOANE W E J. Advancing Technology - Enhanced Education: A Workshop Report [R]. Washington D. C.: Institute for Defense Analyses, 2013.

技术和推送技术的发展与成熟使得个性化学习有了较为可靠的技术支撑，数字化环境下的学习体验得到进一步提升。美国高等教育信息化协会学习倡议组织调查的 2016 年教与学的关键问题中，将自适应学习作为其中一个重要议题，认为要开展自适应学习算法探索和内容设计以提供个性化学习服务[1]。美国 2016 国家教育技术计划《未来学习准备：重塑技术在教育中的角色》在学习部分中指出，在技术增强的学习环境、学习数据分析、网络与移动终端的支持下，开展个性化学习有了更多现实发展潜力[2]。由此可以看出，个性化学习将成为继移动学习、泛在学习之后的新型学习方式。而以个性化学习资源推送、个性化学习路径生成、个性化学习社群推荐为主要构成内容的个性化学习服务将随着个性化学习方式的兴起而逐步要求到位。当前，有关个性化学习的实践探索主要体现在自定步调学习、个别化指导、学习内容的自适应上，尚未实现在整个学习流程上提供具有差异化的学习内容、学习活动、学习资源、学习评价和学习路径等服务。近年来，可穿戴技术、情感计算和机器学习的快速发展使得我们在整合学习者生物数据及其计算分析上有了实现的可能性。我们可以通过整合学习者眼动行为、脸部行为、心理行为、脑部行为等个性行为数据，为每个学生个体刻画出数字化学习肖像特征，进而为学习者提供精准的个性化学习服务。

第四节　学习分析领域组织与概念特征

一、学习分析研究协会介绍

虽然学习分析是近年来刚兴起的一个研究领域，但迅速得到了研究者们的广泛重视。世界各地对学习分析感兴趣的研究者成立了学习分析研究协会（Society for Learning Analytics Research，SoLAR），成员国籍涉及美国、加拿大、澳大利亚、比利时等国家。该协会是由国际范围的跨学科研究者通过网络建立形成，旨在探索分析在教学、学习、培训和发展中的作用和影响。该协会的使命是：第一，将最高标准的学术研究应用于学习分析中；第二，促进学习分析中

---

[1] Educause Key Issues in Teaching and Learning 2016 [EB/OL]. Educause Website, 2016–02–05.
[2] THOMAS S. Future Ready Learning: Reimagining the Role of Technology in Education [R]. Washington D. C.: Office of Educational Technology, U. S. Department of Education, 2016.

开放教育资源的发展；第三，提高教育研究机构和政府中的政治家与决策者对学习分析的认识；第四，为学习分析中的不同利益相关者创造交流、协作、辩论的机会，如学术研究者、产品开发者、教育者、学生、机构管理者和政府政策分析员等。该协会下开办了学习分析与知识大会、学习分析杂志、学习分析暑期学院、信息中心等，各项目具体信息见表1-5。

表1-5 学习分析研究协会所开设的项目

项目名称	简介
学习分析与知识国际会议	该会议是最高规格的研究论坛，主要为研究者、管理者、软件开发者提供一个交流、辩论的平台。大会与美国计算机协会合作，并将会议论文提交到ACM数字图书馆，以供研究者查阅
战略活动：学习分析暑期学院	旨在探索一门新兴学科在教育研究和实践中的潜在作用和影响。通过将相关研究者聚集在一起组成一个夏令营并开展一些活动，能够促进该学科的成熟与发展。目前已在哈佛大学、斯坦福大学、澳大利亚麦考瑞大学等地举办过讨论会
协作与研究：倡议	旨在通过多学科合作来支持学习分析的协作与开放研究，包括建立分布式的研究实验室、探索学习分析与开放学习、技术的交叉点以及与计算分析学科的专家合作等
出版物：学习分析杂志	该杂志旨在将研究者、开发者与从业人员建立联系，创造和传播新的工具和技术，研究成果转换，并提供持续的评估和概念、技术、实践结果的批判
知识传播：信息中心	该模块主要是供研究者分享和发布一些讲座视频、短篇文章、演示文稿等资料，其他研究者可以在此跟帖讨论

二、推动学习分析发展的相关理论

学习分析作为一个领域，汇总了多门学科基础。在人类交互和教育系统方面，人工智能、统计分析、机器学习、商业智能等都推动了学习分析的发展。乔治·西蒙斯（George Siemens）对推动学习分析发展的相关领域和教育研究活动进行了总结和介绍[1]，包括以下八个方面。

---

[1] SIEMENS G. Learning Analytics: The Emergence of a Discipline [J]. American Behavioral Scientist, 2013, 57 (10): 1380-1400.

（一）引用分析

加菲尔德（Garfield）是最早对《科学》杂志上的论文进行分析的研究者，他通过对论文的引用分析强调如何让科学发展能更好地被人理解①。通过追踪引用，科学家可以观察研究是如何被传播和验证的。谷歌早期搜索引擎的关键算法研究者谷歌早期搜索引擎的关键算法 PageRank，在网络中采用了加菲尔德的分析和权重模型以获取近似或重要的特定资源。在教育领域中，引用或链接分析有助于获取该领域的知识图谱。

（二）社会网络分析

社会网络分析在社会学中较为兴盛，其发展经历了从早期的社交网络研究到数字环境下的网络分析。近年来，社会网络分析聚焦不通过媒体的类型对社交关系的影响。

（三）用户建模

用户建模主要关注模拟用户与计算机系统的交互，它摒弃将所有用户进行同等对待，转而关注不同用户的个性和目标。由于用户建模能够帮助研究者设计更好的系统，并理解用户是如何与软件进行交互的，因此它在人机交互研究中变得越来越重要。在学习分析领域中，通过用户建模识别个体独特的学习特征、目标和动机也将变成一项重要活动。

（四）教育和认知建模

该部分主要应用于追踪学习者如何学习知识。认知模型研究者一直试图开发一个能解决问题的计算模型系统，使其能帮助学生解决问题。认知建模有助于将智能或认知导师进行拓展应用。一旦认知过程能够被建模，便可以开发软件来更好地支持学习者的学习过程。

（五）导师

计算机作为学习工具已经应用了几十年，彭斯（Burns）在 1989 年对智能导师系统的采用和发展进行了分析，认为其最终会经历三个层面的智能②：第一，领域知识；第二，学习者知识评价；第三，教学干预。这三个层级仍然与研究者和教育者相关。

---

① GARFIELD E. Citation Indexes for Science：A New Dimension in Documentation Through Association of Ideas ［J］. Science，1955，122（3）：108－111.
② BURNS H L，CAPPS C G. Foundations of Intelligent Tutoring Systems：An Introduction ［M］//POLSON M C，RICHARDSON J J. Foundations of Intelligent Tutoring Systems. Hillsdale：Lawrence Erlbaum Associates，1988：3－6.

（六）数据库中的知识探索

自1990年之后，数据库中的知识探索成为一个研究兴趣，它主要关注方法和技术的发展以更好地理解数据。而教育数据挖掘影响了数据库知识探索早期的发展方向。

（七）自适应超媒体

该部分主要是通过增加内容和交互的个性化来进行用户建模。自适应超媒体为每个用户的目标、偏好和知识建立一个模型，以便更好地满足用户需求。学习内容的个性化和自适应是未来学习科学的一个重要方向。

（八）数字化学习

在线学习中学生的数据能够被捕获和分析，这极大促进了学习分析的发展。当学习者应用学习管理系统、社交媒体或类似在线工具时，他们的鼠标、学习模式、完成任务时间、在论坛中的讨论等都会被追踪。大规模在线课程的快速发展为研究者提供了丰富的数据以帮助他们评价网络环境下的教与学。

三、学习分析的概念梳理与特征分析

目前，关于学习分析的概念，学界尚未有一个统一的认识，但多数学习分析文献中引用了第一届学习分析与知识国际会议对学习分析的界定，该定义也是第一次在学界中被正式提出。在此，我们对国外有关学习分析的内涵和提出者进行了梳理和总结，见表1-6。

表1-6 国外学习分析的概念汇总

学习分析与知识国际会议，2011[1]	学习分析是对学习者及其所在情境中产生的数据进行测量、搜集、分析和报告，以便理解和优化他们的学习及其所处环境
乔治·西蒙斯，2011[2]	学习分析是应用智能数据、学习者产生的数据和分析模型发现学习者内在的信息和社交联系，以预测和改善学习
坦尼娅·埃利亚斯，2011[3]	学习分析通过对学习者信息和行为数据的针对性分析来改善教与学

---

[1] The First International Conference on Learning Analytics and Knowledge [EB/OL]. Tekri Athabascau Website, 2011-02-27.

[2] SIEMENS G. What are Learning Analytics? [EB/OL]. Elearnspace Website, 2010-08-25.

[3] ELIAS T. Learning Analytics: Definitions, Processes and Potential [EB/OL]. Learninganalytics Website, 2011-07-29.

续表

拉里·约翰逊，雷切尔·史密斯，艾伦·莱文等，2011①	学习分析是对学习者产生的数据进行汇总和解释，以评价他们的学习进展，预测未来的学习表现，并发现潜在的问题
美国教育部教育技术办公室，2012②	学习分析是采用信息科学、社会学、心理学、统计学、机器学习和数据挖掘领域中的技术对来自教育管理和服务、教与学中的数据进行搜集、分析和创造性应用，以更好地改善教育实践
洛莉·洛克耶，伊丽莎白·希思考特，谢恩·道森，2013③	学习分析是将学习者及其所在学习环境中的动态信息进行应用、处理和分析，以便对学习过程和环境进行实时建模、预测与优化，以及做出准确的教育决策
拉里·约翰逊，萨曼莎·亚当斯，马尔科姆·康明斯等，2013④	学习分析是利用与学习者相关的数据来建立更好的教学方法，以解决学习困难者的问题，并为管理者、政策制定者和立法者提供项目实践有效性的依据
约翰·拉鲁森，布兰登·怀特，2014⑤	学习分析是对教育数据进行搜集、分析和应用以对教育领域之共同体的行为进行评估

---

① JOHNSON L, SMITH R, WILLIS H, et al. The 2011 Horizon Report [R]. Austin: The New Media Consortium, 2011.
② BIENKOWSKI M A, FENG M Y, MEANS B. Enhancing Teaching and Learning Through Educational Data Mining and Learning Analytics: An Issue Brief [R]. Washington D. C.: U. S. Department of Education, 2012.
③ LOCKYER L, HEATHCOTE E, DAWSON S. Informing Pedagogical Action: Aligning Learning Analytics with Learning Design [J]. American Behavioral Scientist, 2013, 57 (10): 1439 - 1459.
④ JOHNSON L, BROWN M, BECKER S A, et al. NMC Horizon Report: 2013 Higher Education Edition [R]. Austin: The New Media Consortium, 2013.
⑤ LARUSSON J A, WHITE B. Learning Analytics: From Research to Practice [M]. New York: Springer Verlag New York Inc., 2014: 2 - 3.

通过对国外有关学习分析的概念梳理，我们可以看出，尽管不同研究者和学术团体对学习分析有着不同的认识和理解，但其所体现的内涵和外延存在着共性。在对这些概念进行内容分析的基础上，我们认为学习分析具备以下四方面的特征。

（一）分析过程的完整性

区别于其他与学习分析相关技术的功能单一性和独特性，学习分析注重分析过程的完整性，它包括对数据的捕获和存储、分析和报告、预测、行动干预、调整等阶段。其中，数据捕获阶段主要是对教育情境中的数据通过多种感知设备、输入设备进行获取，并采用大数据技术对数据进行存储和清洗；数据分析和报告阶段主要是采用相关数据挖掘技术对有价值的数据进行分层处理，并以可视化的方式展现数据分析结果；预测阶段主要是基于数据分析结果，参照学习者模型对学习者后面的学习行为结果进行预测，以便及时发现问题；行动干预阶段是依据预测结果，对学习者的学习行为、学习内容、学习方式等方面进行干预，以改善他们的学习成效；调整阶段主要是基于实施过程和结果对前面各个环节中可能存在的问题进行修改和调整。各阶段之间紧密相连且循序渐进，最终形成一条线性循环的分析技术路线。

（二）数据来源的广泛性和多样性

从数据搜集的对象来看，学习分析的数据来源涉及教师与学生、管理人员、决策者等，基于这些对象所产生的行为数据进行有针对性的分析，以更好地优化教育实践。从数据来源的技术平台来看，记录行为数据的平台有Blackboard、MOOC平台、教育云服务平台、各类移动终端等，基于这些平台中的学习管理系统可以记录学习者的行为数据。从数据来源的类型来看，搜集的数据包括学习行为数据、情绪状态、表情特征、注意力水平等。由此可以看出，学习分析的数据来源较为广泛且类型多样。

（三）分析结果的可视化表征

数据分析和呈现是学习分析过程中的一个重要环节，该过程往往需要借助分析工具对数据进行加工处理。在这个过程中，数据分析结果的可视化输出和表征是学习分析的一个特色所在。以往的电子学档系统注重对数据的分析和处理，在呈现方式上缺少支持，而学习分析注重对分析结果的呈现和表征，即通过折线图、蜘蛛网、社会网络、移动点等多种形式以一种直观易理解的方式呈现给用户，从而使用户能够快速了解分析结果。

（四）学习行为的预测与干预

过去的教育数据挖掘和统计分析工具往往注重对行为数据的分析和挖掘，而学习分析在数据分析结果的基础上，结合学习者特征对其学习行为进行预测，了解未来学习者的学习表现，并对可能出现学习问题的学生进行干预，以更好地优化学习结果。由此可以看出，学习分析在预测和干预方面是一种以学习过程分析和优化为导向的分析思路，其目的是更好地优化教与学实践。

第五节 学习分析研究主题的内容分析

一、学习分析的基本理论研究

基于前面定量分析结果对学习分析主要研究主题做进一步详细分析。关于学习分析的理论研究主要集中在学习分析的相关理论、分析模型、技术和应用领域等方面，具体研究内容如下。

（一）学习分析模型研究

关于学习分析的理论研究主要集中在学习分析的模型设计、技术和应用领域、道德和隐私原则等方面。在学习分析的理论模型和框架上，有多位研究者分别提出不同的模型和框架，比较有代表性的有，乔治·西蒙斯依据系统方法提出了学习分析模型，该系统方法确保相关支持性资源能够被系统分析，而不仅依赖时间和观察[1]。该模型包括搜集、存储、数据清洗、数据整合、分析、可视化呈现和行动七个部分。德克·伊芬塔勒（Dirk Ifenthaler）等研究者通过对已有学习分析模型的分析，指出个别模型在指导实践方面还存在不足，并在此基础上提出较为具体的学习分析内容框架[2]。该框架包括八部分内容：个人特征、社交网络、身体数据、课程、网络学习环境、学习分析引擎、报告引擎、个性化和自适应引擎、机构策略和管理决策。该模型在学习分析内容方面进行了聚焦，并描绘了各模块内容之间的相互关系。

---

[1] SIEMENS G. Learning Analytics: The Emergence of a Discipline [J]. American Behavioral Scientist, 2013, 57 (10): 1380-1400.
[2] IFENTHALER D, WIDANAPATHIRANA C. Development and Validation of a Learning Analytics Framework: Two Case Studies Using Support Vector Machines [J]. Technology, Knowledge and Learning, 2014, 19 (1): 221-240.

(二) 学习分析的技术方向与应用领域

学习分析涉及两部分重要内容：技术方向与应用领域。技术部分主要是通过一些具体的算法和模型来进行分析，而应用则是通过技术分析结果影响和改善教与学。贝克（Baker）和亚克西夫（Yacef）提出学习分析领域中五个基本的技术方向[1]：第一，预测；第二，聚类；第三，相关挖掘；第四，提取数据支持人类判断；第五，模型发现。

别恩科斯基（Bienkowski）等研究者列举了学习分析的五个应用领域[2]：第一，用户知识、行为和经验建模；第二，创建用户档案袋；第三，知识领域建模；第四，趋势分析；第五，个性化和自适应。尽管学习分析的技术方向和应用领域各有侧重点，但两者之间紧密相连，相辅相成。其中，用户建模、知识领域分析、智能导师、社交网络分析、知识领域建模需要学习分析技术和应用两方面的支持。

除了上述研究者对学习分析技术和应用分析外，乔治·西蒙斯对学习分析的技术和应用进行了分类，并举例说明，见表1-7。

表1-7 乔治·西蒙斯提出的学习分析技术与应用分类

	学习分析方法	示例
技术方向	建模	(1) 学习者建模。 (2) 行为建模。 (3) 用户档案袋发展
	相关挖掘	(1) 话语分析。 (2) 情绪分析。 (3) 神经网络
	知识领域建模	(1) 自然语言处理。 (2) 语义发展。 (3) 评价（用户知识与知识领域匹配）

---

[1] BAKER R, YACEF K. The State of Educational Data Mining in 2009: A Review and Future Visions [J]. Journal of Educational Data Mining, 2009, 1 (1): 3-14.

[2] BIENKOWSKI M A, FENG M Y, MEANS B. Enhancing Teaching and Learning Through Educational Data Mining and Learning Analytics [R]. Washington D. C.: U. S. Department of Education, 2012.

续表

学习分析方法	示例
趋势分析和预测	（1）早期预警，确定风险。 （2）测量干预影响。 （3）改变学习者行为
个性化和自适应	（1）推荐：内容和社会关系。 （2）为学习者提供自适应内容。 （3）注意元数据
结构分析	（1）社交网络分析。 （2）潜在语义分析。 （3）信息流分析

应用领域（左侧合并单元格）

（三）学习分析的道德、隐私与挑战

学习分析的目标是通过搜集用户信息来更好地理解和改善学习质量。在数据信息搜集过程中会涉及一些隐私和道德问题。阿韦拉多·帕尔多（Abelardo Pardo）等通过对学习分析过程中的隐私和道德问题进行分析，提出了在开展学习分析研究中要注意的四个基本原则[1]，即：第一，公开和透明；第二，学习者能够掌控数据；第三，获取数据的权利；第四，问责制和评价。其中，公开和透明适用于学习分析的各个环节，与学习分析的相关利益者应该将分析过程的实施、搜集的信息类型、如何搜集和储存等内容对外描述清楚。学习者控制数据在大部分隐私法规中已经进行了说明，但这取决于在应用中的方式。作为学习者，对何时、何地以及如何搜集数据应当有知情权。获取数据权利是指学习者有权对相关人员搜集的数据进行使用和分析。问责制和评价是指管理机构中的信息技术基础设施部门要对数据安全进行负责，通过确定责任主体来确定分析过程中的责任区。

詹妮弗·希思（Jennifer Heath）[2] 通过隐私理论的概述，分析了学习分析中应注意的隐私问题。图1-4是隐私理论发展概览。它包括特定情境中的个人隐

---

[1] PARDO A, SIEMENS G. Ethical and Privacy Principles for Learning Analytics [J]. British Journal of Educational Technology, 2014, 45 (3)：438-450.

[2] HEATH J. Contemporary Privacy Theory Contributions to Learning Analytics [J]. Journal of Learning Analytics, 2014, 1 (1)：140-149.

私、隐私情境的两大分类、早期隐私理论、近年来提出的信息隐私理论四部分内容。在此基础上，詹妮弗·希思对学习分析情境中涉及隐私的参与者及其角色进行了分析，如图1-5所示。该图列举了学习分析情境中的相关利益参与者，包括学生、教师、信息技术人员、管理者、分析者等，以及这些人在信息发送、信息接收、信息主题方面所扮演的角色。其中，×表示在相关利益者中可能存在的隐私问题，需要在信息发送和接受过程中格外注意。

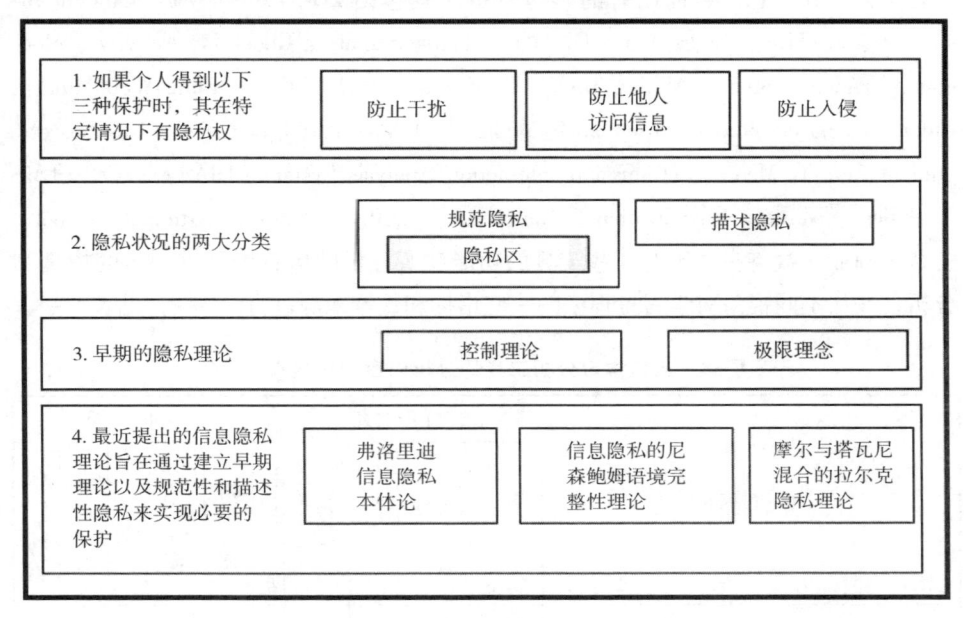

1. 如果个人得到以下三种保护时，其在特定情况下有隐私权	防止干扰	防止他人访问信息	防止入侵
2. 隐私状况的两大分类	规范隐私 / 隐私区	描述隐私	
3. 早期的隐私理论	控制理论	极限理念	
4. 最近提出的信息隐私理论旨在通过建立早期理论以及规范性和描述性隐私来实现必要的保护	弗洛里迪信息隐私本体论	信息隐私的尼森鲍姆语境完整性理论	摩尔与塔瓦尼混合的拉尔克隐私理论

图1-4　隐私理论发展概论

角色	个别学生	学生协作小组	学术人员—学科协调员	学术人员—导师、助教等	信息技术专业人士	大学管理者、商业分析师、规划师
信息发送者	×	×	×	×		
信息接收者	×	×	×	×	×	×
信息主体	×	×	×	×		

图1-5　学习分析情境中涉及隐私的相关参与者及角色

乔治·西蒙斯认为学习分析面临两方面的挑战：一方面尽管人们都意识到数据搜集的重要性，但还存在研究方法的透明度、数据的可获得性及所有权、分析方法本身缺乏研究和论证等问题；另一方面，学习分析实践的本质，由于学习分析涉及多个学科背景，各学科知识对学习分析都有所指导，因此，对于学习分析实践的本质还需要研究者进一步探讨和思考。

二、学习分析工具的设计与应用研究

（一）学习分析工具及项目的种类与分析

国外研究者安娜·莉亚·戴克霍夫（A. L. Dyckhoff）等对各类学习分析工具进行了梳理和汇总，目前已有的学习分析工具包括 LOCO – Analyst、Student Inspector、MATEP、CourseVis、GISMO、Course Signals、Check My Activity、Moodog、TrAVis、Moodle Mining Tool、EDM Vis、AAT、E – learning Web Miner、Biometrics based Student Attendance Module、CAMera and Zeitgeist – Dashboard、Student Activity Meter、Discussion Interaction Analysis System（DIAS）、CoSy LMS Analytics、Network Visualization Resource and SNAPP、iHelp、Participation Tool。安娜·莉亚·戴克霍夫等对这些工具的功能和所分析的信息做了进一步的梳理和分析，并从不同视角对学习过程中的一些指标和数据来源进行总结[1]，见表1–8。

表1–8 当前学习分析工具的分析内容和数据来源分析

分析指标	分析对象					数据来源			
	学习者	小组	课程	内容	教师	学生生成数据	情境数据	学习档案	评价	课程表现	课程元数据
每个学生浏览页面内容的数量	√					√					
每个学生开始的线程数	√					√					
每个学生提交的作业数	√					√				√	
学生与关键词的相关性	√										
有风险的学生状态报告	√					√	√			√	
对学生邮件内容的社交网络分析	√						√				

---

[1] DYCKHOFF A L, LUKAROV V, MUSLIM A, et al. Supporting Action Research with Learning Analytics [C] //LAK'13: Third Conference on Learning Analytics and Knowledge. New York: Association for Computing Machinery, 2013: 220–229.

续表

分析指标	分析对象					数据来源			
	学习者	小组	课程	内容	教师	学生生成数据	情境数据	学习档案	评价	课程表现	课程元数据
对学生邮件内容的关键词分析	√						√				
对学生观看资源的情况分析	√					√	√				
对学生的学习成绩水平分析	√		√					√			
学生对学习资源的标签分析	√			√					√		
对每个课程阶段的学习内容数量分析	√										√
对每个小组中活动参与者的数量分析		√				√					
对每个小组中的文件数量分析		√				√					
对缺乏交流行为小组的建议	√					√					
对课程整体的访问情况分析			√			√					
对未学习的资源进行分析			√			√					
对学习路径分析			√			√					
对每个课程阶段的学习者中心度分析		√		√					√		
学生对讨论主题的理解力分析		√									
对学习测验的平均值和整体值分析		√								√	
对出错学生的聚类分析		√								√	
给教师提供关于优秀学生和学困生的建议		√								√	
对学习测验中错误问题的平均数分析				√						√	
对学习者访问学习资源的次数分析			√	√							

从表 1-8 中可以看出，当前学习分析工具分析的对象涉及学习者个体、群组、课程、内容和教师，其中，学习者个体包括学生个人的反思、学习活动、学习结果等方面的信息；小组信息包括小组群体行为和学习表现、组间比较等；课程信息包括对课程的整体访问量、用户学习数量、页面平均持续时间和未被学习的资源；内容分析是指学习者与课程内容的交互分析，包括学习者对每项

资源的访问情况和资源回访率；教师分析是指帮助教师对教学情况进行自我反思，以便更好地优化和改善，分析内容主要是师生之间的交互内容。数据来源分析包括学习者生成数据、学习情境数据、学习档案、评价数据、与课程相关的表现和课程元数据。在分析内容方面，这些工具主要围绕课程学习内容、作业与考试、学习资源、小组讨论交流和学习预警等方面而展开。从工具的分析对象和来源上看，主要是对学习者和课程信息两个方面进行分析，这些数据来源于学习者在网络学习过程中生成的数据。此外，从分析内容的深度方面来看，当前的学习分析工具还主要侧重分析学习者表层数据内容，如页面访问和持续时间、资源访问量、测评与考试结果等，对学习者内在的特质和背后的信息分析不足，如学习者的思维水平、学习问题成因、心理特质等。

（二）学习分析工具的设计与应用研究

这方面的研究主要是通过对学习者行为数据的记录和分析，设计和开发学习分析工具，并对结果进行可视化输出和呈现，以更好地帮助教师和学习者了解当前学习状态。比较有代表性的研究有利亚卡特·阿里（Liaqat Ali）等研究者设计和开发的一个对学习活动和结果提供反馈的工具Loco-analyst，该工具提供四类反馈类型[1]：第一，个人课程学习信息（包括基本统计信息、课程访问次数和在线时间、预估内容难度）；第二，学生测验（基本统计、最难问题统计）；第三，学生参与讨论和聊天工具内容（发帖、回帖、社交网络关系）；第四，学生与学习内容的交互（在不同模块中的学习情况统计）。该研究目标是用户对该工具的三方面体验：第一，改善课程内容的感知价值；第二，GUI（图形用户界面）的感知价值；第三，对该工具的整体感知；通过两轮评估之后确定了反馈类型以及重视文本和图形混合的呈现结果。安娜·莉亚·戴克霍夫等研究者设计了Elat学习分析工具[2]，该工具主要是帮助教师分析学生的行为数据以促进其教学方法的反思和改善。该工具的分析过程是学习者先到学习管理系统或个人学习环境中进行在线学习，之后搜集学习者的登录和学习行为数据并做好数据隐私工作，在此基础上对数据进行挖掘和学习分析，包括学习时间、兴趣领域、资源使用情况、参与度及其与学习成绩相关度，最后，通过可视化面板对分析结果进行输出和监控，并将结果反馈给教师。

---

[1] ALI L, HATALA M, GASEVI D, et al. A Qualitative Evaluation of Evolution of a Learning Analytics Tool [J]. Computers & Education, 2012, 58 (1): 470-489.

[2] DYCKHOFF A L, ZIELKE D, BULTMANN M, et al. Design and Implementation of a Learning Analytics Toolkit for Teachers [J]. Educational Technology & Society, 2012, 15 (3): 58-76.

三、学习行为数据的可视化设计与分析研究

这类研究主要集中在可视化工具设计、基于数据肖像的学习监测和可视化学习能力与状态。例如，约瑟·路易斯·桑托斯（Jose Luis Santos）等研究者以大学工程专业二年级学生及其所学的"问题解决和设计"课程单元为研究对象，设计和开发了一个用于可视化活动数据的仪表盘，该仪表盘的目的是使学生可以监控自己的活动并与同伴进行比较[1]。德里克·莱奥尼（Derick Leony）等研究者设计了一个对学生参与活动的行为数据结果以多种方式呈现的可视化学习分析工具 GLASS，该工具以四种不同呈现方式对学习者参与活动的情况进行分析，方便学习者查看学习情况[2]。大卫·加西亚·索洛扎诺（David García-Solórzano）等研究者对异步网络学习环境下学生头像与可视化的学习过程数据进行了探索实践[3]。研究者们将网络环境下学习者的行为数据分为基本信息、学习表现和论坛参与三个部分，并对其行为特征和数据类型进行了设定。通过该可视化模式可以直观地了解到异步网络学习环境下学习者的课程学习和参与表现。在可视化学习能力状态方面，杰夫·格兰（Jeff Grann）等研究者以 MBA 学习者为研究对象，对其在《财务统计》这门课程学习中的胜任力进行分析[4]。研究者首先确定对课程内容胜任力分析的五个指标并确定对其进行可视化输出，之后设计了可视化原型。

四、虚拟学习社区中的社会网络分析研究

这方面的研究主要集中在网络环境下社会学习分析的方法、虚拟学习社区

---

[1] SANTOS J L, GOVAERTS S, VERBERT K, et al. Goal-Oriented visualizations of activity tracking: a case study with engineering students [C] //LAK'12: Proceedings of the Second International Conference on Learning Analytics and Knowledge. New York: Association for Computing Machinery, 2012: 143-152.

[2] LEONY D, PARDO A, VALENTIN L D L F. GLASS: A Learning Analytics Visualization Tool [C] //LAK'12: Proceedings of the Second International Conference on Learning Analytics and Knowledge. New York: Association for Computing Machinery, 2012: 162-163.

[3] GARCIA-SOLORZANO D, COBO G, SANTAMARIA E. Educational Monitoring Tool Based on Faceted Browsing and Data Portraits [C] //LAK'12: Proceedings of the Second International Conference on Learning Analytics and Knowledge. New York: Association for Computing Machinery, 2012: 170-178.

[4] GRANN J, BUSHWAY D. Competency Map: Visualizing Student Learning to Promote Student Success [C] //LAK'14: Proceedings of the Fourth International Conference on Learning Analytics and Knowledge. New York: Association for Computing Machinery, 2014: 168-172.

中的对话交流与社交网络分析以及学习社区中的学习者交互预测模型等方面。比较有代表性的是丽贝卡·弗格森（Rebecca Ferguson）等进行的研究，他们从社交行媒体、开放内容和数据、社交增加参与度三个方面对社会学习分析的成因进行了分析，并提出了社会学习分析的五种方法，包括社会网络分析、言语分析、内容分析、学习力分析、情境分析，并举例说明了每种方法的应用①。蒂凡·罗森（Devan Rosen）等介绍了虚拟学习社区中基于聊天内容的分析和测量过程，并通过社会网络、内容分析和语义网络分析探索学习社区中的结构、群组交互和个人学习结果②。

五、基于学习活动过程监控的学习评价与预警研究

该类研究主要包括网络学习中学习过程与结果相关性研究、网络环境下学习者情感状态与行为参与度相关分析、课堂学习环境下的学生注意力评价研究和基于学习过程数据的早期预警系统设计与应用等。例如，莫妮卡·安德加森（Monika Andergassen）等研究者对学习者在考试准备过程中应用学习管理系统的行为数据与学习结果的相关性进行了探索实践③。研究结果显示，学习时间、学习天数、学习间隔与最终成绩分数呈正相关，而不同课程之间未有显著性差异。扎卡里·帕尔多（Zachary A. Pardos）等研究者对网络导学平台中的学生情感状态与行为参与度的相关性进行探索研究，其研究内容包括：第一，分析学生情感状态、行为及其测量方式，并设计测量工具进行使用；第二，分析学生情感状态及行为与学习结果的相关关系，建立回归模型④。结果表明，通过四种情感状态类型能有效推测学生中长期的学习结果，这也说明建立的模型与标准考试分数有较高相关度。

---

① FERGUSON R, SHUM S B. Social Learning Analytics: Five Approaches [C] //LAK'12: Proceedings of the Second International Conference on Learning Analytics and Knowledge. New York: Association for Computing Machinery, 2012: 23 – 33.

② ROSEN D, MIAGKIKHM V, SUTHERS D. Social and Semantic Network Analysis of Chat Logs [C] //LAK'11: Proceedings of the First International Conference on Learning Analytics and Knowledge. New York: Association for Computing Machinery, 2011: 134 – 139.

③ NUEMANN G, ANDERGASSEN M, MOEDRITSCHER F. Practice and Repetition during Exam Preparation in Blended Learning Courses: Correlations with Learning Results [J]. Journal of Learning Analytics, 2014, 1 (1): 48 – 74.

④ PARDOS Z A, BAKER R S J D, SAN PEDRO M O C Z, et al. Affective States and State Tests: Investigating How Affect and Engagement During the School Year Predict End – of – Year Learning Outcomes [J]. Journal of Learning Analytics, 2014, 1 (1): 107 – 128.

六、数字化环境下的个性化学习分析研究

随着大数据、学习分析、计算科学等技术的深入发展,个性化学习在实践层面有了可实现的契机。为了更好地把握个性化学习的发展方向,明晰其实现路径,有必要厘清个性化学习研究脉络,以进一步结合人工智能技术描绘其服务模式。通过对国内外数字化学习环境下的个性化学习相关文献的梳理和分析,这方面的研究主要集中在以下三个方面:个性化特征分析及其对网络学习行为研究、个性化学习教学模式与服务策略研究、个性化网络学习系统与平台设计等。

(一) 个性化特征分析及其对网络学习行为影响研究

该部分主要是对网络环境下学习者的个性化特征信息进行分析,并对其网络行为的影响进行探索。比较有代表性的研究有孙海民对当前关于学习者个性特征对网络学习行为影响研究存在的问题进行梳理,并提出解决的关键问题是构建学习个性模型、基于活动理论的网络学习行为的分类以及基于 Apriori 的数据挖掘算法①。王云等采用调查研究法和内容分析法对网络环境下的学习者自我效能感、学习动机、成就归因方式和学习风格等个性特征信息进行相关分析,结果表明,自我效能感、学习动机、成就归因方式和学习风格等个性化特征信息与学生的知识建构水平具有相关性②。苏珊娜·纳西丝(Susanne Narciss)等分析了网络环境下学生的性别、先前知识、动机特点对学习结果和反馈策略的影响,结果表明,性别是影响反馈效率的一个重要因素,在所有反馈策略中,相对于女生,男生更容易获取浅层次知识③。

(二) 个性化学习模式与服务策略研究

该部分主要是对如何建立个性化网络学习模式以及如何提供相关支持服务进行探索。例如,蒋志辉在对个性化学习概念梳理的基础上提出了网络环境下的个性化学习过程模型,并对模型中的要素和特点进行了分析,最后提出了个

---

① 孙海民. 个性特征对网络学习行为影响研究的关键问题探究 [J]. 电化教育研究, 2012 (10): 50 – 55.
② 王云, 董炎俊. 学习者个性特征对虚拟学习社区中知识建构的影响研究 [J]. 电化教育研究, 2013 (1): 62 – 67.
③ NARCISS S, SOSNOVSKY S, SCHNAUBERT L, et al. Exploring Feedback and Student Characteristics Relevant for Personalizing Feedback Strategies [J]. Computer & Education, 2012, 71 (2): 56 – 76.

性化学习的优化策略①。李书明等从个性化学习过程和服务出发，对个性化学习服务的策略进行了分析，提出了个性化学习服务体系和建立统一的学习资源标准②。费利克斯·莫德里彻（Felix Mödritscher）等通过对网络环境下个性化学习的历史发展和基本概念进行分析，列举出了传统自上而下模式的缺点，并提出了通过"学习者驱动、自下而上"的方法来设计个性化学习，在该环境下，学习者可以查看个人学习活动以及同伴之间的学习情况③。

（三）个性化网络学习系统与平台设计

该部分介绍了相关个性化网络学习平台的系统设计和分析。比较有代表性的研究有谢明凤等利用本体及其相关技术提出了基于本体知识管理的远程个性化网络学习系统模型，并分析了模型中各个模块功能和实现路径，最后对模型的可行性进行了验证④。吴彦文等采用人工智能和认知技术设计了基于学习者个性模型的智能答疑平台，并分析了如何基于学习者进行个性化建模以及如何实现自适应知识内容呈现等问题⑤。金灿敏（ChanMin Kim）介绍了在网络数学补救学习中设计虚拟变化代理的原则以更好地支持学生的情感和动机需求，设计原则中强调自动化、动态和个性化支持。虚拟变化代理的可用性和个性化能够促使满足学生的实时交互和定制需求⑥。

目前关于数字化学习环境下的个性化学习研究主要集中在个性化学习内容分析、个性化学习教学模式与服务策略以及网络学习系统平台设计，分析平台缺少人工智能和自适应技术的支持。在学习分析层面上，将学习内容与之相对应的学习行为进行关联并开展分析的研究较少，特别是基于学习分析和教育大数据进行个性化学习分析、评价、预测的探索较少。这就需要站在教育大数据大背景下，在整合教与学理论思想的基础上，对个性化学习的内涵及特征进一

---

① 蒋志辉.网络环境下个性化学习的模式建构与策略优化［J］.中国远程教育，2013（2）：48-51.
② 李书明，田俊.网络学习中个性化学习服务策略研究［J］.中国电化教育，2011（6）：118-121.
③ MOEDRITSCHER F, WILD F. Personalized E-Learning through Environment Design and Collaborative Activities［M］. Berlin：Springer, 2008：377-390.
④ 谢明凤，孙新.基于本体知识管理的远程个性化网络学习系统模型研究［J］.中国电化教育，2012（11）：47-53.
⑤ 吴彦文，吴郑红.基于学习者个性模型的智能答疑平台的设计［J］.电化教育研究，2005（6）：64-66.
⑥ KIM C M. The Role of Affective and Motivational Factors in Designing Personalized Learning Environments［J］. Educational Technology Research and Development, 2012, 60（4）：563-584.

步梳理总结，进而设计形成以学习者为中心的个性化学习服务模式。

第六节 学习分析研究的未来趋势

通过前面对学习分析关键文献、关键词、研究主题和研究方法的分析，综合其分析结论，我们尝试从以下十个方面对学习分析研究的未来趋势进行总结讨论，以进一步明确其发展方向。

一、学习模型：基于学习者个性特征提供个性化学习服务，从而帮助学生走向成功

教育云服务的广泛应用和教育大数据的迅速发展使得因材施教和个性化学习这一美好教育愿景有了可实现的契机。学习者模式是学习分析的基础和理论依据，通过对学习者内在心理特征和外在行为进行分析，可以为学习者提供个性化资源、路径、预警和干预等一系列学习服务，并为不同学习者提供适切的学习策略和技能，最终帮助学习者走向成功。

二、知识分析：基于全息数据的学习者社会和知识网络分析

当前，对学习者行为分析的数据来源较为单一，例如，对学习活动参与度和完成度等方面的分析数据主要来源于网络学习平台，对学习者注意力和观察路径的分析数据来源于眼动追踪数据，对学习者认知和思维活动分析的数据主要来源于脑电波测试。单一数据来源分析并不能准确分析和把握学习者心理和行为活动情况。未来，研究应侧重搜集以学习者为中心的全息数据，包括网络学习行为数据、眼动和认知活动数据、社交网络数据、移动圆点数据等，并基于此对学习者的社会网络、知识网络、行为模型、学习档案等进行立体化分析，以帮助教师准确定位学生的学习状态，从而提供有效且具有针对性的教学服务。

三、学习可视化：以学习行为可视化方式表征学习活动过程和结果，进而引导学习行动

可视化是学习分析工作模型中的重要环节之一，而学习仪表盘是当前可视化分析工具中的一个主要应用。通过仪表盘可以直观了解学生在课程学习中的活动参与度、目标完成度、学习能力、知识图谱等学习活动过程和结果，这些学习分析和反馈可以为学生的未来学习提供引导，并帮助学习者进行自我意识、

自我反思和意义建构，最终促进学生开展有意义的学习。然而，当前已有的关于学习分析仪表盘文献中较少围绕其对学习者的有效性方面进行分析。此外，通过数据肖像也可以描述学生的学习行为数据，它可以将学习者在线的讨论贡献、浏览记录、社交网络、浏览模式等学习过程数据以可视化方式呈现出来，即从大量信息中简洁地传达出一个个人的学习信号图像。如何设计服务教与学的可视化学习分析方式和工具以引发更有效的学习行动，并对这些分析工具的有效性进行探索是未来学习分析需要关注和研究的一个重要课题。

四、学习情感：基于面部表情和心理活动数据的学习情感识别和计算

学习情感识别和计算是指计算机通过摄像头设备捕捉学习者学习活动中的脸部特征和手势信息并对其进行识别、理解和解析。脸部识别技术的逐步成熟和深度学习的日渐发展催生了情感计算，并使其走向智能化。网络学习环境下实时互动的缺失使得部分学习者产生厌倦学习情绪，进而降低课程参与度，而基于学习情感计算在网络学习支持服务中通过智能导师系统对产生厌倦学习表情的脸部特征做出反应，以提高其学习动机和自信。目前，学习情感计算主要集中在情感计算模型设计、情感计算算法、脸部情绪识别、情感计算代理和系统设计等方面，后面要考虑如何将情感计算成果应用到网络学习环境中，从而实现网络学习情感问题的自动化探测与学习支持干预。

五、行为模式：学习活动数据流中的行为模式发现

随着微视频、语音互动、图片分享等多媒体化学习资源的应用与互动，以半结构化和非结构化为主的教育数据突破了传统意义上数据的字段、长度和层级关系，并逐渐成为未来教育数据的主流。在这种背景下，采用非监督学习方法从非线性和非结构化的网络学习活动数据流中探测个体或群体的行为模式特征成为当前研究的一个关注点。在群体分析上，可以对互动交流特征、知识流取向、学习群组策略等行为特征进行挖掘分析。当前，研究者已经开始对数据驱动的网络学习课件中的学习者技能模式进行分析，以探测成功完成网络课程学习所必备的技能，对教育游戏环境中的学习者言语行为进行自动发现分类，为更加及时的反馈和更进一步的学习提供支持。

六、分析方法：基于深度学习和自然语言处理的人工智能分析方法发展与应用

早期的教育数据挖掘方法受数据量和数据类型的限制，主要以相关挖掘分析为主，以聚类、预测分析为辅。随着教育大数据的逐步发展和计算能力的增强，以深度学习、自然语言处理、模式发现等为代表的人工智能分析方法开始得到应用。在分析算法上，受教育情境问题的不确定性和数据复杂性的影响，由原来监督学习为主的算法开始渐变到半监督学习和无监督学习为主的算法。此外，应用于特定分析情境的计算和分析算法也在不断更新中，如在交互式学习环境中设计计算方法来测量和追踪学习者的空间推理能力，以及对语言学习情境中的文本内容进行自动识别和评阅等。

七、学习平台：支持过程监控与动态生成的自适应网络学习平台设计与应用

网络学习平台是学生开展在线学习和教育大数据来源的技术支持和保障。早期的网络学习平台注重对学习活动和学习资源的内容呈现，是一种静态化的学习设计模式。以 MOOC 为代表的网络学习平台在延续已有资源呈现和活动组织等平台优势的基础上，开始对学习者的学习行为数据进行记录和评价，以帮助学习者更好地了解当前学习状况，但从学习内容和个性化方面来看，其设计模式仍属于面向群体的静态化结构内容设计。而新型的网络学习平台应该在个性化和自适应性方面有所突破，即支持学习活动过程的实时监控和学习内容的动态生成。例如，澳大利亚研究者开发的 Smart Sparrow 自适应网络学习平台属于动态化结构内容设计模式。教师的课程内容设计是在学生学习之后动态生成的，教师可以根据学习结果反馈为学生设定个性化学习路径，通过互动反馈，可以进一步掌握学生的学习情况，进而实时调整教学内容，更好地改善学习效果。设计个性化内容动态生成和教学过程监控的自适应网络学习平台并探索其应用效果是学习分析在平台技术层面上的一项研究内容。

八、学习体验：通过学习分析，让学习体验更具有人性化

当前，随着人工智能的深入发展和科技的不断进步，人类生活中的低层次重复性劳动可以通过计算机和机器人技术代替。在教育领域中，已有的网络平台和学习分析工具只是为学习者提供了网络学习空间，并帮助其更好地改善学习成效，而教育者在整个过程中仍然需要做一些重复性管理工作。未来，学习分析应该不仅提高学生的个人学习体验，帮助其提高学习效率和技能，而且应能支持学习者开展具有高层次认知活动的创新学习与实践。在分析技术上应从人类活动层面出发，提高其智能水平，让学习体验更具有人性化。

九、教学分析：探索产生最有效学习行为和效果的教学支持

学习活动设计、协作学习行为和学习软件设计等需要与之相匹配的教学理念和服务支持。教育数据挖掘在改善学习体验的同时，还要探索不同学习情境和学习群体下何种教学支持是最有效的。而研究教学支持常用的方法是学习分解，它能够适合不同学习曲线下的行为数据分析，并将学习者最后的成功表现与大量不同类型的教学支持进行关联，每一类教学支持的相关权重都能够用于推测所产生的相关应用效果。教与学是教学结构中具有互动性的双主体，找到有效的教学活动及其序列设计对于提高学习成效具有重要意义。

十、交叉学科：突破领域边界的跨学科研究者合作探索与实践

学习分析在兴起之前，受到人工智能、统计学、机器学习、商业智能等不同学科理论的影响和发展，并逐渐形成了以教育数据为抓手、以系统科学指导分析过程的研究领域。而当前学习分析文献的研究者，其学科背景多为计算机科学和教育领域，具有脑认知科学、学习科学、社会学、机器学习等背景，特别是数据挖掘背景的研究者参与较少。这使得学习分析研究并不能有效整合理论、方法、技术、数据等多方面的资源，从而有效解决当前教育的实际问题。学习分析研究应该是不同领域研究者突破学科边界，通过交叉合作来创新性地解决教与学问题，未来，参与学习分析研究者的学科背景会呈现多元化，跨学科研究者之间的合作与实践将成为常态。

本章小结

本章首先从大数据时代的到来及其对教育的影响进行分析，进而对个性化学习的发展契机进行论述。在此基础上，对国外学习分析领域组织和相关概念进行梳理分析，得出学习分析研究的内在特征。之后以学习分析与知识国际会议论文、学习分析杂志文章、数据库论文等为研究样本来源，以元分析、知识图谱、社会网络分析为研究方法，从研究者国籍、学科背景、关键词、研究主题和研究方法等方面对学习分析研究进行定量分析；采用内容分析法从学习分

析理论、学习分析工具、学习行为可视化、个性化学习分析等方面进行定性分析。最后从个性化学习服务、学习行为可视化、自适应网络学习平台、社会与知识网络、跨学科合作探索和学习体验人性化六个方面对学习分析的未来趋势进行分析，为后面进一步深化学习分析研究、提高其教育价值提供参考。

第二章

个性化学习理论构思

随着教育环境的变迁,已有的个性化学习分析主要是对非信息化环境下的个性化学习进行理论探讨,难以对数字化环境下的教与学形成有效指导与支撑。在个性化学习分析层面,已有研究着重解决自适应学习层面的个性分析,缺少对学习过程的整体考量。在数字化学习时代下,需要对个性化学习特征、模型、服务进行重新审思和确立,从而形成能够有效支撑新教育环境的个性化学习理论体系。本章在对个性化学习理论支撑与技术支持分析的基础上,对个性化学习的理论进行构思,并对能够促进个性化学习的精准教学进行分析和设计,形成学与教的理论设计。

第一节 个性化学习内涵与实施阶段

一、个性化学习系统与传统教育系统的区别

个性化学习是为解决当前教育系统问题而逐渐生成的,其在教育模式、学习步调、时间和地点选择、师生角色等方面都与当前教育有着明显区别,具体对比结果见表2-1。可以看出,个性化学习在整个系统流程上已经进行了整合与重构,在时间和空间上进行了突破与融合。

表2-1 当前教育系统与个性化学习系统的区别

维度	当前教育系统	个性化学习系统
系统产出	大规模生产	大规模个性化定制
自主性	连续时间投入、学习成绩多样化、固定时间学习	时间多样化、学习成绩持续性、基于能力和掌握的学习步调
教与学模式	工业时代下的统一学习,基于共同步调的教学模式	知识时代下的自主化学习,基于不同步调的学习模式

续表

维度	当前教育系统	个性化学习系统
课程学习时间与评价	按学期完成课程，对知识进行评价	持续跟踪课程，对学生的知识、技能、学习风格和兴趣进行动态评价
角色定位	以教师为中心	以学生为中心
地点选择	固定地点，在学校学习	任何地点，移动学习
学习时间	固定学习时间	灵活的学习时间和计划
教学场所	满足所有教学和资源的统一场所	不同类型的教学场所和资源
教师位置	在讲台上讲授内容	在学生旁边引导学生，形成协作性的学习社区
教学资源	固定场所限制的教学资源	虚拟无限制的多样化教学资源
学习档案	限定且非公开的学生学习报告	可移动的电子学生档案
学习内容媒介	以打印和静态文本作为主要学习媒介	以数字化和交互性资源作为主要学习媒介
学习目标	孤立的学习目标和数据	可分类学习目标和互操作的学习数据
学习方式	面对面学习	面对面和网络学习相结合的混合式学习
学习空间	正式学习	正式学习与非正式学习

二、个性化学习相关概念辨析

（一）个性化学习相关概念介绍

1. 个别化学习

个别化学习是学习者根据学习内容自定步调进行自主学习的一种学习方式。在个别化学习过程中，所有的学生都会有同样的学习经历，但他们会按照自己的步调推动学习。例如，在大规模开放在线课程中，阅读速度更快或完成作业更快的学生可以点击进入下一个知识点学习。

2. 差异化学习

差异化学习是一种个性化的教学方法，教师根据学生的学习意愿、兴趣和学习方式来调整教学的过程和方法。与差异化学习直接相关的是差异化教学，包括五个方面：1. 应对学生的多样性；2. 采用特定的教学策略；3. 调用多种学习活动；4. 监控个别学生的需求；5. 追求最佳的学习成果①。

  3. 自适应学习

自适应学习是通过为学习者提供个别化的学习支持，以保持与学习者进行实时交互的一种学习技术。该技术用于根据学习者的独特需求为其分配数字学习资源。目前共有三种自适应学习的工具：自适应内容、自适应评估和自适应序列②。它们以不同的方式搜集并分析学生在线学习的各方面数据，进而不断调整提供给学生的学习内容、检测方式和学习顺序，以满足不同学生的个性化需求。其中，适应内容通过分析学生对问题具体的回答，为学生提供独特的内容反馈、线索和学习资源。自适应评估主要应用在测试中，它根据学生回答问题的正确与否，及时改变和调整测评的标准。自适应序列则将学习目标、学习内容与学生互动集成起来，持续搜集学习数据，基于学生的学习表现，为其提供合适的学习内容。

（二）个性化学习相关概念辨析

通过前面对相关概念的介绍可以看出，个别化学习、差异化学习与个性化学习在内涵上较为接近，而自适应学习是一种大数据和人工智能支持下以适应学习特征的深度学习技术，是个性化学习在教育大数据环境下为学习者提供自适应内容和评估的应用子类。美国教育领袖理查德·库拉塔（Richard Culatta）对个别化学习、差异化学习与个性化学习的区别做了进一步辨析，指出个别化学习是调整学习步调以满足学生个体需求的学习体验，关注个性化学习的"时间"，而差异化学习是调整学习方法或策略以满足学生个体需求的学习体验，关注个性化学习的"方式"③。

吉恩·科恩斯（Gene Kerns）认为，要成功开展个性化学习，需要包含三个基本要素：第一，差异化（Differentiation），改变教学方法；第二，个别化（Individualization），改变学习步调；第三，学生服务代理（Student agency），选择、

---

① SUPRAYOGI M N, VALCKE M, GODWIN R. Teachers and Their Implementation of Differentiated Instruction in the Classroom [J]. Teaching & Teacher Education, 2017, 67 (6): 291-301.
② EDSURGE. Decoding Adaptive [R]. London: Pearson, 2016.
③ CULATTA R. What Are You Talking About?! The Need for Common Language around Personalized Learning [EB/OL]. Educause Website, 2016-03-21.

相关和参与①，个性化学习与各要素关系如图 2-1 所示。其中，学生服务代理是指在学习者的兴趣驱动下，通过有意义的、与学习者相关的活动进行学习，并经常在教师的适当指导下由自我发起。简而言之，学生服务代理为学生在如何学习方面提供发言权和较多选择权。通过学生服务代理，可以使学生在提供给他们的机会中进行选择时受益匪浅，例如，让学生在项目、写作作业或其他活动之间进行选择。他们做出决定的能力引发了更大的兴趣和动机投入。

通过以上分析可以看出，个性化学习在外延上要大于个别化学习和差异化学习，其在学习时空、学习方法、学习内容、学习评价、学习推送等方面都注重学生个体差异，是以学习者为中心的全方位服务方式。

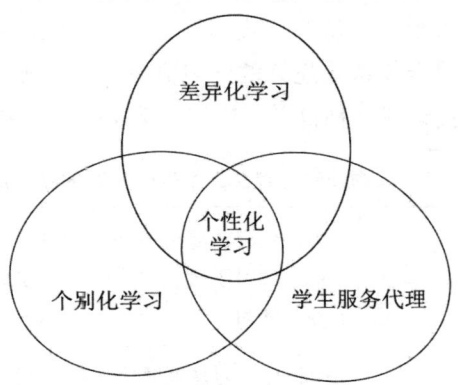

图 2-1 个性化学习基本要素

三、个性化学习内涵分析

在个性化学习概念的分析上，国内外研究者开展了较为广泛的探索。通过对相关文献的搜集和分析，得出不同研究者对个性化学习概念和特征的解释，见表 2-2。从国内研究者提出的定义来看，前三位研究者主要从传统环境下分析个性化学习的内涵，基于学习者个性特征为其提供合适的方法、策略、内容和评价，侧重个性化学习环境的创设。而最后一位研究者主要从 MOOC 环境下对个性化学习进行分析，为学习者提供差异化的学习活动和学习路径，侧重个性化推送。

相对于国内的分析维度，国外研究者和学术团体进行了较为深入和较多维度的探索。杰克曼（E. D. Jackman）和弗雷德·凯勒（Fred S. Keller）较早开始探索区别于传统教学流程的学习特点和实践方式。之后，英国教育与技能部、美国

---

① GENE K. How Can We Make Sense of Personalized Learning? [EB/OL]. Renaissance Website, 2016-11-23.

课程监督和发展委员会、新媒体联盟等研究者和学术组织对个性化学习的内涵、特征、政策进行了分析。其中比尔及梅琳达·盖茨基金会（The Bill & Melinda Gates Foundation）等组织提出的关于个性化学习的四大支柱（包括学习者档案袋、个人学习路径、灵活的学习环境和基于竞争力的进度）明确了数字化学习环境下个性化学习的工作定义，该定义是对新媒体环境下关于个性化学习较为成熟的分析，其特色是基于先进学习分析技术为学习者提供定制化路径，促使其达成目标。

通过对国内外个性化学习概念探索的梳理可知，研究者在以下几个方面存在共识：第一，分析起点：以学习者个性特征分析为基础；第二，服务支持：提供适切的学习内容、学习策略和学习评价；第三，环境创设：教学、管理、课程、时空等要素地再组织与整合。我们认为，个性化学习是基于学习者个性特征和知识能力提供符合其认知规律的学习方案，并能根据学习进度和成效适时调整学习要素，从而形成一种自主、按需、反馈的学习服务。

表 2-2 国内外研究者关于个性化学习的概念探索

国内研究探索	孟万金，2002[1]	个性化自主学习是在学习目标、学习内容、学习方式、学习手段、学习风格等方面体现个人特色的自我控制学习
	杨南昌，2003[2]	个性化学习是根据学习者的个性特征实施的学习活动，是根据学习者所需提供最佳的学习方法和策略，它是在教师或学习者组成的小团体中开展的一种学习方式
	李广，姜英杰，2005[3]	个性化学习是针对学生个性特点和发展潜能而采取恰当的方法、手段、内容、起点、进程、评价方式，促使学生各方面获得充分、自由、和谐的发展过程
	杨玉芹，2014[4]	MOOC学习者的个性化学习过程包括学习活动和路径的选择、学习计划与管理、知识概念化、整合知识和创造知识

---

[1] 孟万金. 网络教育的真谛：人文交互环境下的个性化自主学习[J]. 教育研究，2002（4）：52-57.
[2] 杨南昌. 基于多元智能（MI）的个性化学习研究[D]. 南昌：江西师范大学，2003.
[3] 李广，姜英杰. 个性化学习的理论建构与特征分析[J]. 东北师范大学学报（哲学社会科学版），2005（3）：152-156.
[4] 杨玉芹. MOOC学习者个性化学习模型建构[J]. 中国电化教育，2014（6）：6-10.

续表

国外研究探索	The Dalton Plan, 1920①	该项计划的目标是让教学满足学生的需求、兴趣和能力，并鼓励学生开展独立学习，促进学生的社交互动。该项计划通过三部分内容完成上述目标：第一，创建一个叫作 The House 的学生社区；第二，学生每月的学习目标称作 The Assignment；第三，形成基于学科的课堂或实验室，学习者可以按照他们的学习步调而非年龄开展学习活动
	凯勒（Fred S. Keller），1968②	凯勒总结了个性化学习区别于传统教学流程的学习特点：第一，基于个人步调的学习，该方式允许学生基于个人能力和学习时间来开展课程学习；第二，基于掌握的学习，该方式让学生只有在证明自己已经掌握前面学习内容的条件下，才允许学习新材料；第三，讲义和展示应作为学习动机的驱动来源，而不是批判性信息的来源；第四，在教师与学生的互动过程中应侧重培养学生的书面表达能力；第五，教务人员要为教育过程中的个人社交方面提供引导和改善
	Carroll, A. W., 1975③	个性化教育应提供三方面基本元素来满足学生的特殊需求：第一，学习者必须要积极参与；第二，教师必须作为学生的促进者；第三，学生的项目必须是整合知识并促进学习

---

① JACKMAN E D. The Dalton Plan [J]. The School Review, 1920: 688-696.
② KELLER F S. Good-bye, Teacher [J]. Journal of Applied Behavior Analysis, 1968, 1 (1): 79-80.
③ CARROL A W. Personalizing Education in the Classroom [M]. Denver: Love Pub Co., 1975: 25-28.

续表

国外研究探索	英国教育与技能部〔Department for Education and Skills（DfES）〕，2004①	英国教育与技能部认为个性化学习包含五个关键要素：学习评价、有效教与学策略、课程学习和选择、学校组织和超越学校的紧密伙伴关系
	美国课程监督和发展委员会（Software & Information Industry Association），2010②	美国课程监督和发展委员会在《创新到教育：对个性化学习的系统设计——2010年研讨会的一个报告》中确定了个性化学习应包括的五个元素：第一，灵活的任意时间和地点的学习；第二，重新定义和拓展教师的角色；第三，基于项目的真实学习；第四，学习者自我驱动的学习路径；第五，基于掌握和能力的学习进度和步调
	U. S. Department of Education，2016③	个性化学习是根据每个学习者的需求优化学习步调和教学方法的教学。学习目标、教学方法和教学内容（及其顺序）都可能因学习者的不同需求而有所不同。此外，学习活动是有意义的，并且与学习者相关，由学习者的兴趣驱动，通常是由自我发起
	New Media Consortium，2011④	个性化学习不单是一个技术更是一种能够进行个别化设计并因此体现差异化的方法或过程
	Yu-Ju Lin，ChanMin Kim，2013⑤	个性化学习指的是由学生自身学习风格、步调和需求所决定的一种独特学习方式

---

① DEPARTMENT FOR EDUCATION AND SKILLS. A National Conversation about Personalized Learning [R]. Nottingham: Department for Education and Skills, 2004.

② WOLF M A. Innovate to Educate: System [Re] Design for Personalized Learning: A Report from the 2010 Symposium [R]. Washington D. C.: Software & Information Industry Association, 2010.

③ U. S. DEPARTMENT OF EDUCATION. National Education Technology Plan 2016: Future Ready Learning: Reimagining the Role of Technology in Education [R]. Washington D. C.: U. S. Department of Education, 2016.

④ JOHNSON L, SMITH R, WILLIS H, et al. The 2011 Horizon Report [R]. Austin: The New Media Consortium, 2011.

⑤ LIN Y J, KIM C M. Professional Development for Personalized Learning (PD4PL) Guidelines [J]. Educational Technology, 2013, 53 (3): 21-27.

续表

国外研究探索	The Bill & Melinda Gates Foundation, the Michael and Susan Dell Foundation, EDUCAUSE, etc, 2014①	个性化学习依靠四大支柱：第一，学习者档案袋；每个学习者都有一个自己在个性优势、需求、动机和目标方面的实时更新记录。第二，个人学习路径；所有的学习者拥有清晰且较高的期望，但每个学习者遵循一个自身学习进度、动机和目标的定制化路径进行学习。第三，灵活的学习环境；学习者需要驱动学习环境的设计；包括人员编制计划、空间应用和时间分配在内的所有操作元素都要支持学习者达成他们的目标。第四，基于竞争力的进度；对学习者实现清晰目标的过程中进行持续性评价；只有掌握了内容之后，才能获得学分并开展下一步学习

四、个性化学习服务实施阶段

个性化学习是技术与学习深度融合的高级阶段，需要教育者在未来很长一段时间内进行理论和实践探索，以形成设计和实施解决方案。近年来，新媒体技术的发展加快了教育工作者对个性化学习探索的步伐，使得个性化学习在实践层面上有了可操作性。而在个性化学习服务的实施和发展阶段上，萨米尔·博拉（Samir Bolar）认为应该包含三个阶段，如图2-2所示，各阶段从内到外依次递进且涵盖前一阶段的内容②。阶段一：技术驱动学习，基于移动终端和网络开展数字化学习；阶段二：混合式学习，在无缝学习环境下为学习者提供自适应学习内容和学习反馈；阶段三：基于掌握的学习，该阶段将制订个性化学习计划，由学生进行自我导向学习，并通过掌握评价方式让学生自定学习步调，最后基于学习过程数据进行预测分析和干预。在实践操作上，萨米尔·博拉认为第一年需要做以下三方面的活动：第一，开发教师和学生的数字化素养技能；第二，在课程中设计自适应数字化内容；第三，个性化学习计划的原型设计和应用测试。由此可以看出，在推荐系统、自适应技术、学习数据集的支持下，

---

① THE BILL & MELINDA GATES FOUNDATION, THE MICHAEL AND SUSAN DELL FOUNDATION, EDUCAUSE, et al. Personalized Learning: A Working Definition [J]. Education Week, 2014, 34 (9): 7-8.
② BOLAR S. The Path to Fersonalization [EB/OL]. Masterydesign Website, 2014-02-11.

教育实践中可以在一定程度上为学习者提供差异化学习服务。然而，要提供更加精准的个性化学习服务，还需要进一步整合前沿技术以进行深度分析。

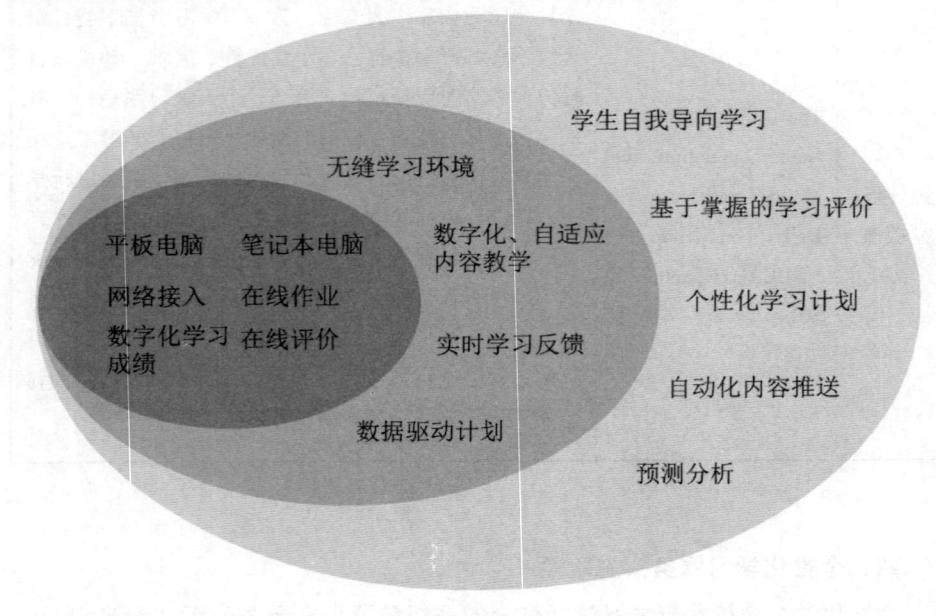

图 2-2 个性化学习服务的实施阶段

第二节 个性化学习的理论支撑与技术支持

一、个性化学习的理论支撑

个性化学习的目标是要实现有意义学习，在这一过程中，通过个体、行为、环境多维联动实现多向交互反馈，在结果中通过是否掌握内容及其所处目标层级判别其是否达成目标。其理论支撑可概括为"一个中心，三个导向"，一个中心是指以学习者为中心的设计，三个导向包括目标、过程和评价。

（一）以学习者为中心的设计

该理论包括以学习者为中心的环境设计和教育平台工具设计。其中，以学习者为中心的学习环境提供了互动的、鼓励性的活动，能满足个人独特的学习兴趣和需求，在不同的复杂程度下学习和加深理解。在该环境下，学习者积极建构意义，外部学习目标可以被确立，但学习者依据个体的需要和在思想形成和检验过程中产生的问题来决定如何前进。在方法论层面,要使计算机和互联网对学习产生积极的影响,教育平台和工具应该围绕学习者的目标、需求、活动和教育情境来设计。要开展个性化学习,其逻辑起点应是以学习者为中心,在环境设计、内容提供、应用服务等方面围绕学习者而展开,并提供个性化反馈。

(二) 目标导向的有意义学习理论

戴维·奥苏贝尔(David Pawl Ausubel)认为,如果学生的学习要有价值的话,应当尽可能地有意义。他根据学习材料与学习者认知结构中已有知识的关系,将学习分为机械学习和有意义学习。其中,有意义学习包含两个先决条件:第一,学生表现出一种意义学习的心向,即一种在新学的内容与自己已有的知识之间建立联系的倾向;第二,学习内容对学生具有潜在意义,即能够与学生已有的知识结构联系起来。戴维·乔纳森(David H. Jonassen)认为,未来教育,应该把焦点放在有意义的学习上,并假设所有级别教育的主要目标都应指向促使学生进行有意义的学习。他认为有意义的学习包含五种属性,如图2-3所示,各属性之间交互关联[①]。个性化学习作为未来的一种重要学习方式,在应用成效上需要一定的目标导向,即把支撑有意义的学习作为目标,通过人工智能技术,帮助学习者开展主动的、建构的、有意图的、真实与合作的学习。

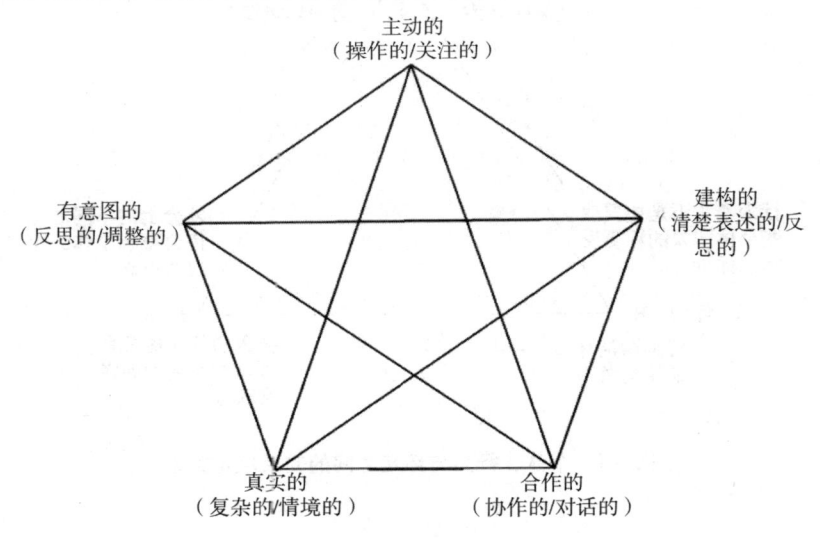

图2-3 有意义学习的五种属性

---

① [美]乔纳森,等.学会用技术解决问题———一个建构主义者的视角[M].第二版.任友群,李妍,施彬飞,译.北京:教育科学出版社,2007:6-7.

(三) 过程导向的交互决定理论

环境决定论认为，行为是受作用于个体的环境刺激所控制的，其公式是 B = f (E)。而个人决定论认为，本能、驱力和特质等内部事件驱使个体按照某些固定的方式行事，其公式是 B = f (P, E)。在班杜拉 (Bandura) 看来，这两种观点都是以单向决定论为特征的。而越来越多的实验证据表明，环境与个体的影响是双向的。班杜拉认为，行为是起相互作用的决定因素，而不是在人和情境的相互影响中不起作用的一个超脱的副产物。在此基础上，他提出交互决定论，即把行为、个体和环境看作相互影响的联结在一起的一个系统。贝尔·格雷德勒 (Bell Gredler) 将班杜拉的交互决定论进一步描述为三向关系[①]，如图 2-4 所示。该理论对个性化学习的指导意义在于要从个性特征、学习行为数据和学习环境要素三方面整合分析学习过程。在个性特征方面，需要对学习者的个性优势进行分析；在学习行为分析方面，要以学习者的个性特征信息为基础，对学习者参与的知识内容进行记录；在环境要素方面，基于学习过程和结果为学习者提供即时的反馈信息，以更好地改善当前的学习状态和结果。

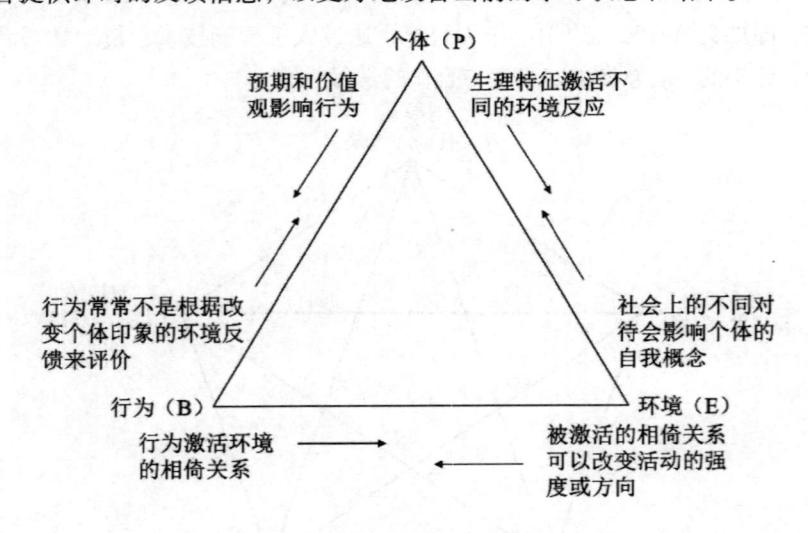

图 2-4 个体、行为与环境之间的交互决定关系

(四) 评价导向的掌握学习理论

个性化学习在应用效果层面要落到实处，需要促使学习者达成目标，而对

---

① ROWETON W E, BELL-GREDLER M E. Learning and Instruction: Theory into Practice [M]. New York: Macmillan, 1987: 83-84.

目标的评判需要以教学目标分类为标准的掌握学习理论。教育目标分类是一个框架,用于分类陈述我们所期望或意愿的学生学习结果。1956 年,布鲁姆(Bloom)等发布了第一版《教学目标分类学:认知领域》手册,该目标分类包括知识、领会、应用、分析、综合、评价①,分类结构见表 2-3。2001 年,安德森(Andson)等又对该手册进行了进一步修订,使教学目标从一维变成二维,包括知识维度和认知过程维度②,其中,知识维度结构见表 2-4,认知过程维度结构见表 2-5,两者形成的二维矩阵见表 2-6。

表 2-3　第一版教学目标分类结构

1.0 知识
1.1 具体的知识
1.1.1 术语的知识
1.1.2 具体事实的知识
1.2 处理具体事物的方式方法的知识
1.2.1 惯例的知识
1.2.2 趋势和顺序的知识
1.2.3 分类和类别的知识
1.2.4 准则的知识
1.2.5 方法论的知识
1.3 学科领域中的普遍原理和抽象概念的知识
1.3.1 原理和概括的知识
1.3.2 理论和结构的知识
2.0 领会
2.1 转化
2.2 解释

---

① BLOOM B S, ENGELHART M D, FURST E J, et al. Taxonomy of Educational Objectives: The Classification of Educational Goals Handbook 1: Cognitive Domain [M]. New York: David McKay, 1956.

② ANDERSON L W, KRATHWOHL D R, AIRSIAN P W, et al. A Taxonomy for Learning, Teaching, and Assessing: A Revision of Bloom's Taxonomy of Educational Objectives [M]. Complete Edition. New York: Longman, 2001.

续表

2.3 推断
3.0 运用
4.0 分析
4.1 要素分析
4.2 关系分析
4.3 组织原则的分析
5.0 综合
5.1 进行独特的交流
5.2 制订计划或操作步骤
5.3 推导出一套抽象关系
6.0 评价
6.1 依据内在证据来推断
6.2 依据外部准则来推断

表2-4　教学目标分类学修订后的知识维度结构

A. 事实性知识——学生在掌握一门学科或解决问题时必须知道的基本要素
Aa. 术语知识
Ab. 具体细节和要素知识
B. 概念性知识——在一个更大的体系中发挥共同作用的各基本元素之间的关系
Ba. 类别和分类的知识
Bb. 原理和概括的知识
Bc. 理论、模型和结构的知识
C. 程序性知识——如何做事的知识；运用技能的准则；算法、技巧和方法的知识
Ca. 具体学科技能和算法知识
Cb. 具体学科技巧和方法的知识
Cc. 确定何时使用适当程序的知识
D. 元认知知识——关于一般的认知知识和自我认知的知识
Da. 策略知识
Db. 关于认知任务的知识，包括适当的情境性知识和条件性知识
Dc. 自我认知

表 2-5 教学目标分类学修订后的认知过程维度结构

1. 记忆——从长时记忆中检索相关知识
1.1 识别
1.2 回忆
2. 理解——从包括口头、书面和图形等交流形式的教学信息中建构意义
2.1 解释
2.2 举例
2.3 分类
2.4 总结
2.5 推断
2.6 比较
2.7 说明
3. 运用——在给定的情境中执行或者使用一种程序
3.1 执行
3.2 实施
4. 分析——把材料分解为各个组成部分，确定各部分之间的相互关系以及与总体框架或目的的关系
4.1 区别
4.2 组织
4.3 归因
5. 评价——基于准则和标准做出判断
5.1 检查
5.2 评论
6. 创造——把要素放在一起形成连贯的整体，重新组织这些要素成为一种新的模型或结构
6.1 产生
6.2 计划
6.3 生成

表 2-6　修订后的教学目标分类结构

知识维度	认知过程维度					
	1. 记忆	2. 理解	3. 运用	4. 分析	5. 评价	6. 创造
A. 事实性知识						
B. 概念性知识						
C. 程序性知识						
D. 元认知知识						

研究者雷克斯·希尔（Rex Heer）在修订版的教学目标分类理论的基础上，将两个维度进行层级排列，形成具有递进增高性的阶梯目标[①]。在认知维度上，从低阶思维技能到高阶思维技能；在知识维度上，从具体知识到抽象知识，各分类纵横交错，从初始的事实性记忆知识到最高层的创造性学习。在掌握学习理论上，布鲁姆认为，学习的时间量包括教学质量、学生理解教学能力、能力倾向（即在适应教学质量和理解教学之后学习所需的时间）三个方面，学生要达到掌握的水平，关键在于花在学习上的时间量。该理论对个性化学习的指导意义包括以下两点：第一，设计基于掌握的个性化学习系统，将时间作为一个变量，将学习作为一个衡量，学生只有掌握核心概念之后，才能进入下一个知识点，在学习评价节点上以知识掌握为导向，而非以时间为导向；第二，根据个性特征引导学生从知识和认知两个维度向抽象的创造性知识学习方向发展，基于概念掌握逐步达成设定的学习目标。

二、个性化学习的技术支持

近年来，人工智能作为较早出现的技术科学，得到商业、科研机构、政府等不同组织群体的高度关注。人工智能是研究通过计算机来模拟人的思维过程和智能行为的学科，它需要以大数据技术为支撑的数据源和以机器学习与深度学习为支撑的分析方法作为技术保障。在应用层面，各类技术从个体生物特征、内容和行为三个层面提供服务支持。从整体而言，人工智能通过"两个底层，三层服务"实现技术供给侧支持。

[①] HEER R. A Model of Learning Objectives Based on A Taxonomy for Learning, Teaching, and Assessing: A Revision of Bloom's Taxonomy of Educational Objectives [EB/OL]. Celtiastate Website, 2017-02-08.

（一）以机器学习与深度学习为支撑的底层关键技术

机器学习和深度学习是人工智能研究中的两项关键技术。美国白宫科技政策办公室于 2016 年 10 月发布的《为人工智能的未来做好准备》报告中指出，人工智能的技术手段包括机器学习、深度学习、自主和自动化、人机合作，其中，机器学习是利用大数据分析推导出规则或流程，用于解释和预测数据；深度学习则是利用数据在大量类似神经元组件构成的多层网状结构之间进行次第输入和输出。在应用领域上，百度云在系统架构上将上述两项技术作为底层技术支撑，为语音识别、人脸识别、文字识别、自然语言等感知服务提供分析支持。

（二）面向体征服务的语音识别与情感计算技术

在面向个体服务时，首先采集的是个体生物特征信息，该层面数据类型包括声音、表情、运动、心智等体征数据，通过语音识别与合成、人脸检测与对比、情感计算等技术对上述数据进行处理分析，解析出充满差异的个性学习者言行特征，为后续的智能推送提供基础模型数据支持。该层面技术的教育应用场景包括以学习资料语音搜索、语音阅读书城、写作文本语音输入等为代表的语音识别应用，以及以网络学习身份验证、学习情绪识别、学习生理模式识别等为代表的人脸识别和情感计算应用。从整体而言，该层面技术用于处理分析个性生物特征数据，构造感知和情绪系统，刻画学习情绪肖像。

（三）面向内容服务的自然语言处理技术

自然语言处理技术是对人类自然语言进行分析、理解、生成、翻译，从而实现自然的人机对话交互，分析方向包括词法分析、词向量表示、文本相似度计算、评论观点抽取等，服务对象主要是文本内容。该技术通过机器学习和训练的方法将文本中的词映射成长度固定的向量，不同的词向量构成一个向量空间，借助分析模型实现文本的可计算。该层面技术的教育应用场景包括中英文写作批改、外语翻译评阅、论坛互动内容观点挖掘、互动文本情感识别等。通过文本内容分析，一方面为学习情感识别提供辅助数据支持；另一方面对学习者生成内容进行评阅和计算。

（四）面向行为服务的自适应学习技术

2017 年，新媒体联盟发布的《地平线报告》（高等教育版）在影响高等教育的重要发展部分中指出，自适应学习技术是近一年内被广泛采用的关键技术。自适应学习技术是通过监控一系列学习过程行为及数据，基于个人能力和技能水平动态调整课程内容以进一步适应和提高学习者表现，实现教学的自动干预。

该技术已经在新型网络学习平台中得到应用，如 KNEWTON 个性化网络学习平台、Smart Sparrow 自适应网络学习平台、Acrobatiq 智能网络学习平台等。该层面技术的教育应用场景包括个性化学习特征分析、学习内容和测评智能推送、个性化学习路径推荐、学习结果预测等，通过对学习行为的智能分析，为学习者提供个性化学习服务。

第三节　个性化学习特征分析

一、个性化学习特征要素梳理

为了了解国外关于网络学习环境下的个性化学习特征内容，我们基于国外文献数据库进行检索，选取了包括 Elsevier Sciencedirect、Web of Science、Springer Online Journals、Wiley Online Library、ERIC 等具有影响力的文献数据库，检索学科包括教育和计算机科学，检索内容类型包括期刊文章、书籍、学位论文等，关键词为"personalized learning"。国内文献通过中国知网检索个性化学习相关文献。在检索之后，对文献做二次整理，分析筛选出与个性化学习特征内容直接相关的文献，通过对筛选文献后的内容分析整理出网络学习环境下的个性化学习的分析视角、特征内容和文献来源，见表2-7。

表2-7　数字化学习环境下的个性化学习特征内容及其来源

分析视角	个性化学习特征内容	来源
个性化学习分析变量	自我导向学习阅读、学习环境、学习情感和认知、学习行为参与、学习动机、课程选择、学习评价	沃尔德里普·布鲁斯，考克斯·彼得，迪德·克雷格等，2014[①]
个性化学习内容	个性优势、个性化评价、学习竞争力、课程选择、学习社区	迈克尔·彼得斯，2012[②]

[①] BRUCE W, PETER C, CRAIG D, et al. Student Perceptions of Personalized Learning: Development and Validation of a Questionnaire with Regional Secondary Students [J]. Learning Environments Research, 2014, 17 (3): 355-370.

[②] PETERS M A. Personalization, Personalized Learning and the Reform of Social Policy [J]. Personalization of Education in Contexts Comparative and International Education, 2012 (18): 89-106.

续表

分析视角	个性化学习特征内容	来源
个性化学习环境	学习者角色、学习材料、学习工具、社交参与、教育和组织文化、技术支持、学生情感状态、学习动机、个性化学习风格	斯蒂芬妮·西伯 & 安德烈亚斯·亨利希，2012[①]；金灿敏，2012[②] & Sasithorn Chookaew, Patcharin Panjaburee, Dechawut
学习者模型	学习者状态、学习期望、个人属性、学习表现、情境属性	加利普·卡亚 & 阿里夫·阿尔顿，2011[③]
个人特征	学习风格、认知状态、学习目标	哈米德·阿夫萨马内什 & 贾法尔·塔尼亚，2010[④]
个性化学习过程特征	学习者为中心、物理环境和学校管理重组织、课程重组织、参与度和强社交关联度、有意义任务的评价、丰富资源的获取性	金·凯米，霍华德·尼古拉斯，桑德拉·马哈尔等，2007[⑤]
个性化移动学习	学习内容、学习服务、学习路径	詹卡洛·波，2006[⑥]

---

① GOOREN-SIEBER S, HENRICH A. Systems for Personalized Learning: Personal Learning Environment vs E-Portfolio? [C] //CHEUNG S K S, FONG J, KWOK L F, et al. Hybrid Learning: Lecture Notes in Computer Science. Berlin: Springer, 2012: 294–305.

② KIM C M. The Role of Affective and Motivational Factors in Designing Personalized Learning Environments [J]. Educational Technology Research and Development, 2012, 60 (4): 563–584.

③ GALIP K, ALTUN A. A Learner Model for Learning Object Based Personalized Learning Environments [C] //GARCIA-BARRIOCANAL E, CEBECI Z, OKUR M C, et al. Metadata and Semantic Research Communications in Computer and Information Science. Berlin: Springer, 2011: 349–355.

④ AFSARMANESH H, TANHA J. A High Level Architecture for Personalized Learning in Collaborative Networks [C] //CAMARINHA-MATOS L M, BOUCHER X, AFSARMANESH H. Collaborative Networks for a Sustainable World IFIP Advances in Information and Communication Technology. Berlin: Springer, 2010: 601–608.

⑤ KEAMY R L, NICHOLAS H R, MAHAR S, et al. Personalizing Education: From Research to Policy and Practice [M]. Melbourne: Department of Education & Early Childhood Development, 2007: 141–142.

⑥ BO G. Advanced Personalized Learning and Training Applications Through Mobile Technologies and Services [C] //Innovative Approaches for Learning and Knowledge Sharing: Lecture Notes in Computer Science. Berlin: Springer, 2006: 555–560.

续表

分析视角	个性化学习特征内容	来源
个性化学习关键要素	学习评价、有效学习策略、课程选择、学校组织、紧密的伙伴关系	大不列颠教育与技能部，2004①
个性化学习隐喻	个性倾向、个性优势与劣势、学习兴趣、自动步调学习、自我评估	约瑟夫·迪马蒂诺，约翰·克拉克，丹尼斯·沃尔克，2001②
泛在学习视域下的个性化学习取向	个性化学习环境、个性化学习过程、学习结果	孙刚成，王莹，杨眉，2014③
个性化学习追求	个性化学习目标、个性化学习内容、个性化学习方式、个性化学习进程	丁念金，2013④
个性化学习过程	个性化学习需求、个性化学习计划、个性化学习内容、个性化学习方式、学习结果检测与评价	蒋志辉，2013⑤

综上可以看出，在分析视角方面，国外较为微观聚焦，侧重学习特征内容，而国内分析侧重整个学习过程；在个性化学习特征内容分析方面，国外侧重分析学习者内容、结果和心理，对学生内在心理的分析可以为个性化学习分析提供心理学视角的支持⑥，而国内则注重分析学习活动过程和取向。受研究范式、文化和国情等影响，两者之间体现出不同的研究取向。总体而言，在分析视角方面，主要集中在个性化学习环境、个性化学习特征和个性化学习过程方面；而在个性化学习特征内容分析方面，主要集中在个性特征、学习活动与内容、

---

① DEPARTMENT for EDUCATION and SKILLS. A National Conversation about Personalized Learning [R]. Nottingham：Department for Education and Skills, 2004.
② DIMARTINO J, CLARKE J, WOLD D. Personalized Learning：Preparing High School Students to Create Their Futures [M]. Lanham：Scarecrow Press, 2001：26 – 27.
③ 孙刚成，王莹，杨眉. 泛在学习视域下的个性化学习取向 [J]. 教学与管理，2014（7）：132 – 133.
④ 丁念金. 基于个性化学习的课堂转变 [J]. 课程·教材·教法，2013, 33（8）：42 – 46.
⑤ 蒋志辉. 网络环境下个性化学习的模式建构与策略优化 [J]. 中国远程教育，2013（2）：48 – 51.
⑥ 叶奕乾，孔克勤，杨秀君. 个性心理学 [M]. 上海：华东师范大学出版社，2011：17 – 18.

学习目标、学习结果与评价和学习心理等方面。综合国内外定义可以帮助我们更全面地厘清个性化学习分析内容，为后面构建个性化学习分析模型提供理论依据。

二、个性化学习特征分析

个性化学习目标是要满足学生的需求和兴趣以确保其实现最大化发展。研究者佩吉·格兰特（Peggy Grant）和戴尔·柏瑟（Dale Basye）认为，成功的个性化学习包括以下几个方面特点[①]：第一，将学生的兴趣和能力融入真实世界的活动中，以促进他们在内容领域标准下的学习；第二，教师充当促进者和教练的角色，而不是传播知识；第三，学习者控制他们的学习路径，并自主定制，建立自我效能感；第四，技术能够支持学习者对所学内容、如何学习以及如何展示他们的学习进行选择；第五，通过数字化工具的支持，将形成性评价贯穿整个学习周期，帮助教师和学生了解其优势和缺点；第六，通过展示学习者的技能和理解来测量在学科内容上的进步；第七，通过教师和学生的经验来整合技术，以更好地支持学习。

结合前面对个性化学习内涵和学习系统分析，我们从学习论视角对个性化学习的特征进行总结，包括心智分析性、服务差异性和目标导向性三个层面，如图2-5所示。个性化学习首先是要把握学习者的心智特征，在此基础上为其整个学习过程提供符合其个性需求的内容、活动、路径和评价，最终在学习目标上实现自我导向的有意义学习，在成长目标上培育自主发展核心素养。具体阐述如下：

首先，心智分析性是个性化学习在学习起点上的特征体现。在学习开始前，需要把握学生的心智特征，包括个性优势、个性需求、个性偏好、学习能力、知识经验等，确立学习者先前的记忆、需求、推理、解决问题、获取新知识的能力。学习是学习者因经验而引起的行为、能力和心理倾向的比较持久的变化，个性化学习则需要基于学习者个性特征提供相应服务支持以促使其行为发生持久变化。

其次，服务差异性是个性化学习在过程中的特征体现。教学只有把学习者带到学习任务中，将已有知识和观念作为新学习的起点，并给予学生不同学习过程服务和建构的机会，才能促进学生的学习。依据个性化学习分析结果，要

[①] GRANT P, BASYE D. Personalized Learning: A Guide for Engaging Students with Technology [M]. Melbourne: International Society for Technology in Education, 2014: 3-4.

[图示：个性化学习特征，三个扇区分别为"心智分析性""目标导向性""服务差异性"，外圈包含学习能力、自我导向学习、有意义学习、自主发展、学习评价、学习路径、学习方式、学习内容、个性优势、个性需求、个性偏好等要素]

图 2-5　个性化学习特征

对学习者提供从学习内容、学习方式、学习路径到学习评价等一体化的差异性学习服务，才能促进学生进行自我调控和知识生成。

最后，目标导向性是个性化学习在结果上的特征体现。知识基础和学习能力的不同决定了学习者要自主定义目标和监控达到目标的学习过程，进而控制自己的学习。在目标的驱动下，基于个人理解和概念掌握完成程序化学习活动和任务，并逐步完成学习目标。目标导向有助于个体形成对学习原理更本质的理解，并帮助他们成为自我维持的终身学习者。

第四节　个性化学习分析模型与服务确立

一、个性化学习分析模型

要构建个性化行为分析模型，需要解决两方面的问题：一是要分析学习者的个性行为特征，找到反映其个性特征的分析内容；二是建立学习行为分析内容与学习结果之间的联结，为后面学习结果的分析提供依据。为了解决上述问题，本研究首先依据个性化学习理论和相关文献建立初步的个性化行为分析模型，之后采用访谈法对个性化行为分析内容进行优化，征询的专家意见包括个性特征分析维度、学习分析内容、学习行为分析、前后线性关系、学习结果分类等内容，征询形式既包括分析维度和内容的认同感，又包括针对具体分析内容的开放式意见征询。最终依据反馈结果对模型进行了修正，形成数字化环境下的个性化学习分析模型，如图2-6所示。

该模型在分析维度上从宏观到微观，在分析过程上从内容到结果，由学习者的个性行为特征推演到学习结果分析。其分析过程包括学习体征分析、学习内容分析、学习行为分析和学习结果分析四个过程，并形成内容与结果的逻辑递进与联结。其中，在个性行为特征分析方面包括知识学习、社交网络、学习评价和在线环境四个维度的学习体征分析，在此基础上，对学生在数字化学习环境下的学习内容进行分析，并总结其学习行为，最后形成以基于学习内容、基于学习互动和基于学习测评为自变量的学习结果预测分析维度，以及支持个性化学习的学习结果预测反馈。

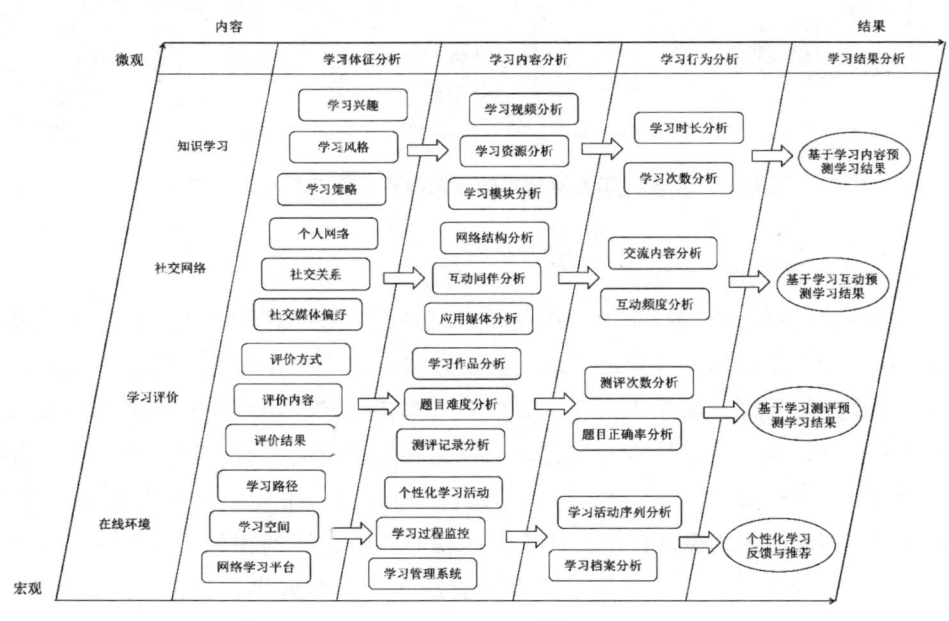

图2-6 数字化环境下的个性化学习分析模型

二、个性化学习服务确立

智慧学习环境的逐步完善、自带设备的日渐普及以及人工智能技术的深度突破使得个性化学习的服务模式变得清晰起来，并且可以尝试初步的探索。个性化学习服务在技术上需要智能教育云服务平台提供云端数据支持，在学习起点上以个性化需求预测分析为基础，在学习过程中以学习结果预测和学习预警为监控，在学习结果上以个性化学习评价为导向，在学习拓展上以个性化学习资源推送和个性化学习路径推荐为驱动，形成包含整个学习环节的整套服务。

（一）基于人工智能技术的智能教育云服务平台支持

我们以智能教育云服务平台为实体依托，以电子学档系统记录的学生个性化信息为分析对象，以个性化分析模型为理论指导，以人工智能为技术支撑，设计了支持个性化学习的智能教育云服务平台系统流程，如图2-7所示。该流程主要包含以下三个关键模块。

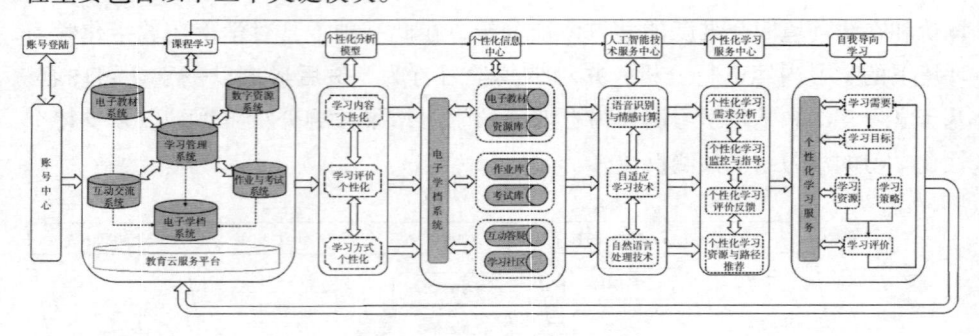

图2-7 基于人工智能技术的智能教育云服务平台系统流程

1. 教育云服务平台模块

该模块包括电子教材系统、作业与考试系统、数字资源系统、互动交流系统、电子学档系统和学习管理系统。电子教材系统主要是对电子教学图书的发布、下载进行管理，保存和管理学员从客户端传送的学习记录；作业与考试系统主要是支持课后作业的发布、完成、批阅和展示整套流程，以及为学习过程和学习结果提供评价服务；数字资源系统是为教育云服务平台提供资源基础，以基于资源的学习为设计理念，该系统的核心在于资源的积累与共享以及对个人知识管理的支持；互动交流系统主要满足学习者开展主题讨论、问题答疑、协作共享等方面的需求；电子学档系统与电子教材系统、作业与考试系统、数字资源系统和互动交流系统相互关联，该系统记录了关于学生的个性化信息，如电子教材学习情况、作业完成情况、互动交流情况等，使家长和教师能够清晰了解学生的学习情况与个性化特点；学习管理系统主要是融合各个子系统的功能，支持教师和学生开展各项教与学活动。

2. 个性化信息记录与分析模块

该模块包括个性化分析模型、个性化信息中心和人工智能技术服务中心。

其中，个性化分析模型是依据学生个性化特征建立的分析信息模型。个性化信息中心是依据学生的个性化分析模型对信息进行分类存储，其中，电子教材和资源库主要是记录学生的个性化学习内容；作业库和考试库主要是记录学生的个性化学习评价信息；互动答疑和学习社区主要是记录学生的个性化学习方式信息。这些数据记录了学习者学习路径中的节点属性信息，包括结构化、半结构化、非结构化等数据。通常非结构化数据本身是无法分析的，然而非结构化数据可以通过特定方式进行结构化处理，从而得到可以直接进行分析的结构化结果。人工智能技术服务中心主要是基于个性化信息数据进行情绪识别、情感计算、自然语言处理和自适应学习分析等，为后面的个性化学习服务提供智能支持。

3. 个性化学习服务与自我导向学习模块

该模块包括个性化学习服务中心和自我导向学习。个性化学习服务中心主要依据人工智能技术提供的分析结果，从学习内容、学习评价和学习路径三个方面为学习者提供个性化学习需求分析、个性化学习结果预测与预警分析、个性化学习评价、个性化学习资源推荐、个性化学习路径推荐等学习服务；自我导向学习是学习者在个性化学习服务中心支持的基础上，依据初始学习目标，通过应用个性化学习服务中心提供的服务，选择合适的学习资源和学习策略，完成学习目标并进行自我评价，通过个性化评价结果了解学习中的不足之处，进而产生学习需要，实现自我导向学习。

（二）面向学习起点的个性化学习需求分析

学习需要是教学系统设计中的前端分析之一，当学习者目前状态与所期望达到的状态或应该达到的状态产生差距时，便会产生学习需要。由于个体之间在认知能力、认知结构、知识基础和学习动机等方面存在差异，因此需要根据个性需求设定目标，并进一步发挥其个性优势，促使个体能力得到发展。个性化学习需求是目标导向和活动设计指引下的学习需要体现。基于学生初期的课程学习内容和学习行为数据，对其进行个性化学习需求预测有助于提高其学习投入和学习参与度。

（三）面向学习过程的学习结果预测与学习预警

学习考核重结果、轻过程的方式使得教师只有在学习活动结束后才发现低效学习者，而这极大影响了学习效果和低效学习者的课程学习补救。通过采用学习分析技术，基于学习者的知识内容学习、活动参与度、任务完成度等学习行为过程和数据来预测其未来学习结果，可以及早发现低效学习者，由此可以设计学习预警提示来督促和改善学习者的行为过程，最终改善其学习成效。

学习结果预测是基于学习者在课程学习前期的学习表现，通过预测分析方法得出可能获得的课程学习结果的一种预测分析服务。学习预警是基于学习者个人信息和学习过程数据对其未来可能存在的学习风险进行警示的一种学习警示服务。前者侧重结果预测，后者侧重学习警示。通过预测和预警服务，可以对学习过程进行监督，从而基于分析结果进一步优化学习过程，提高学习效果。

（四）面向学习结果的个性化学习评价

学习评价是教学设计中的最后环节，既是学习效果评判的主要方式，又是学习目标达成情况的重要依据。在学习科学中，为学生设定的目标是达到深度理解，这种理解超出了对事实和程序的简单回忆，它包括把概念和策略组织到一个层级框架中，用于解决以怎样的方式在何时把知识应用于理解新材料并解决相关问题。要实现这种深度理解目标，需要以掌握学习为评价导向，从知识学习和认知发展两方面对学习结果进行个性化评价，确定其所达到的层级，并结合学习过程给予学习补救反馈，以指导学习者开展新一轮学习活动。基于掌握的个性化学习评价，可以让学生自定学习步调，在足够时间投入的情况下实现深层理解。

个性化学习评价反馈在数据搜集上不仅对网络学习平台中的学习活动数据进行汇聚，同时采用智能录播技术和图像识别技术对学习者在课堂中的知识学习、即时测评、互动讨论等学习活动表现，以及在课后的作业、考试、学习任务单等纸质测评数据进行数字化处理，整合学习者线上和线下数据，从而对学习表现进行综合评判。在评价反馈机制上，首先基于学科特性和个人学习表现对学习者在知识点掌握、错题难度、成绩进退步、偏科情况等方面进行评价诊断，并通过可视化方式呈现给师生。之后，基于学习薄弱点和掌握情况为学习者提供学习补救建议报告，并结合推荐系统，从知识点学习、自主练习、考试测验等方面提供内容推送，实现从精准分析到精准干预的转化。

（五）面向学习拓展的个性化学习资源与学习路径推荐

基于个性需求需要采用智能推送技术提供个性化学习内容，例如，采用协同过滤推荐技术为学习者推送符合其学习需求的微课程，采用支持向量机技术推送拓展学习资源，采用最近邻推荐系统推送电子教材内容等。当前，较为成熟的个性化推荐系统包括协同过滤推荐、基于内容的推荐和基于知识的推荐。然而各推荐系统在用户记录及前后数据、群体数据、知识模型等方面构造不同，这使得系统推送的机制和效果存在差异。个性化学习推荐系统需要学习者模型、学习行为数据和群体数据共同作为支撑，而已有推荐系统算法并不能完全应用所有数据资源，这就需要设计混合式推荐系统，针对学习年级、学科内容、学习目标等不同情境进行推送，发挥不同推荐系统的功能以达到最优效果，从而使推送内容更加个性和精准。

当前教育系统中的学习路径是由教学设计者提前设定好的，缺少个性化学习特征和能力分析。要使学习者都能实现有意义学习和高效学习，就需要基于学习者知识和能力基础，分析其学习过程特征，生成满足其能力发展的个性化学习路径。该路径对学习内容和学习活动进行智能序列组合，满足学习者最近发展区需求，并由教育云服务平台推送给学习者，由其自定步调进行学习。随着自适应学习系统的深入发展，已有研究者开始从实践层面探索基于学习者能力模型生成个性化学习路径并进行应用评价。在整合理论、技术、数据等资源的基础上，未来，智能教育云服务平台将根据学习状态动态生成学习路径，从而实现个体能力的精确增长。

个性化学习路径在实践应用过程中具有自组织性、连续性、实施评估性、动态更新性。在组织上，基于学习目标、知识基础和个性特征对视频学习、文本学习、互动讨论、测评练习等模块内容进行自组织，以符合学习偏好和需要；在流程上，依据学习活动和知识掌握形成连续、线性的学习路线，以使学习过程循序渐进；在评价上，对所学内容按难度级别和学习状态进行实时评估，为学习内容的调整提供依据；在路径调整上，基于学习进度和学习结果对学习活动内容进行动态更新，智能匹配最合适的学习任务，让学习过程既具挑战性，又富有成就感，从而提高学习动机。

第五节 个性化学习分析的多模态数据表征

从学习分析研究主题来看，学习分析研究已由初期关注学习者的行为、活动、互动、结果等外在表现逐渐转变到关注学习者的情感、认知、自我调控、复杂问题解决等内在学习机理问题；从数据采集来源来看，由初期的基于网络平台和视频录制技术采集的学习日志、互动文本、学习表现等单一模态数据拓展为基于可穿戴设备采集的脑电波、心跳、皮电、移动位置等多模态数据。各类感知设备和学习生理数据的可获取性作为外部因素推动了个性化学习分析数据集的发展，而对学习发生的机理及其学习心理变化的教育追问则作为内部因素推动学术群体的持续探索，比外，在数字化学习时代下，学习数据的分布式特征决定了单一模态数据难以准确揭示个体学习规律，以上三方面的内外动力促使学习分析研究催生了新的研究方向：多模态学习分析。该方向通过采集和整合与个体学习者相关的多维数据,解释和发现内在学习过程、特征与变化,有助于进一步改善学习体验。同时,基于高维数据集进行多模态学习分析为发掘新的学习理论提供了可能性路径,是学习科学和机器学习领域新的研究路向。

一、多模态学习分析的兴起与发展

(一) 多模态学习分析的兴起及成因

多模态是多种感官的融合,近二十年来,功能语言学、会话分析、社会符号学等学科领域都对其进行了研究探索,经过发展,其已演变为一种统筹化的理论。人工智能和机器人技术的发展进一步催生了多模态交互,它是机器人与人之间通过文字、语音、动作等进行的一种交互方式。多模态交互研究主要探讨不同的模态之间如何相互作用以及如何通过互补来传递和强化内容与意义。在学习情境中,使用多模态数据进行教育实验的探索可以追溯到20世纪90年代初,安贝迪(Ambady)和罗森塔尔(Rosenthal)发现,通过观察大学生交互的"薄片"可以预测学生的期末表现,即通过短的视频片段分析他们的身体和非语言行为[1]。这些早期发现为一种新的研究假设铺平了道路,即利用多种数据源和社交信号处理推断认知和社交过程的可能性。

近年来,各类可穿戴传感器技术、物联网技术的发展和大数据计算能力的提升为多模态研究提供了必要的技术支撑。多模态学习研究的兴起除了技术推动的作用之外,还起源于对教育发展规律的持续探索,多模态与教育分析有着天然的契合度。第一,多模态方法更符合人类交流的本性。人类交流过程中对多种形态的使用较为丰富,且这些形态形成了互补。在人类交流过程中,通常会使用多种形态来表达他们的意图和情绪,例如,面部表情、声调、肢体动作等。而在教育传播过程中,教师的授课以及师生之间的互动也是通过多种形态进行表达。第二,跨物理和数字世界的建模正成为一种日益增长的需求。将物理空间和数字化空间中的学习交互联系起来,对于分析学习机理和意义创造具有重要价值。可穿戴追踪器可以搜集物理学习空间中学习者的言语、肢体行为和手势等交互操作,这些数据可以与网络学习中的日志数据、档案信息数据相整合。学习活动与流程是分布式的,学习管理系统中发生的内容交互及数据只占学习活动中的一小部分,并不是整个学习过程。通过整合多模态数据可以使

---

[1] AMBADY N, ROSENTHAL R. Half a Minute: Predicting Teacher Evaluations From Thin Slices of Nonverbal Behavior and Physical Attractiveness [J]. Journal of Personality and Social Psychology, 1993, 64 (3): 431-441.

学习过程的追踪和学习分析更完整。通过以上分析可以看出，时代的变迁、技术的深入发展以及研究者对教育求真的探索促使多模态学习分析逐步形成独特的学术共同体，推动教育研究从单模态走向多模态。

（二）多模态学习分析组织及其研究

1. 多模态学习分析概念与目标取向

多模态学习分析（Multimodal Learning Analytics）概念最早是由美国南加州大学创新技术学院的斯特凡·谢勒（Stefan Scherer）、路易斯 - 菲利普 · 莫伦西（Louis - Philippe Morency）、西北大学的马塞洛·沃斯利（Marcelo Worsley）等于2012年在第十四届《多模态交互国际会议》上正式提出并发表。它是三个概念的交叉点：多模态教学与学习、多模态数据、计算机支持的分析，它在本质上利用非传统和传统数据形式在三个概念之间所形成的三角关系来描述或模拟复杂学习环境中的学生学习。多模态学习分析是一个横跨学习科学和机器学习的研究领域，能够为复杂的学习行为和学习理论之间搭建桥梁。它利用多模数据捕获和信号处理技术研究复杂学习环境中的学习。多模态学习分析的目标是通过搜集多种形式的数据，将复杂的学习行为与学习理论和学习策略联系起来，以跟踪学习体验。在研究取向上，多模态学习分析侧重对情境学习活动中自然、丰富的交互进行分析，包括演讲，写作，对象操作，工具使用，制品搭建，非语言交互（手势、面部表情、注视）等。

2. 历届多模态学习分析工作坊议题进展

斯特凡·谢勒等在2012年发起了第一届多模态学习分析工作坊，并在《多模态交互国际会议》上连续举办四届，之后依托其他国际会议继续举办，为了解其初期定位与发展，下面对前四届议题做简要介绍。首届主要探讨多模态学习分析的发展前景与应用价值。该研究领域将多模态分析技术与学习科学结合起来，并促使研究者能够更好地理解学生的学习，以创造更自然、丰富的学习界面。研讨会认为，这方面的研究进步将变革我们识别和加强有效学习的能力，支持更快速的反馈和响应性干预，最终促进多样化环境下的学习。

第二届工作坊目标：一是聚集既有丰富教学经验，又有严格技术要求的人员，开发和传播分析多模态学习数据的新技术；二是开发新的学习分析技术以更好地适应智能手机、平板电脑等现代化计算设备的多模态接口。代表性研究是基于语音、数码笔和视频数据的组合，分析协作学习过程数学问题是否得到解决。

第三届工作坊集结了计算机科学、学习科学、学习技术和数据科学等领域专家，包含一次研讨会和两项分会（数据驱动的巨大挑战），其中，研讨会要求演讲者集中讨论学习信号的多模态分析过程中不同研究和技术方法的优点和缺点，包含四项议题：不同形式多模数据融合的理论和概念思考、通过语音分析确定学习练习过程中的融洽程度、真实课堂中的视频分析、复杂学习环境下的多模态分析作用。挑战分会则包含数学数据挑战和演示质量挑战，研究问题包括通过计算机自动预测的哪些数学问题能够被正确解决、如何利用多模态技术评估演讲质量以及演讲者行为等。该次活动得出的主要结论是多模态学习分析是一个值得去努力探索的研究领域，其产生的结果能够被当下应用以改善学习过程。

第四届工作坊聚焦通过新技术捕捉多模态学习数据，以及开发丰富的多模态学习应用。在多模态学习分析挑战讨论上包含两项议题：第一，学习环境的多维捕获，该挑战强调需要开发用于从非结构化环境中有效搜集数据的多模态工具，虽然在实验室环境中可以合理地对少数实验学生完成多模态数据的采集，但在真实、日常学习环境中进行课堂范围内的多模态数据采集和分析非常具有挑战性；第二，整合人体运动的多模态学习应用，该挑战包含寻求软件和硬件的解决方案、应用类似Microsoft Kinect、Leap Motion等低成本运动传感器进行分析（这些传感器可以与高成本传感器相结合）、利用现有软件应用程序进行改编以简化软件开发流程。

通过对四届工作坊议题内容进行分析可以看出，多模态学习分析为物理空间和数字世界中的人、设备、资源之间所产生的学习测量与评价分析提供了新的视角，应用多模态学习分析改善学习过程、优化学习体验已成为研究共识。在研究挑战上，数据源类型、采集技术与工具、分析方法是需要持续解决的技术问题，如何从教育实验环境下的个案分析走向真实教育场景下的全样本分析是研究实践所面临的挑战。

3. 学习分析研究协会下的多模态学习分析探讨

保罗·布里克斯坦（Paulo Blikstein）在第三届《学习分析与知识国际会议》中提出多模态学习分析，拉开了该组织开始探讨多模态学习分析的序幕。他认为，在成熟的多模态交互领域中，新的数据采集和传感技术使得在人类活动中的所有领域捕捉大量数据成为可能，这些技术包括计算机活动日志，可穿戴摄像头，可穿戴传感器，生物传感器（例如，皮肤传导率、心跳和脑电图），手势感应，红外成像和眼睛跟踪。多模态学习分析可以将这些技术结合起来以评估学习者复杂的认知能力，特别是在过程或结果无详细设计的学习环境中。之后泽维尔·奥乔亚（Xavier Ochoa）等在该组织下发起了首届《多模态学习分析数据挑战》工作坊，讨论主题包括：易获取的多模态数据、分享先进的分析方法和技术、描绘多模态学习分析研究现状、确定新的数据集。第二届工作坊旨在创造共同的研究基础,以便更好地了解当前的研究与实践状况。通过让参与者提交个人数据集,进一步讨论哪些是利用多模态数据进行设计和分析的优秀实践。在此基础上,基于已有研究合作确定一系列重大挑战以进一步开展多模态学习分析研究。通过上述两个组织的议题讨论可以看出,围绕同一主题,不同学科背景的研究者在不同学术组织中都进行了一定程度的探讨,有共性,也有差异,后面需要进一步破除学科壁垒,实现共同对话与磋商。

二、面向个性分析的多模态空间结构与数据分类

(一) 多模态学习分析所形成的多维空间探索

学习分析领域早期关注的盲点是分析学生个体使用某些数字化学习工具所产生的行为,包括学习管理系统、智能导学系统、大规模开放在线课程、教育游戏以及其他以计算机作为主要学习支持工具的系统。这种基于计算机的学习环境来理解和优化学习过程存在一定片面性,现实世界中还包括其他非计算机下的学习环境,包括课堂学习、校园学习、家庭学习等,在这些情境下可以通过物联设备来尽可能追踪学习痕迹以进行多模态分析。莎伦·奥维特(Sharon Oviatt)提出多模态学习分析所能创造的多维探索空间,如图2-8所示。其中,左边表示模态的分类,包括讲话、写作、手势、表达、注视、身体活动;上边表示分析的层级,包括信号、活动、表征、元认知、交互;横向和纵向双箭头交叉表示可以支持开展更加全面、系统、复杂的学习过程分析,而这有助于进一步生成新的学习理论。

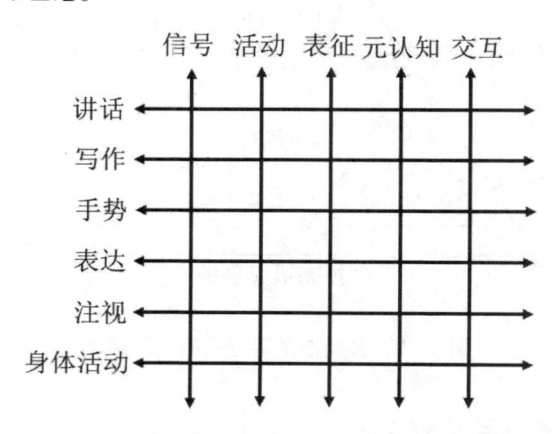

图2-8 多模态学习分析方法形成的多维探索空间

(二) 指向学习机理的多模态学习分析空间结构

多模态学习分析是在学习分析研究中为探索复杂的学习行为和过程，基于多维数据进行分析以进一步探索学习机理所形成的一个方向。以往学习分析研究侧重搜集学生的学习行为数据，通过学生的外在行为推测其学习表现，以此得出的研究结论存在一定局限性，也很难揭示学习内在原理及其变化。从对象结构要素来看，信息化时代下的学习是以学习者、各类学习终端、多样化的学习资源为基础要素所构成的一种学习方式，而多模态学习分析则是对这三类基础要素之间的相互联结所形成的一系列行为进行立体分析，由此形成指向学习机理的多模态学习分析空间结构，如图 2-9 所示。其中，学习者与计算机之间形成多模态交互，包括文本交互、语音交互、界面交互等；学习者与学习资源之间通过视频、图片、动画等形成多模态感知；计算机与学习资源之间通过数据语义、知识语义、自然语言等形成多模态语义理解。在学习空间上，由学习者、计算机和学习资源之间相互联结形成物理空间、网络空间和虚拟空间，这三种空间是信息化时代下支撑学习的主要空间形式。多模态学习分析是以学习机理为核心，以多模态交互、多模态感知、多模态语义理解为技术支撑的结构关系，以跨学习空间为环境基础，对围绕学生所产生的学习体征数据和学习行为数据进行立体分析，以揭示学习变化机理及其规律。

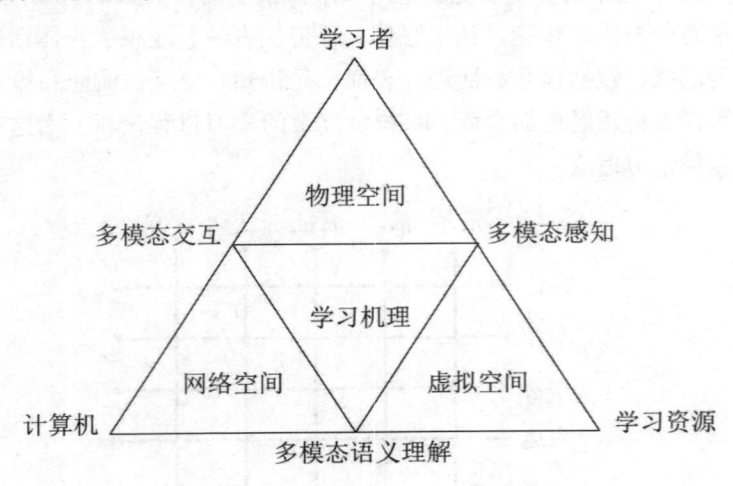

图 2-9 多模态学习分析的空间结构

(三) 面向个性分析的多模态学习数据分类

可穿戴技术的发展与成熟使得学习体征类数据得以捕获，也促使学习分析由关注学习显性行为数据分析转向整合学习心理数据和表现数据的分析与建模。学习数据的采集与分析是多模态学习分析的基础与关键,对于揭示复杂环境下的学习行为和学习规律有着直接影响。基于多模态学习分析的空间结构,从模块分类视角对个性分析的多维数据源进行分类,包括学习体征数据、人机交互数据、学习资源数据和学习情境数据,如图 2-10 所示。中间层表示每一部分的数据分类,最外层表示数据采集的具体对象,从中间到外层表示数据逐步分类、学习行为表征的过程。其中,学习体征数据主要包括肢体行为、头部行为、生理行为等;人机交互数据包括移动界面交互和多通道交互;学习情境数据包括物理空间、网络空间、虚拟现实等环境类数据;学习资源数据包括结构化资源与非结构化资源在应用过程中所产生的多感知和交互性数据。需要说明的是,该分类框架只是学习数据的基本分类,除此之外,还包括由学习结构要素之间相互整合所衍生形成的其他数据,如学习活动、学习评价等,最终,这些数据将从学习内容、行为轨迹、学习表现等方面通过各类终端进行采集和规整。该基础数据分类为开展多模态数据源的搜集提供了参考,需要说明的是,多模态学习分析研究并非以所有数据为采集标准,而是以学习者及其所在情境为中心,对所关联及其影响的数据进行搜集分析。

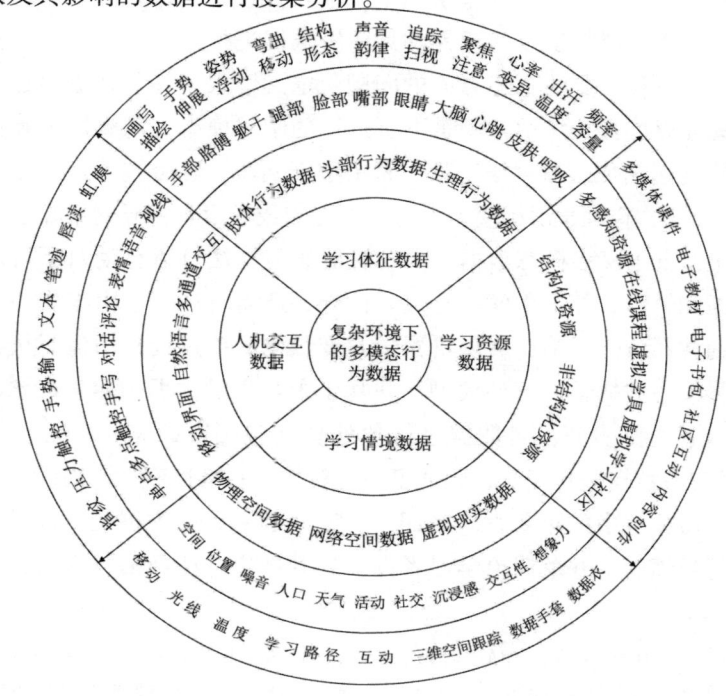

图 2-10　面向个性分析的多模态学习数据分类

三、以个体为中心的多模态分析模型与分析流程

（一）多模态学习分析模型

当前关于多模态学习分析研究较多集中在课堂学习分析、人机交互与协作分析、学习注意力、可视化等方面，关于多模态学习分析模型探讨较少，特别是在学习过程中如何应用多模态数据支持学习者，为其提供可操作的反馈和学习干预等方面缺乏相关研究。为进一步厘清学习行为、多模态数据、学习反馈等主要环节之间的关系，丹尼尔·米特里（Daniele Mitri）等提出了多模态学习分析模型[①]，如图2－11所示。该模型以混合现实线和可观测线两个维度为分割点，将整个分析流程分为四个象限，其中，混合现实线表示学习环境从物理世界到数字世界的转变，可观测线表示多模态数据从输入空间到假设空间的转变。四个象限之间的转换由四个过程（P1、P2、P3、P4）引导生成四个结果（R1、R2、R3、R4），其中，过程包括：传感器捕获、注解、机器学习、反馈解释；结果包括：多模态数据、学习标签、预测、行为变化。模型分析流程从最上方中心开始按顺时针迭代进行。

从过程转变来看，该模型包括四个环节转换：第一，从传感器捕获到多模态数据；利用传感器将学习者行为及其环境数据进行采集，并转换为多种形式的数据流；该过程中要注意三方面的问题：定义输入空间与数据表征、确定最合适的传感器以捕捉特定学习场景下所选择的学习模态、传感器软硬件架构的设计与实施（包括传感器网络工程、原始数据同步、融合技术、数据存储逻辑等）。第二，从注释到学习标签，该过程由专家或学习者主导对数据进行判断和注释，以丰富低语义多模态数据。借助机器学习算法可以自动对不可观察的数据进行判断和解释，并定义学习标签。此外，还需设计一个由报告工具和注释程序组成的注释策略。第三，从机器学习到预测，该过程利用监督机器学习从观察到的多模态数据学习统计模型，并基于未观察的数据构建生成预测。该过程还包括以下迭代步骤：对数据进行预处理（包括重新采样、处理丢失数据等），将模型与数据进行拟合，验证模型对新数据的可推广性，诊断分析每个属性在预测学习标签中的重要性。第四，从反馈解释到行为改变，该过程是将分析结果进行反馈解释并反馈给学习者以引导其做出一些新的学习行为。由于反

---

① DANIELE D M, JAN S, MARCUS S, et al. From Signals to Knowledge: A Conceptual Model for Multimodal Learning Analytics [J]. Journal of Computer Assisted Learning, 2018, 34 (4): 338–349.

馈依赖学习活动，并由任务模型定义，因此该过程不在分析模型之内，需要预先设计一个有效的反馈模型，根据预测，向学习者提供不同形式的反馈。多项多模态学习分析研究表明，通过对多通道自我调控学习的过程数据进行分析，可以为学习者提供实时、智能、自适应、个性化的脚手架和反馈来满足学习者的自我调节需求，从而增强高阶学习。该理论模型对多模态学习分析的主要环节、教育价值转化、注意问题等进行了描绘，形成了一个系统分析框架，这对于后面开展相关研究与设计具有一定的理论指导意义。

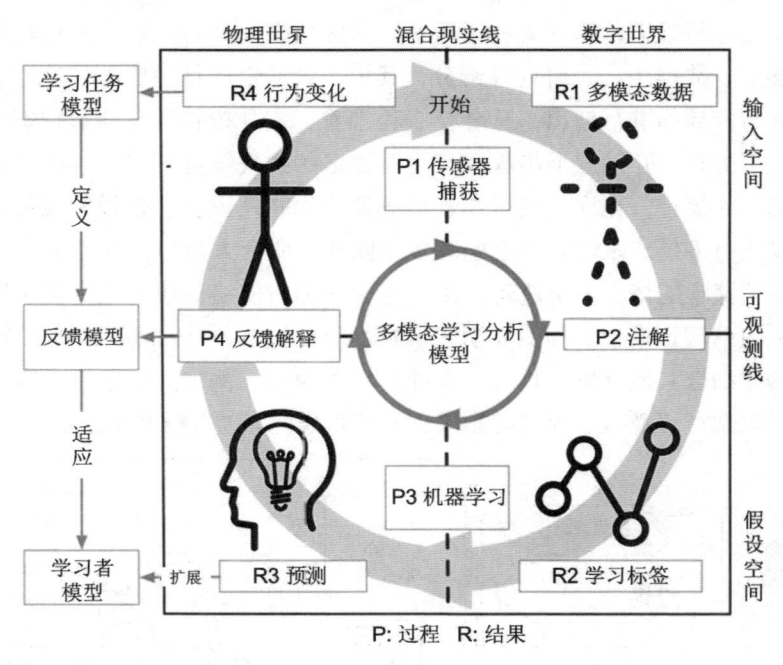

图 2-11 多模态学习分析的理论模型

（二）面向多通道的多模态学习分析流程

通过多模态学习分析基础数据的分类可以看出，虽然学习分析界在数据搜集、分析、解释、互操作等方面做了大量探索，但这些努力并没有达到多模态数据的要求。应用多模态交互方法的研究者面临着多种挑战，这些挑战源于多模态数据的复杂性。丹尼尔·米特里等从数据分析流程视角对应用多模态数据分析学习所面临的挑战进行了分类。第一，数据搜集：用于捕捉、聚合和同步来自多种模态和传感器流数据的方法；第二，数据存储：用于组织具有多种格式、大规模数据的方法，以便存储和后期检索；第三，数据标注：通过专家或自我报告为多模态记录信息提供意义阐释,并汇总这些人类解释;第四,数据处理:对原始多模态数据进行清除、规整、集成、提取相关特征,并将其转换为适合开发的新的数据表征;第五,数据开采:在学习过程中,基于多模态数据进行预测和洞察以支持更进一步的学习。这些挑战说明当前的多模态学习分析还没有结构化的方法来处理不同来源搜集的用于学习的多模态数据。

以往学习分析流程都要经历数据的采集与分析等系统流程,增加了迭代次数和实验周期。丹尼尔·米特里等从工作流视角提出数据分析流程,并称之为多模态学习分析管道,如图2-12所示。从区域模块来看,该管道包括学习任务模型建立、数据生产、研究等部分,其中,数据生产是主要工作流程,通过仪表盘和智能导师进行输出;从分析流程来看,该分析管道包括数据搜集、存储、标注、处理、开采五个步骤,与前面提出的挑战维度相对应。该管道是研究人员的工作流程,允许使用可穿戴传感器、物联网设备、音频和视频记录对学习活动进行多模式跟踪。管道中有多条路线,研究人员可以在不必每次都创建数据分析流程的情况下快速建立多模态学习分析实验。该研究中提出四种开采策略,包括矫正反馈、预测、模式识别、历史报告,针对不同类型的研究对象和目的并结合其他分析工具可以选择不同的路线,例如,对学习者言语和姿态分析可以选择A路线;对学习结果进行预测分析可以选择B路线。

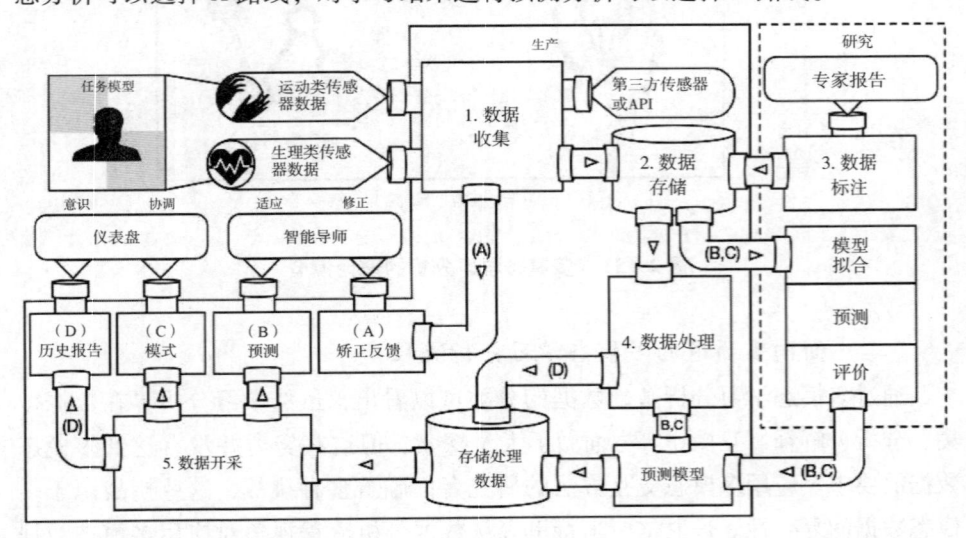

图2-12 面向多通道的多模态学习分析流程

第六节　面向个性化学习的精准教学设计

各类结构化、半结构化和非结构化教育大数据的激增使得当前学习环境由数字化向数据化转变，教师的教学也由原来的经验假设型转变为数据指导型。通过对传统环境下精准教学指导原则的解析，发现已有的设计原则并不能够直接应用到当前教学设计中，其在数据、理论、分析技术等方面还存在着现实困境，具体包括学习行为数据的匮乏、学习理论支撑的薄弱、学习分析技术的单一和学生个性特征的忽视。前面设计的学习分析工具能够对日常教学提供常态化支持，满足基本的个性化学习分析，也可以为教师开展精准教学提供基本支持。数据化学习环境下的精准教学设计取向应包括以不同情境下的多元数据为采集来源、以建立学习者模型为逻辑起点、以教学信息实时处理为过程支持、以人工智能和数据挖掘为技术支持。基于该取向，我们设计面向个性化学习的精准教学模式，并提出目标导向的精准教学模式实现路径，为进一步丰富精准教学的理论体系提供有益启示。

一、教育大数据环境下的教学转向

网络技术和移动技术的应用普及使得学生的学习环境由早期的多媒体环境走向数字化学习环境，学习时间和空间都得到了延伸和拓展，学习方式也呈现多样化。大数据技术的发展加快了各领域数据的记录与汇聚。在教育领域中，学生的全学习过程数据、课堂教学过程数据和教务管理数据等各类数据有了可记录和可分析的可能性，学习生态环境逐步由数字化学习环境过渡到数据化学习环境。在该环境下，教师的教学活动设计将由经验型转向精准型，基于学生的预学习表现设计内容实现因学定教，教学方式也将从群体教学转向精准化教学以及个性化教学。而学生的学也将从统一步调学习转向个性化学习，基于数据分析挖掘学生个性优势，从而实现学生的多元智能发展和核心素养的品质养成。

精准教学是由美国人林德斯利（Lindsley）于20世纪60年代根据斯金纳（Skinner）的行为主义学习理论提出的一种教学方法，旨在通过设计测量过程来追踪小学生的学习表现和支持数据决策，以便"将科学放在学生和教师的手中"①。后来发展为用于评估任意给定的教学方法有效性的框架。精准教学使用流畅度（准确度+速度）来衡量学生学习发展的水平，要求学生日常练习并测量学习表现。通过绘制标准变速图表，将学生的学习表现及时实时地进行记录，获得学习行为结果，进而根据学习结果进行强化练习。

国外有较多有关精准教学的研究，研究对象包括残疾人、大学生、研究生等，年龄从低龄到高龄不等。怀特（White）列举了20世纪70年代到80年代的六种典型大样本研究项目，有力地证实了精准教学在提高学习成绩、节省学习时间以及在严重残疾学习者方面的高效性②。唐纳（Downer）以幼儿园和初中识字困难的学生为研究对象，每天只进行4分钟的精准教学干预，结果显示，幼儿园和初中的学生的阅读水平明显提高③。史黛西（Stacy）和克里斯托弗（Christopher）两人通过对创伤性脑损伤儿童进行研究，发现治疗师可以借助数据决策方案迅速评估和调整治疗方案，进而改善患者现状④。加拉格尔（Gallagher）通过组织一些学习"困难生"学习乘法表，对学困生开展实验研究，实验结果表明，精准教学有助于促进数学教学⑤。作为一种补救学生学业技能不足的有效策略，精准教学在美国的多个州进行应用并取得了很大成功，但是在主流教育的背景下，精准教学作为一种"运动"的规模仍然很小，导致精准教学方法无法大规模推广的原因是支撑精准教学的传统技术手段具有明显的局限性。

二、传统环境下的精准教学指导原则及其困境

精准教学是通过计划教学项目来满足个体儿童或在获取和维持一些技能方面存在困难的年轻群体学习需求的一种教学方法。精准教学模式整合了监测功

---

① BINDER C. Precision Teaching: Measuring and Attaining Exemplary Academic Achievement [J]. Youth Policy, 1988 (7): 12 – 15.
② WHITE O R. Precision Teaching – Precision Learning [J]. Exceptional Children, 1986 (6): 522 – 534.
③ DOWNER A C. The National Literacy Strategy Sight Recognition Programme Implemented by Teaching Assistants: A Precision Teaching Approach [J]. Educational Psychology in Practice, 2007, 23 (2): 129 – 143.
④ CHAPMAN S S, EWING C B, MOZZONI M P. Precision Teaching and Fluency Training Across Cognitive, Physical, and Academic Tasks In Children With Traumatic Brain Injury: a Multiple Baseline Study [J]. Behavioral Interventions, 2005, 20 (1): 37 – 49.
⑤ GALLAGHER E. Improving a Mathematical Key Skill Using Precision Teaching [J]. Irish Educational Studies, 2006 (3): 303 – 319.

能，能够对所教授内容的效果进行评估。该模式可以在基础教育中进行应用，适用于具有清晰教学目标且能够被模块化分解的课程。其背后的理论支撑是维果茨基的最近发展区理论，即为儿童提供的学习材料要具体明确，确保在他们的可接受范围之内。精准教学同样借鉴了哈林（Haring）和伊斯顿（Easton）的学习层次结构理论，该理论说明了如何使新的学习需求在有效维持之前能够流畅地展现出来。

（一）精准教学的指导原则

精准教学可以归结为基于显示在标准加速图表中的自我持续监测表现频率进行教育决策变化。它并没有说明应该教授哪些内容以及如何开展教学，相反，它展示的是一种评估教师所开展课程与教学策略的系统方法，以确定教学计划是否有效。精准教学提出者林德斯利从斯金纳行为实验分析中借鉴了五大原则[1]，具体内容如下。

1. 学习者最了解学情

精准教学最根本的指导原则是学习者知道教学效果是否有效。当一个学生学习不断进步时，这种教学对该生是合适的；相反，如果一个学生学习停滞不前，则需要改变教学策略。作为教育者，尽管依据很多研究文献和经验可以设计预期较好的教学设计，但只有当学习者实际取得进步时，才能使教师确信该教学设计是有效的，可以持续不断地进一步优化。相对于精准教学中可视化显示面板所揭露的与学习目标相关的学习表现信息，学习者最了解自身的学习状况，其自我反馈信息要比学习测量信息更为可靠。

2. 注重直接的可观察行为

要能够清晰了解学习者的进步，需要通过对学生的可观察行为进行直接测量。在一些以提高学生技能的课程中，学生的学习行为可以观察测量。然而，对于一些非显性技能类的课程或活动，学生的行为并不容易观测，教师需要让学生将内在学习行为外化出来，如让学生将默声阅读变为大声朗读，以便采用编码方式对学生口中输出的词汇进行记录检查。由此可见，只有当学生的行为能够被观察、统计和记录，精准教学才能够得以顺利实施。

3. 使用频率作为行为观测的统一标准

在精准教学中对学生行为和进步的评价是通过评价时间段中每分钟可观察的行为频率分析得到。相对于较早的测量方式，频率数据在教育应用中有较多

---

[1] CHILDREN T E. Precision Teaching in Perspective：An Interview with Ogden R. Lindsley [J]. Teaching Exceptional Children, 1971 (3)：117－119.

优势，如通过正确率来判断知识掌握情况。应用频率数据测量的有效性体现在两个方面：一方面是流畅性行为表现持续时间更长，特别是在长时间任务阶段中需要学习者一直保持较好的学习表现，在新学习情境下，该方式不易受分心因素的影响；另一方面是为每个学生提供一个完整的频测数据以验证教学内容是否有效，例如，两个学生在数学问题解决上的正确率都为100%，然而在规定时间内，两人解决问题的数量存在差异，这说明仅看结果数据并不能发现学习问题。

4. 应用学习模式评价的标准图表

对学习者每天日常学习进步评价的有效方式是应用标准图表进行观测。斯金纳最早发现使用标准方法来展示学生的学习行为，并由此开发了一个累计记录器。该电子设备能够以一种标准测量方式自动绘制研究对象的行为表现。林德斯利采用了这种测量模式，并融入了可视化理念，进而创建形成一个标准加速表，该表能够根据时间和进步的变化进行变速记录。该表的横坐标显示学习日期，纵坐标标识每分钟的统计次数，可以从 0~400，也可以从 0~0.8，根据要观测的学生范围对尺度进行调整。

5. 对影响行为的环境条件进行系统化描述与分析

要建构和操作有效的教学环境，需要对环境中可能影响行为的因素进行描述和分析。斯金纳曾采用标签的方式对环境中影响行为的元素进行分类，并对一些行为进行积极的强化以提高行为发生的频率。然而，强化物并不能像其他因素一样，以一种特定方式影响行为。为解决该问题，林德斯利通过设计两个平行的系统来描述教学环境中的元素，其中，系统一环节包括情境、事件前、活动周期、事件后，系统二环节包括情境、刺激、反应、结果，通过对比探索查看其中干预计划是否对行为产生实际影响。

（二）精准教学设计所面临的困境

精准教学设计原则为开展差异化教学和个性化教学提供有益的参考理念。然而，随着数字化学习的普及、新型教育理念的发展和人工智能技术的逐步成熟，已有的设计原则并不能够直接应用到当前教学设计中，在数据、理论、分析技术等方面还存在着现实困境，具体包括以下四个方面。

1. 学习行为数据的匮乏

学习行为数据是精准教学得以顺利开展的必要前提和实施依据。在以往精准教学中，对学习者行为的测量主要集中在可观察、可外化、可统计的显性行为数据，无法对学习者内在学习行为表现进行观测，学习行为数据的类型也局限在频次上。学习行为数据的匮乏一方面不能全面揭示学习者真实的学习结果表现；另一方面，基于有限数据的分析并不能全面了解学习者的内在学习需要，进而影响教学的精准性。

2. 学习理论支撑的薄弱

林德斯利所提出的精准教学思想主要依据维果茨基的最近发展区理论和斯金纳的行为主义理论。在关注对象上，侧重学习行为的刺激和强化，忽视学习者内在学习感知。学习理论的发展史说明仅依靠某一学习理论设计教学并不能取得较好的学习成效，各理论具有优缺点，需要针对特定的单元主题内容设计适合理论支持的教学活动内容。此外，随着学习科学的发展与确立，需要依据社会建构主义理论、人本主义学习理论、情境学习理论等设计教学和学习环境，为学习者提供知识建构、情境认知的支持，促进其概念转变和对知识的深度理解。

3. 学习分析技术的单一

精准教学在数据分析上采用标准测速表进行刻画分析，在缺少技术支持的条件下，该方式能够在一定程度上发现学习表现特征。然而，在数字化学习环境下，特别是教育大数据和学习分析背景下，数据的采集手段、记录方式和分析方法都发生了革命性变化。学生的学习方式也由原来的正式学习转变为正式学习和非正式学习相结合的模式，学习行为数据被学习时间、学习空间和学习终端分割，需要自适应学习技术、自然语言处理、机器学习等学习分析技术对学习行为进行挖掘，以获取到学习者真实的学习状况。

4. 学生个性特征的忽视

对学习者个性特征分析的程度决定了教学促进个体学习的精准性和有效性。尽管精准教学试图对影响学习的环境因素进行系统化描述和分析，但忽视了学生作为学习主体在学习材料和任务上所表现的内在区别。学习者在学习方式、学习风格、认知水平等方面存在个体差异，这使得为学习者提供差异化教学需要关注学习者的个性特征。在把握学习偏好的基础上，可以为学生提供个性化学习内容和学习活动，使学习者能够以符合自身特性的方式进行高效学习。

三、教育大数据环境下的精准教学设计取向

（一）精准教学实践中存在的问题

1. 数据采集与分析过程体系的不完整

数据采集与分析存在过程尚未形成完整的体系，测评数据采集居多。以

某教育测评企业为例，虽然该平台能通过个性化学业分析报告指导教师因材施教，同时针对学生的薄弱项定制课后练习，但对数据的分析更多的是描述性统计，数据的详细报表较为简单。例如，分数段分布图是对某次测验学习结果分数段的描述；试卷难度与区分度图是对测验题目的可用性评估；题目作答详情、班级小题答错名单是将学生对每道题目的作答情况进行统计；年级排名对比表是对教师讲授班级的整体情况进行排名，即这些报表是将人工可记录的数据电子化。

此外，在数据分析方面也缺少对学生知识薄弱点方面的分析。知识之间存在着各种各样的关系，学生对某一知识点的理解存在困难并不仅意味着这一知识点很困难，也有可能是由于学生的前端知识储备不足。

2. 重视结果数据，轻视数据的分析理解

教师并未突破应试教育的思维禁锢，在应用数据时，更多的是关注结果数据，把结果数据作为重点，而对于数据产生的原因、数据反映的教师教的问题和学生学的问题缺少深究的环节。对于教师而言，数据统计俨然成为强化应试教育的有力技术。同时，由于教育测评数据分析平台的技术性实现问题，相比较文科而言，更侧重理科的使用，在使用的过程中，也只是对一些客观题进行正确性判断而缺乏教与学过程的分析。

由于教师没有得到企业平台的专业指导，因此对教育测评数据很难进行有效提取使用，受此影响，教师的使用意识不强。如果没有在观念上接受、在行为上主动、在实践中创新，那么在使用教育测评平台时很可能会觉得碍手碍脚，反而影响教学质量。

3. 教师仍基于原有经验使用测评数据

对测评数据的分析应用不应该仅仅是帮助教师界定学生的理解范围，还应该帮助教师根据学生的学习情况合理分配资源，动态调整教学进度，因材施教。通过访谈了解到，对测评数据的分析应用更多的是提高教育测评数据搜集、统计的效率，帮助教师节约统计时间等，而借助测评数据帮助调整教学进度安排等作用显现得还不够明显。深究原因，可能是教师技术不足，对数据的使用能力不足，对数据的应用还处于探索阶段，导致对数据只看不用，在实际教学中，教师仍然采用以往的教学方法，借助往常的教学经验进行教学。正如访谈的校长所言，当一线教师工作超过15年，形成固有的教育理念与方法之后，改变是很难的，特别是教学成绩优秀的教师，他们已经习惯了传统教学方式，不愿走出舒适区；一边是已经成熟且行之有效的教学方式，另一边是还在实践积累经验的精准教学，教师自然而然还是选择墨守成规，保持不变。

4. 精准教学过度注重测评机制

精准教学要促进学生知识掌握与核心素养,而非仅仅针对考试等。从事教学工作的一线教育工作仿佛陷入一个误区,教育大数据支持下的精准教学就是通过各种测验获得测评数据,找到学生知识薄弱点进行教学补救,而对于学生知识内化的过程并不关注,但教育是一个复杂的过程,参与教与学活动的是有情感的人,要促进学生知识掌握与核心素养,学会学习。

(二)精准教学设计取向

新媒体技术的兴起与应用使得学习环境由原来以物理空间为中心的封闭式学习环境转向以学习者为中心的开放式学习环境,而数据科学和计算技术的应用逐步将这一开放学习环境演变成以数据为分析支撑、以学习者为服务中心的数据化学习环境。在该环境下,从学习的起点到学习的终点,整个学习过程所产生的学习行为都将以不同的数据采集方式被记录,而人工智能、用户建模和教育数据挖掘技术为学习者数据测量、推理和实施提供了高度复杂的方法。精准教学需要在数据、理论、目标等方面设计新的取向,以适应新的学习环境。

1. 以不同情境下的多元数据为采集来源

在当前数据化学习环境下,要为充满差异的学习者提供有效和精准的教学设计,需要搜集不同学习情境的学习行为数据并对其进行实时分析,以及时调整教学内容和实施动态干预。在学习行为数据采集来源上,需要对课堂学习表现数据、网络学习活动数据、移动学习状态数据等方面进行汇聚,形成学习档案数据库。在学习心理数据采集上,要对个人体征数据、学习情感数据、学习表情数据等方面进行整合,以刻画个体学习心理状态。基于学生学习状态和心理特征数据可以为教学内容的差异化组织和学习路径的个性化设计提供科学依据。在采集技术上,通过平台采集技术、物联感知技术、图像识别技术和视频录制技术等方式对各类学习数据进行采集与聚合,为后期分析与挖掘提供数据源支持。

2. 以建立学习者模型为逻辑起点

学习者是教学活动任务的服务对象,学习者的个性特征决定了教学内容的组织方式和实施进度,要提高教学的精准性,首先需要把握学生的个性特征,建立学习者模型。随着计算技术的发展,适应性系统和智能系统得到进一步应用,然而两者面临的共同挑战是,先要建立有效的学习者模型,用来测量和捕捉相关学习过程特点。其次是创建合适的推理机来连接学习者模型特征值和适当调整的教学系统。学习者模型的复杂程度差异较大,可以是基本的模型,仅包括一个或几个用于调整教学的学习者特征(如先前知识、学习风格和学习动机),也可以是更加先进、高度动态的模型。在应用技术上,通常使用人工智能和机器学习技术来动态创建学习者模型,这种技术可以用于识别学习者特点和行为模式,并将这些模式融合在学习者模型中。

3. 以教学信息实时处理为过程支持

教学过程中不仅需要学习数据和学习技术的支持,还需要教学信息技术对相关数据进行实时处理分析,以实现动态化教学。教学信息处理是基于信息科学、数理科学的理论和方法,对教学系统中的各种信息进行处理,并将处理结果有效地用于完善教学系统的设计、控制和评价中。教学信息处理包括教材分析、教学结构分析、测评分析、学生应答分析等,通过具体的分析工具和方法实现对教学过程的量化分析。在教育信息处理时,不仅要注重教学过程中的各种行为,更要注重产生这种行为的认知过程,应将对行为表现的分析和处理逐渐转换为学生内在认知特点和认知过程的分析上。

4. 以人工智能和数据挖掘为技术支持

在数据化学习环境下,学生的学习行为具有生成性和实时记录特性,而要对学习行为数据进行智能化分析,需要人工智能技术和数据挖掘分析作为技术支持。人工智能的关注点是像学习者一样推理,模拟人类的推理过程。人工智能在教育中的作用是提供大量实现不同水平学习的自动化设计应用。而在数据分析方面,还需要教育数据挖掘技术提供支持,它是开发探索来自教育环境的独特数据类型的方法,用这些方法可以更好地理解学生和学习环境。在分析方法上,数据挖掘分析包括预测、聚类、关系挖掘、模型发现、文本挖掘等分类,基于这些分析方法,可以把握学生的真实学习特性和规律,实现因学定教的设计取向。为了使分析结果更加直观和易于理解,还可以通过数据可视化方式进行展示,根据分析目标采用2D区域、时态、多维、分层、网络等不同的可视化方法进行呈现,以便于了解个体和群体特征变化。

四、面向个性化学习的精准教学模式设计

教学模式是教学系统设计中的一个重要环节,它是在一定教育思想、教学理论和学习理论指导下的,为完成特定的教学目标和内容而围绕某一主题形成的比较稳定且简明的教学结构理论框架及其具体可操作的教学活动方式。精准教学模式是在承续以往以教为主的教学模式的基础上,整合教育大数据、学习分析和人工智能等思想,形成的以服务个性化学习为目标的教与学活动理论框架。精准教学模式设计的基本假设包括：第一，教学模式以帮助学习过程而非教学过程为目的；第二，教学模式是学习数据集驱动下的教学活动动态设计；第三，不同类型的学习目标需要不同类型的教学。基于上述假设，我们认为，精准教学模式是为教师提供有效教学指导，但其核心是数据集驱动下的以学习者为中心的设计思想，依据学生个性特征数据和学习行为数据设计学习活动，基于学习反馈动态调整教学，最终实现学生个性发展。

（一）以支持个性化学习为服务宗旨

个性化学习是数据化学习环境和智慧学习环境在学习服务上发展的内在旨趣。在大数据时代下，要使精准教学具有可持续性和生命力，需要结合数据科学和计算技术，以个性分析为起点，以支持和满足个性化学习为目标导向。弗雷德·凯勒最早提出个性化教学系统，认为我们所拥有的数据可以使个性化教学得以生存下去。个性化学习从自适应和智能技术领域获得了当前的研究和方法。在支持个性化学习的系统支持上，智能辅导系统为开展个性化学习探索提供实践抓手。该系统集成了人工智能技术的三个组件，包括学习者模型、领域模型、教学模块或辅导模块。依托智能导学系统，可以使精准教学更具可操作性，并能够有效支持个性化学习。

（二）面向个性化学习的精准教学模式设计

教学模式研究者认为，每一种模式都有其优势，但都无法满足所有需要。教学模式是多种多样的，有的教学模式只能实现某个或某几个教学目标，有的可能会实现更多的教学目标，不同的教学模式可能具有相同的教学目标。在数据化学习环境下，我们整合翻转课堂、大数据与学习分析、自适应学习技术、教育信息处理等新型教育理念和分析技术，设计面向个性化学习、促进学生概念掌握和自我发展的精准教学模式，如图 2-13 所示。该模式秉承因学定教的理念，以学习者模型生成与数据更新为设计核心，以基于生理数据的学生个性分析为起点，设计包含课前学案设计与结果分析、课中教学互动与差异化指导、课后个性化自主学习等环节的教学流程。其中，课前环节主要是通过设计差异化活动让学生掌握认知水平内的基础知识，并基于学习内容完成度、知识薄弱点和活动参与度设计差异化学习目标；课中环节主要是通过课程主题内容选择教学方式，并基于差异化目标进行学习问题分析和学习测评，依据结果进行直接指导教学；课后环节则是依托自适应学习平台让学生进行自主练习，基于平台中的个性化学习资源推送和学习路径进一步促进知识内化和概念掌握。

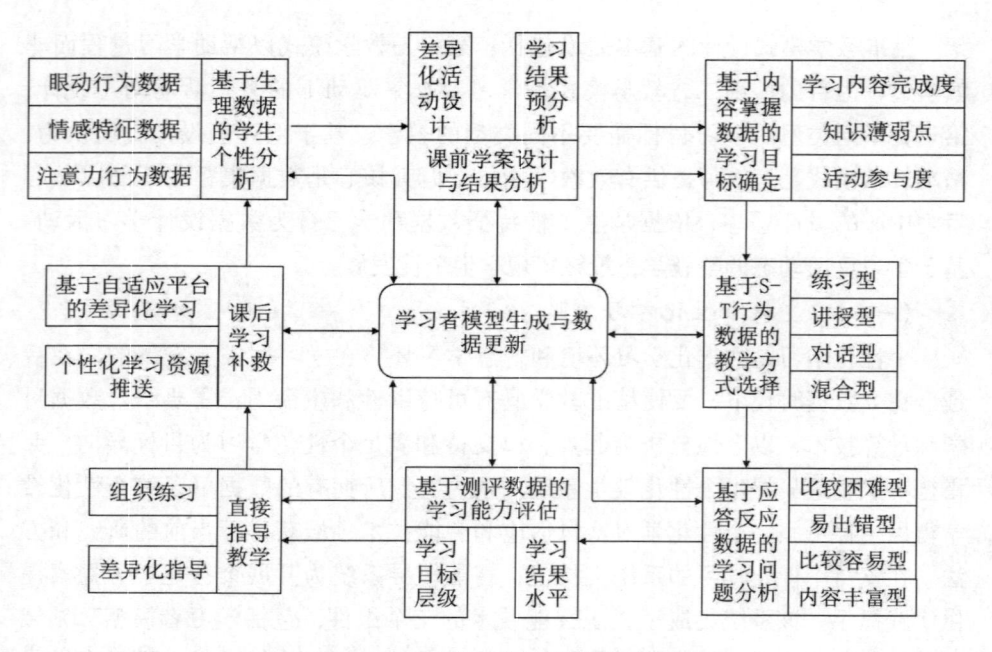

图 2-13　面向个性化学习的精准教学模式

五、目标导向的精准教学模式实现路径

从设计视角上看，教学是嵌于有目的活动中的促进学习的一系列事件；从目标视角上看，教学是一项有目的的理性行为，教学的理性涉及教师为学生选择"什么"目标，教学的目的性则关系教师如何帮助学生达成目标，即涉及教师创造的学习环境、提供的教学活动与经历等。最常用的教育目标模型是以拉尔夫·泰勒（Ralph Tyler）的工作为基础建立起来的，他提出，陈述目标最有用的方式是用术语来表达目标，这些术语表明学生需要发展的行为种类[1]。教学目标的差异性决定了达成不同教学目标需要组织与之匹配的教学活动内容，于是精准教学在教学目标上采用分类教学，具有目标导向性，包括行为目标导向下以知识为中心的教学、生成性目标导向下以问题为中心的教学和表现性目标导向下以活动为中心的教学。根据雷克斯·希尔对布鲁姆教学目标分类理论完善后的框架，在知识维度上，行为目标侧重事实性知识和概念性知识的掌握，生成性目标侧重程序性知识的掌握，表现性目标侧重元认知知识的掌握；在认知过程维度上，行为目标侧重记忆和理解，生成性目标侧重应用和分析，表现

---

[1] TYLER R W. Basic Principles of Curriculum and Instruction [M]. Chicago: University of Chicago Press, 1950: 30-31.

性目标侧重评价和创造。三类目标在知识和认知过程中的阶段划分并非具有割裂性，而是具有承续性，是从初级阶段的知识掌握逐步演进到高级阶段的知识创新。

（一）行为目标导向下以知识为中心的精准教学模式

行为目标强调要用一种最有助于学习内容和指导教学过程的方式来陈述目标，而陈述目标最有效的方式是既指出要使学生养成的那种行为，又言明这种行为能在其中运用的生活领域或内容。该目标的理论基础是行为主义学习理论和认知主义学习理论，其内在的学习隐喻是知识获得，强调学习是信息加工者，教师是信息的施予者，学业成绩的考核可以确定学生所掌握的知识。该目标指导下的精准教学模式吸收程序化学习的思想，即学习活动由小步骤学习任务构成，学习者通过自定步调的方式一步步完成学习，并在每个学习任务中获得即时反馈。美国教育专家布鲁斯·乔伊斯（Bruce Joyce）等通过对大量教学模式的总结和分析，依据模式是指向人类自身还是指向人如何学习的标准，将教学模式分为行为系统类教学模式、信息加工类模式、个体类教学模式和社会类教学模式。在教学模式参照指导上，行为目标导向的精准教学模式以掌握学习模式和直接指导模式为基础进行再设计。

在行为目标的指导下，以知识为中心的精准教学模式步骤包括课前的学习任务框架、微视频学习、知识点测评练习和课中的知识呈现、组织练习、个别指导练习。该模式基于翻转课堂理念，以知识学习和内化为中心，通过导向、自主练习、呈现、组织练习等阶段完成对新知识和新技能的掌握和巩固。其中，学习任务框架环节是明确学习任务，建立学生的责任意识，具体包括提供给学生课程目标及需要达到的技能操作水平、陈述课程内容以及与以往知识或经验的关系、明确学生在活动中的责任；微视频学习环节是让学习者在课前掌握基础知识与技能；知识点测评练习环节是对所学基础知识进行练习测评，筛选出迷思概念问题；知识呈现环节是教师讲解新的概念或技能并演示和举例，解决学生迷思概念；组织练习环节是教师通过详解例子的每个步骤来引导学生，并对学生的反应做出反馈，强化正确反应，纠正错误以及提出学习目标；个别指导练习环节是学生通过独立练习进一步强化巩固新知识以达到熟练应用的程度，教师对个别学生提供纠正性反馈。各步骤的教与学行为数据及其技术支持见表2-8。该模式的实施需要个性化学习诊断系统提供支撑，其精准性在于通过该系统对学习者的知识点掌握状况进行实时监控和诊断，生成雷达图分析报告，帮助学生查漏补缺。

表 2-8 以知识为中心的精准教学模式步骤与技术支持

模式步骤	教与学行为数据	采集技术	分析方法
学习任务框架	数字化学案	学习管理平台技术	序列模式分析
微视频学习	学习时长、学习次数、问题互动结果、学习跳转		
知识点测评练习	正确率、掌握度、薄弱知识点	智能测评系统	统计分析
知识呈现	教师演示时长、学生注意力强度	视频监控技术	情感分析
组织练习	互动频度、互动深度、应答时间和结果	智能录播技术	应答分析
个别指导练习	错题分析、未掌握知识点、拍照搜题	图像识别技术	神经网络分析

(二) 生成性目标导向下以问题为中心的精准教学模式

生成性目标关注的不是外部事先规定的目标，而是强调教师根据课堂中的学生表现和教学的实际进展情况提出相应的目标。相对于行为目标关注学生的学习结果，生成性目标关注学生的学习过程。该目标的理论基础是认知建构主义学习理论，其内在的学习隐喻是知识建构，强调学习者是在探索问题理解的过程中建构所学知识。在课堂教学情境下，学习者是意义的制定者，教师是问题认知的引导者和支撑者。在教学模式参照指导上，生成性目标导向的精准教学模式整合了以科学探究和归纳思维为主的信息加工类模式和非指导性教学的个体类教学模式。

以问题为中心的精准教学模式步骤包括问题确立、问题表征建模、问题决策、归纳思维和学习评价。其中，问题确立是通过教育实践、文献资料、社会实际等方式调查了解所要解决的问题，并通过信息查询搜索解决问题所需要的信息；问题表征建模是通过可视化工具、系统建模工具、语义网络、概念图等方式对问题空间进行表征，创建问题模型；问题决策是应用数据分类思想，通过问题识别、变量分析、产生可选的选项、评价选项等过程对方案进行选择判定；归纳思维设计的目的在于指导学生形成概念、学习概念以及应用概念，该过程通过解释资料、确认关系、探究关系、做出推论等方式培养学生关注逻辑和知识本质的能力；学习评价是以评估量规为标准，以问题解决过程数据为分析来源，对自主探索和小组协作过程进行绩效评估。该模式中各步骤的教与学行为数据及其技术支持见表2-9。该模式下的精准性在于通过学习分析仪表盘揭示学生概念和逻辑思维形成的困境，应用支架渐隐策略帮助学习者完成问题解决。

表2-9　以问题为中心的精准教学模式步骤与技术支持

模式步骤	教与学行为数据	采集技术	分析方法
问题确立	文献检索	日志搜索分析技术	关联规则分析
问题表征建模	绘制思维导图	建模分析工具	内容分析
问题决策	对话交流、互动文本	语音分析、文本分析技术	自然语言处理
归纳思维	教师提问、学生应答状态	可穿戴设备技术	统计分析
学习评价	学习路径、反思报告	学习管理平台技术	网络图模型分析

（三）表现性目标导向下以活动为中心的精准教学模式

表现性目标是让学生在参与多个学习活动之后所获得的结果，其关注的是学生在活动中表现出来的某个方面首创性的反应形式，而非事先规定的结果。活动理论的主要假设是不能在活动发生的情境脉络之外对活动进行理解或分析。该目标需要为学生提供活动的情境和场域，学习者自主或协作探索感兴趣的问题。该目标的理论基础是社会建构主义和情境认知理论，其内在的学习隐喻是社会协商和参与实践共同体，学习者在活动过程中进行社会性对话和交谈协商。该类目标不像行为目标那样是封闭性的，而是开放性的，其重点是学习活动过程和结果。在教学模式参照指导上，表现性目标导向的精准教学模式以合作学习为主的社会类教学模式为设计指导。

以活动为中心的精准教学模式步骤包括活动任务、学习工具与资源、合作探究、独立探究、活动结果评价。其中，活动任务是在特定规则下需要完成的单个或一系列交互操作过程，活动的其他步骤均是围绕活动任务而展开；学习工具与资源是为不同活动类型提供信息组织方式、媒体支撑和相关案例；合作探究是依托社群网络形成基于知识的社会结构，通过参与者之间的互动和意义协商来生成知识；独立探究在合作探究的基础上对个人所承担任务进行探索分析，生成个人观点和子任务成果；活动评价既包括小组协作产生的集体成果评价，也包括个人参与和贡献的评价。该模式步骤中涉及的教与学行为数据及其技术支持见表2-10。该模式下的精准性是通过对学习者在活动中的参与度、贡献度、知识创新、社群网络进行精确识别测量，帮助学习者在学习活动氛围中形成紧密的学习共同体，在活动路径中进行深度的意义建构任务。

表 2–10 以活动为中心的精准教学模式步骤与技术支持

模式步骤	教与学行为数据	采集技术	分析方法
活动任务	差异化任务制定、学习者特征数据	学习管理平台技术	关联规则分析
学习工具与资源	位置与情境数据、资源交互数据	物联网感知技术、移动App技术	聚类分析
合作探究	活动参与度、活动贡献度	智能录播技术	社会网络分析
独立探究	个人观点数据	网络爬虫采集技术	文本挖掘
活动结果评价	电子作品集	学习管理平台技术	预测分析

六、基于课堂学习表现数据的精准教学干预

在持续推动信息技术与教育深度融合的阶段中，尽管各类智能技术终端拓展了学生的学习时间和空间，但课堂学习环境仍是学生进行正式学习的主阵地，课堂学习仍是促进学生知识理解与意义建构的主要学习空间。近年来，教育大数据与学习分析技术的发展使得对学习者的关注逐步从学习者的整体流程状态进阶为学习者的个体行为与内在状态，如何为学习者提供符合其学习需求的个性化学习服务是未来教育发展的一个重要目标。在课堂学习环境下，学生个体行为的表现对于学习效果有着直接影响，也是学习状态的外化结果。受学习风格和个性特征的影响，学生表现出不同的学习行为状态，了解不同类型学习群体并对学生个体的行为进行精准把控和干预对于提高课堂教学效率和学习效果具有重要的现实意义。当前关于课堂学习环境的行为研究主要围绕师生互动行为和单一主体行为，对于学习行为特别是行为序列模式等关注较少，但学习行为模式及其对学习习惯影响的重要性却是不可忽视的，如何通过分析学生个体行为解析出行为模式，进而了解其学习状态是当下关于课堂学习行为研究亟待解决的问题。本研究通过对学生在课堂环境中的学习行为进行编码分析，构建课堂学习行为模式识别模型，判断每个学生的学习行为模式，进而寻找问题学习行为序列，并基于问题行为设计精准教学干预策略，从而帮助教师更好地了解每个学习者的课堂学习状态，为开展有效教学提供科学依据。

（一）课堂环境下中学生学习行为分类与差异分析

为了了解课堂环境下学习行为的类型及其是否存在差异，我们以苏南某地区中学生为调查对象，基于学习行为特征对初一、初二年级的24个班级学生进行分层抽样，共抽取462人，剔除无效问卷54份，总计有效被试408人，其中，男生184名，女生224名。

1. 基于因子分析的课堂学习行为分类

对问卷的31个项目进行因子分析，综合旋转成分矩阵的结果以及本问卷原作者的问卷分类情况，最终将本问卷第二部分的31个问题分成五个维度，即感官性学习行为（Sensory learning behavior）、自主性学习行为（Autonomous learning behavior）、交往性学习行为（Communicative learning behavior）、操作性学习行为（Operational learning behavior）和教师辅助性学习行为（Teacher-assisted learning behavior）。

2. 基于学习行为分类的课堂学习行为差异分析

（1）中学生课堂学习行为总体分析

为了解当前中学生的课堂学习行为现状，使用SPSS对问卷调查结果的五种维度得分做了均值和标准差的分析，见表2-11。按照均值占比发现，感官性学习行为＞自主性学习行为＞交往性学习行为＞操作性学习行为＞教师辅助性学习行为。其中，感官性学习行为的得分率最高，说明相比于其他课堂学习方式，现在的中学生还是更习惯传统的课堂学习方式，通过观看教师的板书、聆听教师的讲解等感官性学习行为进行课堂学习。自主性学习行为得分率较高，教师辅助性学习行为得分较低，说明当前中学生的学习自主性较好，能够自主地利用课堂时间来学习，遇到难题首先自己尝试解决。操作性学习行为和交往性学习行为的均值占比要低于总分的均值占比，这可能是因为当前中学课堂仍然保持着教师主动讲授，学生被动接受的课堂教学模式，课堂气氛较为沉闷。以教为主的教学模式使得学习者较难体现出一些操作性和合作性的学习行为。

表 2-11　五种学习行为的均值分析

	感官性学习行为	操作性学习行为	教师辅助性学习行为	自主性学习行为	交往性学习行为
均值	25.26	14.72	10.12	36.61	35.06
标准差	6.137	4.554	3.881	9.219	9.286
均值占比	0.8420	0.7360	0.6746	0.8136	0.7791

(2) 课堂学习行为差异比较

为考察不同年级、性别、成绩的学习者在课堂环境中的学习行为的差异性，采用独立样本 T 检验的方法研究不同学习者之间学习行为差异的显著性，分析结果见表 2-12。可以看出，不同年级和成绩的学习者在感官性学习行为、操作性学习行为、教师辅助性学习行为、自主性学习行为和交往性学习行为五种不同的课堂学习行为中均存在显著差异性，而性别只在感官性学习行为中表现出显著差异性。女生的感官性学习行为显著高于男生，这可能是因为男生和女生之间习惯的学习方式不同造成的。从不同年级、性别和成绩的学习者的课堂学习行为调查中发现，当前中学生的课堂学习行为得分差距不大，但是学习成绩却存在较大差异，说明学习成绩并不只是由单个学习行为造成的结果。

表 2-12 五种学习行为的 T 检验结果

	感官性学习行为	操作性学习行为	教师辅助性学习行为	自主性学习行为	交往性学习行为
年级	0.000**	0.000**	0.001**	0.000**	0.000**
性别	0.047*	0.941	0.116	0.232	0.925
成绩	0.000**	0.000**	0.002**	0.000**	0.000**

注：*代表 $p<0.05$，有显著差异，**代表 $p<0.01$，有极其显著差异。

(二) 基于行为序列的学习行为模式识别建模

该部分首先对课堂环境下的学习行为要素进行分析和编码，并采用聚类分析对学习行为模式进行分类。在此基础上，对学习行为的层次结构进行分析，并提出学习行为模式识别模型。

1. 课堂环境下的学习行为要素分析

该部分采用视频分析和内容分析法对课堂录像进行观察分析。观察时间以一节课 40 分钟为单位，观察员以每分钟为记录点，记录下每个学生在一堂课内产生的行为数据。本研究选取四堂数学课共 160 分钟的课堂视频进行观察。将中学生课堂中可能出现的课堂学习行为总结归纳出 12 种课堂行为，并与 5 种学习行为分类进行归类，其中，将"走神"与"其他"归入非学习行为编码为 N，并将感官性学习行为编码为 S、自主性学习行为编码为 A、交往性学习行为编码为 C、操作性学习行为编码为 O、教师辅助性学习行为编码为 T，编码结果见表 2-13。

表 2-13　学习行为记录指标及其编码

行为分类编码	行为名称	编码	解释
S	听讲	TJ	学习者听教师讲解
	修改习题	XG	学习者在做完习题之后进行修改
	看笔记	KB	学习者翻看自己记录的笔记
O	记笔记	BJ	学习者在笔记本或者课本上记录笔记
	做习题	ZT	学习者受教师指示做课堂练习
C	合作学习	HZ	学习者与同伴交流讨论
	回答问题	HD	学习者在教师讲解过程中回答教师的问题
T	被提问	TW	学习者被教师点名回答问题
A	翻看课本	FK	学习者翻阅课本
	思考	SK	学习者对教师提出的问题进行思考
N	走神	ZS	学习者注意力不在教师讲解的内容上
	其他	QT	其他与学习无关的事情，如擤鼻涕等

2. 基于行为序列的学习行为模式分类

（1）基于聚类分析的学习者分类

此部分采用 K 均值聚类方法，对学习行为进行聚类分析。经过迭代处理，形成以"听讲→做习题""听讲→思考""修改习题→听讲""合作学习→修改习题""思考→听讲""平均成绩"为聚类依据的 4 类学生。如表 2-14 所示，学生被聚类成 4 类学习者，每个聚类组分别有 4、10、18、5 名学生。组 1、组 2 的这 14 名学生的行为序列转换次数均高于平均值，且平均成绩明显高于组 3 和组 4，说明组 1 和组 2 的学习效率要高于组 3 和组 4。组 2 的"修改→听讲"次数高于组 1，但是平均成绩却低于组 1，说明组 1 的学习效率比组 2 要高。组 3 和组 4 的行为序列转换次数低于平均水平，组 4 学生行为序列转换种类最少，课堂学习行为类型较为单一，学习效率较低。

表 2-14 学习行为聚类分析

聚类依据	聚类组 1 N = 4	聚类组 2 N = 10	聚类组 3 N = 18	聚类组 4 N = 5	总计 N = 37
听讲→做习题（S→O）	5	5	4	4	4.5
听讲→思考（S→A）	4	3	3	0	2.5
修改习题→听讲（S→S）	6	8	3	1	4.5
合作学习→修改习题（C→S）	3	2	0	0	1.25
思考→听讲（A→S）	2	2	1	0	1.25
平均成绩	95	89	76	62	81

(2) 不同聚类组的行为序列总体情况

为了更直观地看到不同聚类组之间的学习行为序列差异，将 4 个聚类组的学生在 4 次课堂实录视频中表现出来的行为转换序列次数进行排列，如图 2-14 所示。

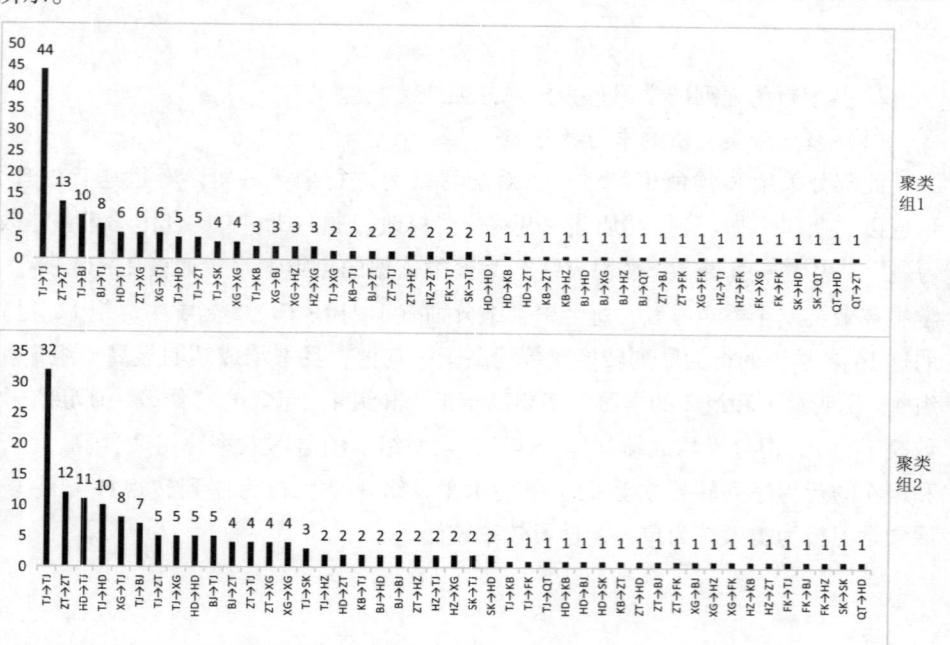

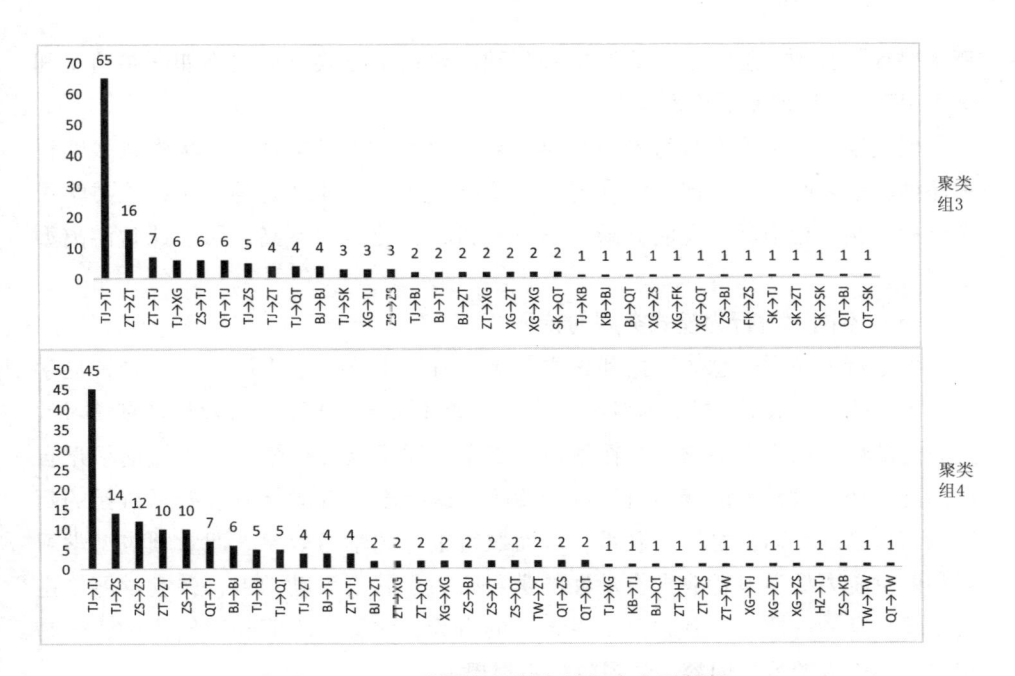

图 2–14　4 种聚类组学生的行为序列频数

聚类组 1 的学生的学习行为序列转换在种类和次数上都是最多的，通过该类学生的学习行为序列可以推测出该学生的学习行为轨迹是听教师讲完之后做练习题，做完之后与同学合作修改习题之后，再次听教师讲解，在听讲的过程中伴随自己的思考，巩固加深知识理解。从平均成绩来看，这一类学生也是学习效果最好的，属于课堂综合型学习者，他们在课堂中综合使用多种课堂学习行为，不会过多地依靠教师，具有较强的主观能动性。

聚类组 2 的学生在行为序列转换种类上与课堂综合型学习者有细微差异，该类学习者次数较多的行为序列转换是回答问题后听讲、听讲时积极回答教师提出的问题、修改习题之后听讲、听讲后记录笔记，可以推测出该类学生以多种自学行为为主，从平均成绩来看，具有较好的学习效果，该类学习者属于课堂自主型学习者。

聚类组 3 的学习者学习行为转换次数明显少于前两个聚类组，学习行为转换较为单一，值得注意的是，该类学生"听讲→听讲"次数高达 65 次，远远大于其他三个聚类组，说明该类学生在课堂学习中是以听讲为主要知识获取渠道。其次，该类学生发生次数较多的行为序列转换是做完练习题之后听讲、听讲之后修改习题、走神之后及时回到课堂学习中，可以推测出该学生的课堂学习轨迹主要跟随教师，忽略了自身的学习基础，导致学习效率远远不如聚类组 1 和聚类组 2，属于课堂顺应型学习者。

聚类组 4 的学习者行为序列转换总数与聚类组 3 基本持平，次数较多的行为序列转换是听讲时走神、持续走神、持续做题、走神之后再听讲，该类学习者走神的频率相当高，说明其缺乏学习动机，自控能力不高，属于课堂游离型学习者。

（3）不同学习行为模式类型的特征

根据行为序列的总体数据和聚类结果，可以得出中学生课堂的 4 种常见学习行为模式，见表 2-15。课堂综合型学习者和课堂自主型学习者都具有学习的主观能动性，属于主动学习。在学习特点上，课堂综合型学习者更倾向根据自己的已有经验对教师讲授的内容进行聆听，这类学习者能够发现教师讲授的新知识和自己既有知识之间的联系，从而取得很好的学习效果。课堂顺应型学习者和课堂游离型学习者缺少主观性的学习行为，属于被动学习，课堂学习中主要依赖教师的讲授，且有时会出现走神的行为，注意力不能长时间集中，容易错过教师讲授的重点内容，学习效果不理想。

表 2-15 4 种学习行为模式的特征

学习行为模式	课堂综合型	课堂自主型	课堂顺应型	课堂游离型
行为序列转换种类	较多	最多	最少	较少
注意力程度	集中	集中	较集中	较分散
对教师依赖程度	一般	一般	最大	较大
学习方式	主动学习	主动学习	被动学习	被动学习
学习效果	最好	较好	一般	较差

3. 学习行为模式识别模型层次结构

（1）行为序列与成绩的相关分析

根据学习者在课堂学习中产生的 12 种学习行为可知，这些行为组合会产生 144 种学习行为序列。为了探究这些行为与成绩之间的关联度，我们将其与学习成绩进行相关分析，得到与成绩显著相关的 17 种行为序列，见表 2-16。

表 2-16　与成绩显著相关的行为序列

序号	行为分类序列编码	行为序列编码	行为序列	r	显著性
1	S→O	KB→ZT	看笔记→做习题	0.919	0.045*
2	S→O	TJ→ZT	听讲→做习题	0.92	0.041*
3	S→O	ZT→BJ	做习题→记笔记	0.819	0.042*
4	S→N	TJ→ZS	听讲→走神	-0.974	0.026*
5	S→N	TJ→QT	听讲→其他	-0.975	0.025*
6	N→S	ZS→TJ	走神→听讲	0.993	0.007**
7	N→S	QT→TJ	其他→听讲	0.96	0.045*
8	S→A	TJ→SK	听讲→思考	0.906	0.034*
9	O→O	BJ→BJ	记笔记→记笔记	-0.976	0.024*
10	O→A	ZT→FK	做习题→翻看课本	0.84	0.034*
11	N→O	ZS→BJ	走神→记笔记	-0.993	0.007**
12	N→N	ZS→ZS	走神→走神	-0.946	0.031*
13	N→C	QT→HD	其他→回答问题	0.919	0.043*
14	C→S	HZ→XG	合作学习→修改习题	0.914	0.048*
15	C→A	HD→KB	回答问题→看笔记	0.92	0.05*
16	A→S	SK→TJ	思考→听讲	0.99	0.007**
17	S→S	XG→TJ	修改习题→听讲	0.924	0.036*

注：*代表 $p<0.05$，有显著差异，**代表 $p<0.01$，有极其显著差异。

根据相关分析理论，如果相关系数 |r| 在 0.8~1.0 之间，两个变量是极强相关，在 0.6~0.8 之间是强相关，在 0.4~0.6 之间是中等程度相关，在 0.2~0.4 之间是弱相关，在 0.0~0.2 则是极弱相关或无相关。观察表 2-16，可知表中所有与成绩显著相关的行为序列都呈极强相关关系。在所有与学习成绩呈显著相关的学习行为中，学习行为分类序列是比较分散的，并没有形成较为统一的行为种类转换模式，于是本研究决定采用更为聚焦的具体学习行为序列的转换来进行分析，以获取更精准的中学生学习行为模式。

由表 2-16 可知，出现次数最多的是听讲行为，包含听讲的与成绩呈显著相关的行为序列有 8 个。这在一定程度上说明了听讲在课堂学习中的重要性。

包含听讲的行为序列体现了学生在听教师讲解获取知识后进行知识加工的过程，如听讲之后做习题和听讲之后进行思考都表明学生对知识的再加工和内化。相反，听讲之后做了其他与学习无关的行为或者听讲之后走神，与成绩呈现极强的负相关，表明学生在听讲之后没有进行知识的内化。根据加涅（Gagne）的信息加工学习理论，当学生在获得教师讲授的新知识之后，暂时存储在短时记忆中，需要进一步的编码加工才能转入长时记忆，这里的听讲之后做习题、听讲之后思考都可以看作学生在进行进一步的信息加工。听讲之后做习题和修改习题之后再听讲都是学生在进行及时的知识巩固过程的表现。

出现次数较多的是关于笔记的行为，包括翻看之前做过的笔记和记录本节课的笔记等，一共有5个关于笔记的行为序列。值得注意的是，记笔记→记笔记序列与成绩呈负相关，说明该类学生可能在教师新授知识的时候忽略了教师的讲课，导致学习成绩不理想。我们还观察到，合作学习→修改习题这一行为序列体现了合作学习的重要性。有学者认为，同伴学习能够更充分地利用学生之间的差异，更易于接近学习者个人的最近发展区，能够同时促进成绩较弱的学生和成绩较好的学生共同进步。做习题→翻看课本这一行为序列也表明学生能够自己寻找自己的知识缺陷并及时改正。

（2）基于学习行为投入的行为序列分类

基于学习行为投入理论，将与学习结果呈显著正向相关的12种学习行为序列按照行为投入、认知投入、交互投入、情感投入进行分类分析，构建了学习行为序列与学习行为模式的关系，如图2-15所示。

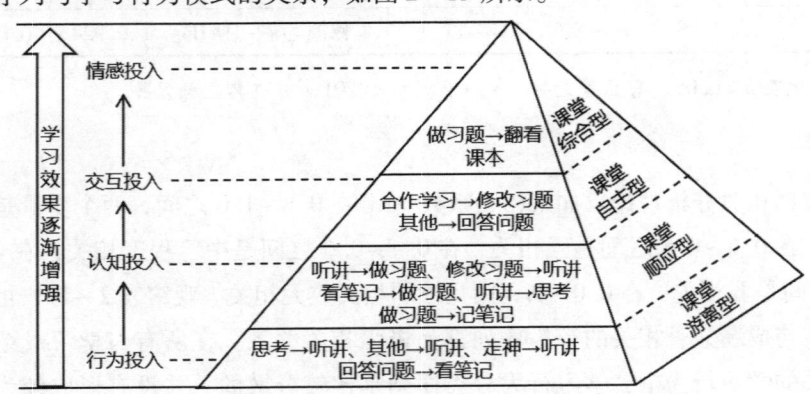

图2-15 基于学习行为投入的行为序列分类

基于学习行为投入的行为序列分类图是一个金字塔图形，以行为投入、认知投入、交互投入和情感投入的具体行为序列为主体部分，金字塔左侧所对应的是不同类型的学习行为投入分类，金字塔右侧是不同学习行为投入所对应的学习者学习行为模式，自下往上，学习效果逐渐增强。学习者是产生学习行为的主体，学习者所产生的行为序列进一步划分到不同的学习投入类别中，行为投入、认知投入、交互投入和情感投入是影响学习绩效的重要原因，根据学习者所倾向使用的学习行为投入方式，将学习者划分为4种课堂表现的学习者，即课堂综合型、课堂自主型、课堂顺应型和课堂游离型。金字塔自下往上，学习行为投入程度越强，学习效果越好。课堂综合型学习者学习效果最好，课堂自主型学习者次之，课堂游离型学习者的学习效果最差。

  课堂综合型学习者的行为投入包括全部4种行为投入，从学习投入的广度和深度来看，是4种学习行为模式中表现最好和学习效果最好的一种类型。课堂自主型学习者在课堂表现中仅次课堂综合型学习者，包括除情感投入以外的3种学习行为投入，该类学习者一般具有自己的学习方法，以自学为主，且自律性较好。课堂顺应型学习者缺乏交互投入和情感投入，处于被动学习，学习效果一般，在班级中的成绩属于中等水平。课堂游离型学习者只存在行为投入，而且行为投入依赖教师的教学过程，和课堂顺应型学习者一样属于被动学习，此类学习者的学习效果处于及格边缘，具有学习风险。

  3. 学习行为模式识别模型生成

  基于以上分析内容，我们以课堂学习行为视频为数据来源，利用聚类分析、相关分析方法，以数据处理流程为分析框架，设计了学习行为模式识别模型，如图2-16所示。该模型由三部分组成：第一部分是学习行为采集，这部分主要是通过教室内的录像设备完成，获取课堂学习行为数据。第二部分是学习行为模式识别，这是学习行为模式识别模型的核心组成部分。模式识别系统首先对其视频内容进行编码鉴定，判断视频内的学生信息，包括学生的姓名、年级、性别、过往期中成绩、期末成绩等信息。其次通过视频中学习者的手部变化、头部变化、眼球动态和嘴巴变化等判断该学习者的当前学习行为，与数据库中的12种预设学习行为进行配对，并将其行为序列记录在数据库中。之后根据记录的学习行为序列判断学习者的学习行为投入水平，将其归类到行为投入、认知投入、交互投入和情感投入4种学习投入。根据学习者的成绩信息、行为序列转换和学习投入水平，使用聚类分析的方法最终识别学习者的学习行为模式，将学习者划分为4种类型。第三部分是行为结果可视化，教师端呈现的结果包括2种：一种是班级学情分析，这部分是对于整个班级学习状态的总体评价，通过饼图、直方图和折线图可视化当前班级的学习行为、学习投入程度和学习行为模式；另一种是学生个人的学情分析，通过雷达图、折线图和直方图可视化单个学生的当前学习行为、学习投入程度和学习行为模式类型。这种反馈结果可以直接被教师接收，教师在了解到学生的学习状态之后，可以根据实时课堂状态调整教学策略，采取干预措施，提高课堂学习的整体效率。

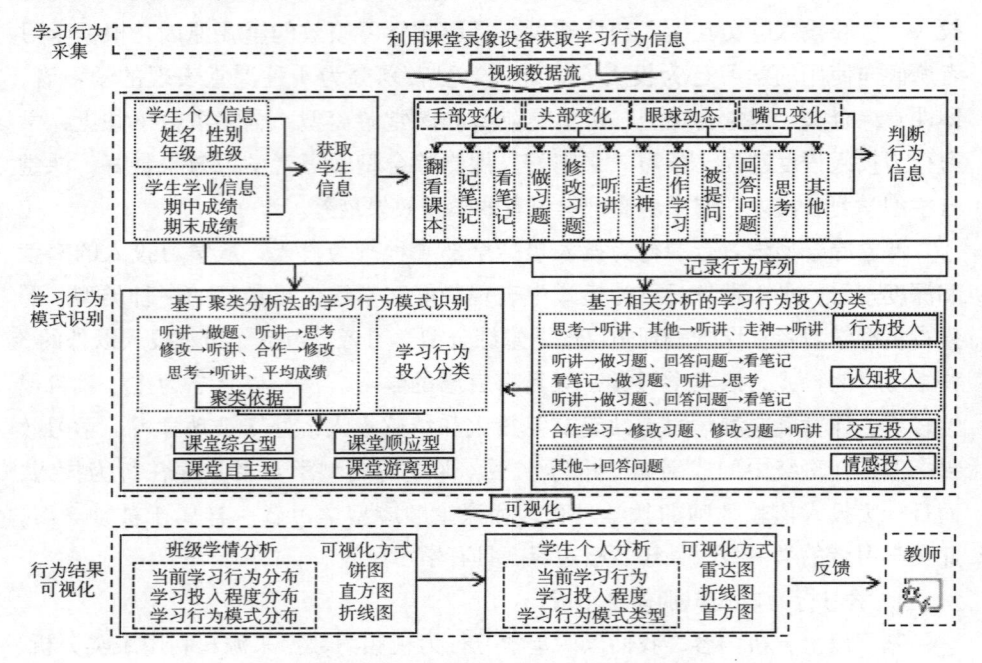

图 2-16 基于课堂表现数据的学习行为模式识别模型

（三）学习行为序列转换分析与精准教学干预

学习行为是学习者学习发生的外显表现，它贯穿学习者学习的整个过程中，通过学习行为分析可以进一步优化教学。该部分采用滞后序列分析法对学习行为问题进行分析，并针对不同学习行为设计干预机制。

1. 基于滞后序列分析法的学习行为序列转换

采用滞后序列分析及其 GSEQ（Generalized Sequential Querier）工具进行分析，步骤如下：第一，按照 GSEQ 软件要求输入数据；第二，系统编译，将 SDS 文件修饰成 MDS 文件；第三，进行行为序列分析，生成行为序列频次表和调整后残差表。残差是指实际观察值与估计值（拟合值）之间的差，通过调整后的残差表可以得到某个行为序列转换的显著性。一般来说，$Z-score = \dfrac{\sigma - \bar{\sigma}}{\sqrt{\dfrac{1}{N}\sum_{i=1}^{N}(\sigma_i - \bar{\sigma})}}$，若 Z 分数 >1.96，则该行为序列具有显著意义。这里以课堂综合型学生为例展示其调整后的残差表，见表 2-17。

表 2-17 课堂综合型学生调整后残差表（Z-score）

	TJ	HD	KB	BJ	ZT	XG	HZ	ZS	TW	FK	SK	QT
TJ	3.35*	0.6	1.18	2.01*	-2.83	-2.99	-2.49	0	0	-1.87	2.2*	-1.31
HD	1.29	0.73	1.7	-0.96	-0.39	-1.07	-0.66	0	0	-0.5	-0.5	-0.35
KB	0.17	-0.5	-0.33	-0.63	0.52	-0.7	2.03*	0	0	-0.33	-0.33	-0.23
BJ	0.88	0.25	-0.63	-1.22	-0.15	-0.45	0.52	0	0	-0.63	-0.63	2.07*
ZT	-4.14	-1.33	-0.87	-0.92	5.43*	2.35*	0.96	0	0	0.52	-0.87	-0.61
XG	-0.93	-1.07	-0.7	1.36	-1.88	1.81	2.82*	0	0	0.94	-0.7	-0.49
HZ	-1.72	-0.66	-0.43	-0.84	0.96	2.82*	-0.58	0	0	2.03*	-0.43	-0.31
ZS	0	0	0	0	0	0	0	0	0	0	0	0
TW	0	0	0	0	0	0	0	0	0	0	0	0
FK	0.17	-0.5	-0.33	-0.63	-0.87	0.94	-0.43	0	0	2.91*	-0.33	-0.23
SK	0.17	1.7	-0.33	-0.63	-0.87	-0.7	-0.43	0	0	-0.33	-0.33	4.32*
QT	-1.31	2.73*	-0.23	-0.44	1.34	-0.49	-0.31	0	0	-0.23	-0.23	-0.16

注：*代表 Z-score>1.96，具有显著性。

我们得到其他这 4 种类型学习者的显著学习行为序列频次表，根据显著行为序列绘制其显著行为序列转换图，如图 2-17 所示。其中，箭头方向表示行为的转换顺序，箭头粗细表示该行为序列的显著程度，线条越粗，显著性越强，线条上的数字表示该行为序列的显著性。

（a）课堂综合型学习者的显著学习行为序列转换

（b）课堂自主型学习者的显著学习行为序列转换

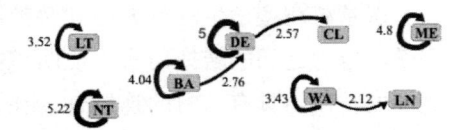

（c）课堂顺应型学习者的显著学习行为序列转换

（d）课堂游离型学习者的显著学习行为序列转换

图 2-17 4 种类型学习者的显著学习行为转换序列

2.4 种类型学习者的学习行为序列转换分析

课堂综合型学生的行为序列转换具有连续性，且行为序列转换较为集中。其产生的最长序列长度是6，这两个行为序列中，一个是课堂综合型学习者在做课堂练习时的学习习惯，另一个是该类学生主动学习时的学习序列，显示该类学生在未掌握知识点时的学习行为表现。该学习者的行为序列转换在总体上具有较强的结构性，没有游离的单个行为，可以说明课堂综合型学习者具有良好的课堂学习习惯。

课堂自主型学生产生的最长行为序列长度是4，这个行为序列具有连续性，说明该类学生习惯翻看课本、与同伴合作学习之后进行习题的修改，说明该类学习者具有做课堂练习的习惯。同时，课堂自主型学习者出现了单个学习行为的显著性，分别是做题和思考，这两个学习行为属于学习者进行自我学习的表现，但是该类学习者在做习题之后没有出现其他显著性的学习行为加以辅助，如修改习题、合作学习、翻看课本等进行知识内化加深的学习行为，说明该类学习者更倾向在课堂中自主学习。

课堂顺应型学生的行为序列转换图比前两种学生的更为分散一点，更多的是两个行为之间的序列转换，如做笔记和看笔记之间的转换、思考问题和做其他与课堂内容无关的事情之间的转换，且开始出现了单个学习行为转换的序列。这些单个学习行为的转换后没有伴随着其他显著性的学习行为，说明该类学习者的学习可能也是就此戛然而止，只进行了浅层学习，没有进一步深化。该类学生产生的最长行为序列长度是4，即"修改习题→翻看课本→走神→走神"，可以看出课堂顺应型学习者的学习自律性不强，需要教师的制约才能保持比较好的学习习惯。注意力有4大品质，分别是广度、稳定性、分配和转移，单个学习行为序列的次数较多，说明该类学生的注意力广度较低、分配较差，不能够平衡教师的讲解和课堂笔记记录之间的关系。课堂顺应型学习者在课堂学习中需要教师的帮助才能保持较好的课堂学习习惯。

课堂游离型学生的行为序列转换图在4种类型的学生中最为分散，而且单个学习行为之间的转换居多，说明该类学生更多是单一的学习行为，学习行为之间的转换不具有学习的连续性，在课堂学习中没有掌握自己的学习方法，更多的是被动学习。该类学生产生的最长序列长度是5，即"被提问→被提问→做习题→做习题→合作学习"，虽然该行为序列具有认知意义上的连续性，但是由于起始行为是被提问，受教师引导而转变，和课堂顺应型学习者类似，因此课堂游离型更需要教师的引导才能保持较好的学习习惯。

3. 基于问题学习行为的精准教学干预机制设计

通过对4种不同类型学习者的问题学习行为序列分析可知，课堂自主型学习者缺乏良好的听讲习惯，课堂顺应型学习者的注意力分配能力较差，课堂游离型学习者在课程进行中极容易出现走神的情况。为了进一步提高学习者的课堂学习效率，需要设计针对不同类型学习行为的差性化干预方案。基于此，我们以学习行为模式识别模型为中心，设计了以学习者、教师、干预引擎为主体部分的干预机制，如图2－18所示。通过搜集分析中学生在课堂环境中产生的学习行为数据，对学生在后续课堂学习过程中可能会产生的问题学习行为进行预测，判断学生是否会表现出问题学习行为序列，在此基础上提供不同的干预策略，促进其学习行为的转换。

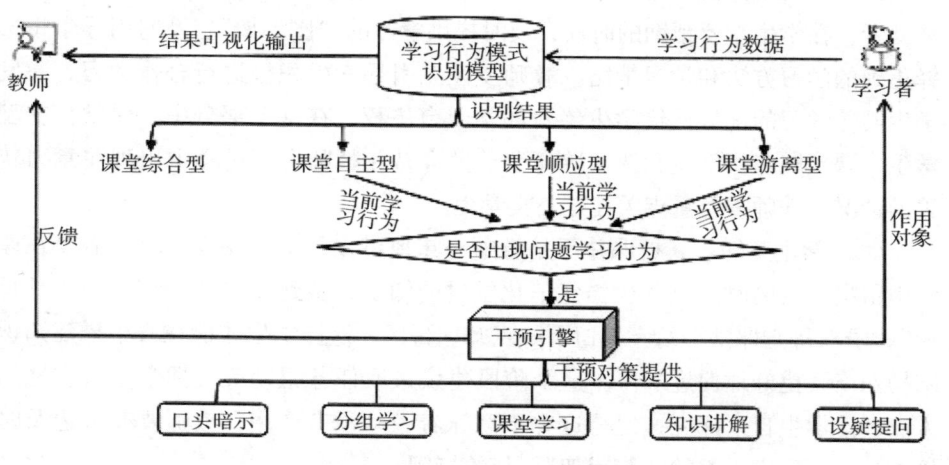

图2－18 基于问题学习行为的精准教学干预机制

（四）中学常见课型的精准教学实施过程

1. 新授课精准教学实施过程

新授课是中学课堂中最常见的课堂类型，它占到所有课堂类型的70%以上，是中学生学习新知识、掌握新技能、领会新思想最主要的场所。在进行新授课之前，教师要"备教材、备教法、备学生"，对所要讲授的课程、所使用的教学方法和教学对象有一个全面的了解，这样才能因材施教，有所设计地开展课程。基于以上新授课的要求，我们设计了初中数学新授课的精准教学过程。

（1）课前导入。在进行新授课程之前，教师首先需要通过生动有趣的导入方法激发学习者的学习兴趣和学习动机。同时，教师要对学生学过的知识进行一定的复习，并将新旧知识联系在一起，使其产生联系，帮助学习者形成知识结构。在此阶段，教师需要重点注意课堂游离型学习者，因为此时课堂刚刚开始，课堂游离型学习者的注意力还没有完全集中到课堂中，需要教师进行一些干预，使其注意力转移到课堂中来。

（2）出示目标。由于学习目标是学习者对自己正确地进行学习评价的依据，因此学习者需要明确知道本节课的学习目标。教师需要简练明确地将本节课的学习目标呈现给学习者，让学习者做到心中有数，带着问题去学习。

（3）新知讲授。这一部分是新授课的核心组成部分，当前教师容易将新授课上成"讲授课"，即单纯只用讲授法的教学方法，被动地向学生灌输知识，这种做法的效率极其低下，不能够激发学生的主观能动性。教师需要在课堂中充分发挥学生的主体性，把课堂交给学生，教师不是学习的主导者，而是学习的辅助者，在学生需要帮助的时候，及时提供学习的"脚手架"，及时引导学生选择正确的学习方法和学习策略。教师要注意引导学生积极进行合作学习，激发学生同伴学习的优势，给学生绝对的学习自主权。在这个部分中，课堂自主型学生、课堂顺应型学生和课堂游离型学生容易在教师讲解过程中出现注意力转移的情况，教师需要重点关注这三类学生。

（4）学生感知。新授课并不是教师一味地讲授新知的课程，教师需要在课堂中留出一定的时间供学生当堂消化学过的知识，做到知识"课课清""日日清"，争取每堂课都不给学生留下一点知识盲区，这样学生才能在心中搭建知识结构网络，更好地促进学习。这个阶段建议采取任务驱动等发挥学生自主性的方法，让学生自主探究，但是这并不意味着教师没有作用，教师要在旁边及时给予指导，提供学习的"脚手架"，解答疑问。

（5）总结评价。对于上一部分的任务，教师需要及时组织展示交流环节，一方面能提高学生完成任务的积极性；另一方面，可以让学生之间互相学习，取长补短，借鉴其他同学的优势。教师在这部分要对学习者做出客观准确的评价，对于学生的优点要不吝夸奖，对于学生的不足也要恰当温和地指出来，保护学生的自尊心，必要时可以提供解决方法，帮助学生找到问题所在。

2. 复习课精准教学实施过程

复习课的主要目的是查漏补缺，帮助学生系统掌握知识结构，同时弥补教师教学过程中的不足。在进行复习课时，需要遵循三个原则，即自主性原则、针对性原则和系统性原则。自主性原则要求充分发挥学生的自主性，让学生积极参与到复习的过程中来，只有这样，才能够达到复习课的目标。针对性原则要求有目的性、针对性地对教学过程中的不足、教学中的重难点进行训练，突出重点，有的放矢。系统性原则要求教师要帮助学生把零散的知识按照某种规则串联起来，形成一个知识系统。基于以上复习课的要求，我们设计了初中数学复习课的教学过程。

（1）发现问题。首先通过课前小测、之前的考试反馈等数据发现当前学生存在的学习问题，定位学习困难。找出问题是复习课最重要的目的之一，只有清楚学生存在的学业困难，才能最大化发挥复习课的功能。这一部分主要是课堂开始的前5分钟，教师需要重点注意课堂游离型学习者，因为此时课堂刚刚开始，课堂游离型学习者的注意力还没有完全集中到课堂中，需要教师进行一些教学设计对其进行干预，如创设生动有趣的情境或者通过提问来使该类学习者关注课堂。

（2）提出问题。通过第一部分的工作之后，教师需要总结提炼出学生当前存在的问题，让学习者清楚自己的问题所在，带着问题有针对性、有目的性地进行复习。这一部分占课堂时间的2~3分钟即可。

（3）解决问题。这一部分是复习课的核心所在，解决问题是复习课最重要的教学目标。在解决问题时，教师要摒弃以往"课堂中心、书本中心、教师中心"的传统教学模式，通过学生的自主探究、合作探究等方法激发学生的学习兴趣，引导学生进行自主学习与合作学习，加快知识的内化过程和加深知识记忆。在这个过程中，教师需要重点关注课堂自主型学生、课堂顺应型学生和课堂游离型学生，因为课堂自主型学习者和课堂顺应型学习者更倾向自己学习，容易忽略合作学习的重要性，合作学习是课堂学习中非常重要的一个部分。课堂游离型学习者易在探究过程中出现走神、注意力转移等行为。

（4）巩固应用。第四部分是巩固应用，在第三部分解决问题的基础上，引导学生及时巩固所学知识，将其应用到实际生活环境中，这样能够帮助学生理解记忆，内化知识。在这一部分，教师需要对课堂顺应型学习者和课堂游离型学习者重点关注，因为这两类学习者属于被动学习，缺乏学习的主动性，教师要及时引导，帮助这两类学生进行知识的巩固应用。

（5）扩展迁移。最后一部分是扩展迁移，这部分相当于布鲁姆教学目标中的评价、创造等级，要求学生对所学知识具有比较深的理解，并能掌握对其变式的理解。在这一部分，教师也需要对课堂顺应型学习者和课堂游离型学习者进行重点关注，促进其积极进行知识的迁移。

本章小结

本章通过对个性化学习内涵和发展的分析，总结了个性化学习的理论支撑与技术支持，其中，理论支撑概括为"一个中心，三个导向"，一个中心是指以学习者为中心的设计，三个导向包括目标、过程和评价。技术支持是通过"两个底层，三层服务"实现供给侧支持，即以机器学习与深度学习为支撑的底层关键技术，面向体征服务的语音识别与情感计算技术，面向行为服务的自适应学习技术。个性化学习的应然特征包括心智分析性、服务差异性和目标导向性三个层面。个性化学习首先要把握学习者的心智特征，在此基础上为其全学习过程提供符合其个性需求的内容、活动、路径和评价，最终使学习者在学习目标上实现自我导向的有意义学习。在此基础上，提出个性化学习分析模型，该模型在分析维度上从宏观到微观，在分析过程上从内容到结果，由学习者的个性行为特征推演到学习结果分析。最后设计了面向个性化学习的精准教学模式，从而为进一步丰富精准教学的理论体系提供有益启示。

第三章

个性化学习需求预测分析

个性化学习需求分析是学习分析在学习起点上的具体体现,其分析结果为课程教学设计提供了依据。在网络环境下,了解学生的学习需求能够为学习者提供更好的学习体验。当前,大规模开放在线课程得到广泛推广和运用,相对于较高的课程注册率,学习者在课程进行中的参与度逐渐下降,辍学率较高的问题逐渐凸现出来,并引起课程教学设计者和研究者的反思。造成学习者参与度降低的主要原因之一是课程内容设计并不符合学习者个性化的学习需求。尽管课程内容是按周进行在线发布,但内容设计并不是随着课程而开展,也没有基于学生的互动问题和实时需求进行动态更新。于是,如何基于学生初期的课程学习内容和学习行为数据,对其进行个性化学习需求预测以提高其学习投入和学习参与度是当前 MOOCs 环境下改善学习体验方面亟待解决的现实问题。本章旨在对 MOOCs 环境下的个性化学习需求要素分析的基础上,采用系统动力学方法进行预测系统建模,然后进行仿真验证和分析,以期为网络学习平台在个性化学习需求预测功能模块的设计层面提供参考依据。

第一节 个性化学习需求预测研究设计

一、研究方法

在研究方法上,该部分采用内容分析法、访谈法、层次分析法、非线性回归分析、系统动力学对个性化学习需求预测模型进行分析研究。在建模之前,通过访谈和内容分析确定学习者的个性化学习需求要素,为后面应用系统动力学方法进行预测建模打好基础。在建模过程中,依据系统动力学分析流程,交叉使用层次分析和非线性回归分析确定变量间的数量关系,建立预测模型。系统动力学(system dynamics)由弗雷斯特(Forrester)于 1956 年首次提出,其目的主要是利用连续系统仿真,在信息不完备的情况下来分析求解各种复杂社会现象。该方法强调将其所研究的对象视作系统,以系统思考的方式来综合处理问题，并通过定性与定量相结合方法对系统进行动态建模、仿真与预测，适用于研究复杂系统的结构、功能与行为之间动态的辩证统一关系。个性化学习需求是一个由多要素组成的复杂系统，影响因素众多，且大部分因素与个性化学习需求之间没有明确的线性关系，无法直接使用以神经网络模型等为代表的空间静态类预测方法进行预测。而系统动力学方法在处理多因素、非线性的复杂系统问题时具有独特优势，可以通过整体结构动态分析、数学模型设计和仿真分析实现对个性化学习需求的准确预测。

在研究过程中用到的工具软件为 Vensim PLE，该软件提供了基于因果关系链、状态变量和流图的建模方式，可以对学习者个性化学习需求预测系统进行结构分析、数据集分析和动态行为的可视化展示，并能对预测模型仿真结果进行模拟分析，以检验模型的有效性与合理性，从而相应调整模型的参数或结构。

二、研究过程

系统动力学是一种基于连续系统仿真对系统动态行为进行建模的方法，结合其分析流程，主要包括以下六个步骤：第一，以学习者个性化学习需求为研究内容，通过文献分析和访谈，对个性化学习需求进行内涵界定和要素剖析；第二，在确定个性化学习需求要素的基础上，结合 MOOCs 平台中的实际构成模块和交互活动过程，对个性化学习需求预测系统的边界进行确定；第三，通过分析个性化学习需求预测系统内部结构之间的反馈循环机制，确定各子系统之间的相互作用，以及内部具体影响因素之间的因果关系，建立个性化学习需求预测因果关系图；第四，进一步明确个性化学习需求预测系统中各状态变量、流率变量、辅助变量和常量，通过层次分析和非线性回归分析，确定变量之间的数量关系，构建个性化学习需求预测模型；第五，采用运行检验、历史检验等方法对个性化学习需求预测模型进行科学性检验，确保模型科学合理；第六，在模型科学性检验的基础上，结合两门不同语种的课程数据分别进行模拟仿真分析，对学习者各方面学习需求变化状况和引起个性化学习需求变化的高杠杆因素进行探索与验证。

第二节　个性化学习需求要素解析

一、个性化学习需求内涵界定

通过文献梳理发现，关于个性化学习需求的内涵界定尚不多见，但关于学习需求的研究很多，并对其内涵有不同的界定，例如，王迎等通过网络问卷对国家开放大学学习者学习需求进行调查，认为学习需求包括知识种类需求、学习程度需求、学习方式需求、考核内容及方式需求[①]。宫华萍等在研究数字语言学习系统的质量特性时，认为学习需求是指人们对未知事物的渴求，是在学习动机的驱使下为满足自身生活、发展需要的一系列反应，表现了个体的主观状态和个性倾向[②]。张兆琴等在研究教师继续教育的内在学习需求时，认为学习需求是"应然状态"和"实然状态"之间的差距，且由于个体差异使得学习者对学习内容、展示方式和教学方法等产生个性化的需求[③]。尽管对学习需求的内涵界定存在差异，但从不同定义中可以看出，学习需求是一种学习者为实现自身发展和满足需求差距的主观倾向，包括整个学习过程中多方面与多样化的需求，且存在个体间的差异性。基于此，我们认为，个性化学习需求是学习者在差异化的学习活动过程中，基于个性学习偏好特征和需求差距水平等，在内容、资源、过程和评价等层面表现出的所有个性化主观倾向的总和。

二、网络环境下个性化学习需求要素

在对国内外相关研究文献梳理与分析的基础上，初步归纳总结出 MOOCs 环境下学习者个性化学习需求要素。为了更为全面准确地提炼这些要素，采用线上线下相结合的形式对不同地区参与过 MOOCs 在线学习的学习者开展面对面和在线访谈调研，其中包括在校学生 70 人，教师 20 人，在线教育工作人员 20 人，

[①] 王迎，孙治国，刘述．国家开放大学学习者学习需求调查［J］．中国远程教育，2017（2）：18 – 25．

[②] 宫华萍，尤建新．学习需求导向的数字语言学习系统质量特性研究［J］．外语电化教学，2015（3）：75 – 80．

[③] 张兆芹，王海军．内在学习需求：教师继续教育的切入点［J］．教育发展研究，2008（5）：58 – 62．

专家10人。在访谈类别上采用开放式访谈，访谈问题如下：第一，您认为通过MOOCs平台开展在线学习的过程中会产生哪些学习需求；第二，您是否认同在MOOCs课程学习过程中出现过以下这些学习需求。首先，通过访谈问题1对已有的要素进行补充和修改，在此基础上借鉴在线学习中关于个性化学习的分类，并结合实际课程模块构成进行维度划分。最后根据相关研究文献分析和访谈结果，共得到四个维度和十五个需求要素，各需求要素的描述及其来源见表3-1。

表3-1 MOOCs环境下个性化学习需求要素

维度	需求要素	需求要素描述	来源
内容层面	内容难度	学习者对学习内容难易程度的需求，如课程测验的难易程度	任友群等（2015）① 刘和海等（2016）②
	内容广度	学习者对课程内容广度的需求，如阅读材料的广度	
	学习活动	学习者对课程教师在平台上设计的学习活动的需求，如观看学习视频、阅读学习材料、开展主题讨论、相互评价等	刘清堂等（2014）③ 李胜波等（2016）④ García - Pe？alvo F J etc⑤

---

① 任友群，赵琳，刘名卓. MOOCs 距离个性化学习还有多远——基于 10 门国内外 MOOCs 的设计分析 [J]. 现代远程教育研究，2015（6）：3-10.

② 刘和海，李起斌，张舒予. 基于 Edutools 评价体系的中文 MOOC 平台现状与优化策略 [J]. 电化教育研究，2016（1）：84-90.

③ 刘清堂，叶阳梅，朱珂. 活动理论视角下 MOOC 学习活动设计研究 [J]. 远程教育杂志，2014（4）：99-105.

④ 李胜波，陈丽，郑勤华. 中国 MOOCs 课程设计调查研究 [J]. 开放教育研究，2016（2）：46-52.

⑤ GARCíA - PE？ALVO F J，FIDALGO - BLANCO á，SEIN - ECHALUCE M L，et al. An Adaptive Hybrid MOOC Model：Disrupting the Mooc Concept in Higher Education [J]. Telematics & Informatics，2018，35（4）：1018-1030.

续表

维度	需求要素	需求要素描述	来源
资源层面	资源类型	学习者对平台上课程教师提供的素材性课程资源类型的需求，按照素材性课程资源呈现形式的不同，可以将其简单地分为文本、音频以及视频等	李浩君等（2013）① 姜强＆赵蔚（2015）② Castaño Carlos etc（2015）③ Christopher G. Brinton etc（2015）④
	资源量	学习者对课程教师提供的资源数量和信息量多少的需求，如课程中视频时间的长短和多少、文本内容的多少，以及测验题的多少等	刘宇（2015）⑤ Laura W. Perna etc（2014）⑥ Ahmed Mohamed Fahmy Yousef etc（2014）⑦

---

① 李浩君，吴亮亮，邱飞岳. 从传统流媒体到移动流媒体学习资源转换系统设计与实现[J]. 电化教育研究，2013（4）：53-58.
② 姜强，赵蔚. 多元化媒体资源适应性推送及可视化序列导航研究[J]. 开放教育研究，2015（2）：106-112.
③ CASTAÑO C, MAIZ I, GARAY U. Design, Motivation and Performance in a Cooperative MOOC Course [J]. Online Submission, 2015, 22 (44): 19-26.
④ BRINTON C G, RILL R, HA S, et al. Individualization for Education at Scale: MIIC Design and Preliminary Evaluation [J]. IEEE Transactions on Learning Technologies, 2015, 8 (1): 136-148.
⑤ 刘宇. MOOC冲击下国家精品视频公开课的SWOT分析[J]. 中国远程教育，2015（4）：26-31.
⑥ PERNA L W, RUBY A, BORUCH R F, et al. Moving through MOOCs: Understanding the Progression of Users in Massive Open Online Courses [J]. Educational Researcher, 2014, 43 (9): 421-432.
⑦ YOUSEF A M F, CHATTI M A, SCHROEDER U. The State of Video-Based Learning: A Review and Future Perspectives [J]. International Journal on Advances in Life Sciences, 2014, 6 (3): 122-135.

续表

维度	需求要素	需求要素描述	来源
过程层面	学习时间	学习者根据自身情况选择合适的时间进行学习的需求	访谈
	学习进度	学习者对学习内容更新速度的需求，如课程教师每周发布一次课程	Allison Littlejohn etc[1]
	学习伙伴	在MOOCs课程学习过程中对进行交流互动的人的需求，如同伴、教师等	Nan Li etc（2014）[2] 许涛（2017）[3]
	交互方式	学习者对MOOCs课程学习中多种交互方式选择的需求，包括线上交互方式（邮箱、论坛、QQ、微信等）和线下互动方式（见面交流会）	郑勤华等（2016）[4] Bo Li etc（2018）[5]
	交互频率	学习者对师生交互、生生交互频率，以及获得反馈的需求	Dagmar El–Hmoudova（2014）[6] Ahmed Mohamed Fahmy Yousef etc（2014）[7]
	认知工具	学习者基于自身学习动机对MOOC认知工具的需求，包括知识地图、资源关联、学习痕迹等	汪存友 & 侯小娜（2016）[8]

[1] LITTLEJOHN A, HOOD N, MILLIGAN C, et al. Learning in MOOCs: Motivations and Self–regulated Learning in MOOCs [J]. Internet & Higher Education, 2016, 29 (2): 40–48.

[2] LI N, VERMA H, SKEVI A, et al. Watching MOOCs Together: Investigating Co–Located Mooc Study Groups [J]. Distance Education, 2014, 35 (2): 217–233.

[3] 许涛. 美国慕课发展的创新模式研究 [J]. 比较教育研究, 2017 (8): 95–103.

[4] 郑勤华, 于畅, 陈丽. 基于学习者视角的MOOCs教学交互状况调查研究 [J]. 中国电化教育, 2016 (6): 77–85.

[5] LI B, WANG X, TAN S C. What Makes MOOC Users Persist in Completing Moocs? A Perspective from Network Externalities and Human Factors [J]. Computers in Human Behavior, 2018, 85 (4): 385–395.

[6] EL–HMOUDOVA D. MOOCs Motivation and Communication in the Cyber Learning Environment [J]. Procedia–Social and Behavioral Sciences, 2014, 131 (5): 29–34.

[7] YOUSEF A M F, CHATTI M A, SCHROEDER U, et al. What Drives a Successful MOOC? An Empirical Examination of Criteria to Assure Design Quality of MOOCs [C] //ICALT'14: Proceedings of the 2014 IEEE 14th International Conference on Advanced Learning Technologies. Washington D. C.: IEEE Computer Society, 2014: 44–48.

[8] 汪存友, 侯小娜. 基于自我决定理论的MOOC平台认知工具研究 [J]. 现代教育技术, 2016 (2): 65–70.

续表

维度	需求要素	需求要素描述	来源
评价层面	评价标准	学习者对评价标准的需求，如达到预设的学习目标即为合格，可申请证书	姜宛彤等（2017）①
	考核方式	学习者由于学习快慢程度不同，对课程考核时限的需求	温蕴（2017）② Meina Zhu etc（2018）③
	考核时限	学习者学习由于学习快慢程度不同，对课程考核时限的需求	访谈
	评价反馈	学习者对评价结果反馈的及时性和有效性的需求，如学习者能够及时获得评价反馈，并且反馈结果除了分数之外，还应包括学习者当前学习达到的程度等	杨雪等（2016）④

在确定个性化需求要素的基础上，向这 120 名访谈对象进行认同感询问，统计结果如图 3-1 所示。外围呈现的是各个要素，由外圈向中心点表示的是访谈者对各要素认同由强到弱的程度。可以看出，大多数访谈对象并不认同学习时间和认知工具这两个要素，而对于其他要素则具有较高的认同感。为了进一步确定所要保留的要素，将以上所有要素呈现给另外 10 位远程教育专家，在征求专家的意见后，最终确定将表 3-1 中除学习时间和认知工具之外的其他需求要素作为个性化学习需求的所有要素，并将学习伙伴从过程层面维度归为资源层面维度。

---

① 姜宛彤，王翠萍，唐烨伟. 基于系统论的 P-N-CRPE 个性化学习模型建构研究 [J]. 电化教育研究，2017（5）：53-58.
② 温蕴. 基于 SPOC 的开放大学混合学习有效性提升路径探析 [J]. 继续教育研究，2017（8）：87-90.
③ ZHU M, SARI A, LEE M M. A Systematic Review of Research Methods and Topics of the Empirical Mooc Literature (2014–2016) [J]. Internet & Higher Education, 2018, 37 (2): 31-39.
④ 杨雪，姜强，赵蔚. 大数据学习分析支持个性化学习研究——技术回归教育本质 [J]. 现代远距离教育，2016（4）：71-78.

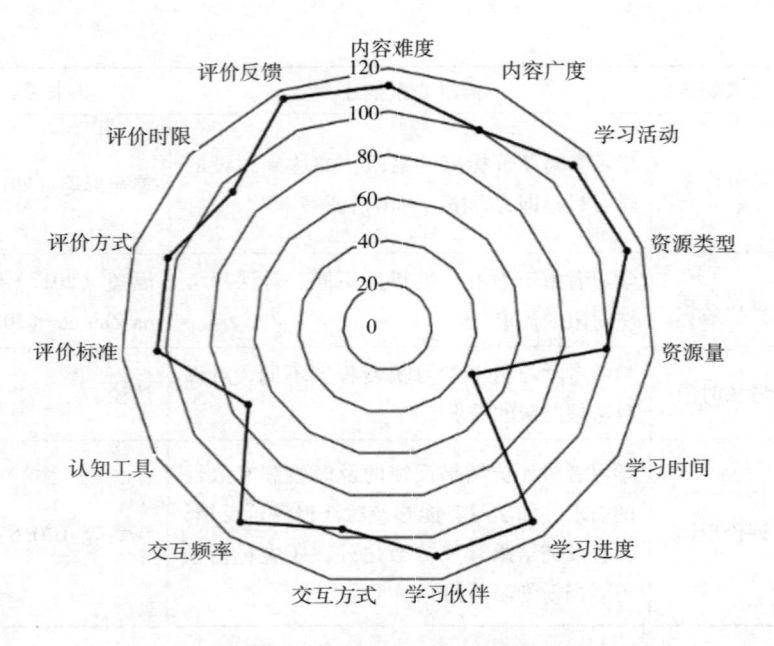

图 3-1　访谈对象对个性化学习需求要素的认同感

第三节　个性化学习需求预测建模

一、个性化学习需求预测系统边界确定

系统动力学认为，系统内部要素之间的相互作用对系统行为起着决定性作用，外部环境的变化不会对系统行为产生本质的影响。在个性化学习需求预测系统模型构建初期，选择合理的系统边界，确定学习需求影响因素的来源和范围是模型建立的前提。

在前期个性化学习需求要素分析的基础上，结合系统论原理，将 MOOCs 环境下个性化学习需求视为由内容、资源、过程、评价四个需求子系统构成的复杂系统。根据活动理论，课程教师、学习者、课程资源以及课程平台是在线课程中的重要参与元素，四者与需求要素之间的相互作用形成了课程学习系统中的一系列学习活动，基于此，得出各需求子系统中的内在影响因素主要来自课程教师、学习者、课程资源以及课程平台四个方面，具体包括课程目标、学习兴趣、需求满足程度等，这些因素之间相互作用、相互影响，共同决定着学习者个性化学习需求的动态演变。除了上述四方面影响因素之外，学习者所处的外部环境也会对个性化学习需求动态变化产生一定影响，包括家庭、工作、语言以及文化，但这些都属于系统边界之外的因素，在本研究中均不进行考虑。最终所确定的个性化学习需求预测系统边界如图 3-2 所示，最外层的虚线圆圈代表系统的边界，虚线之内属于系统边界内部，以外属于系统边界外部。

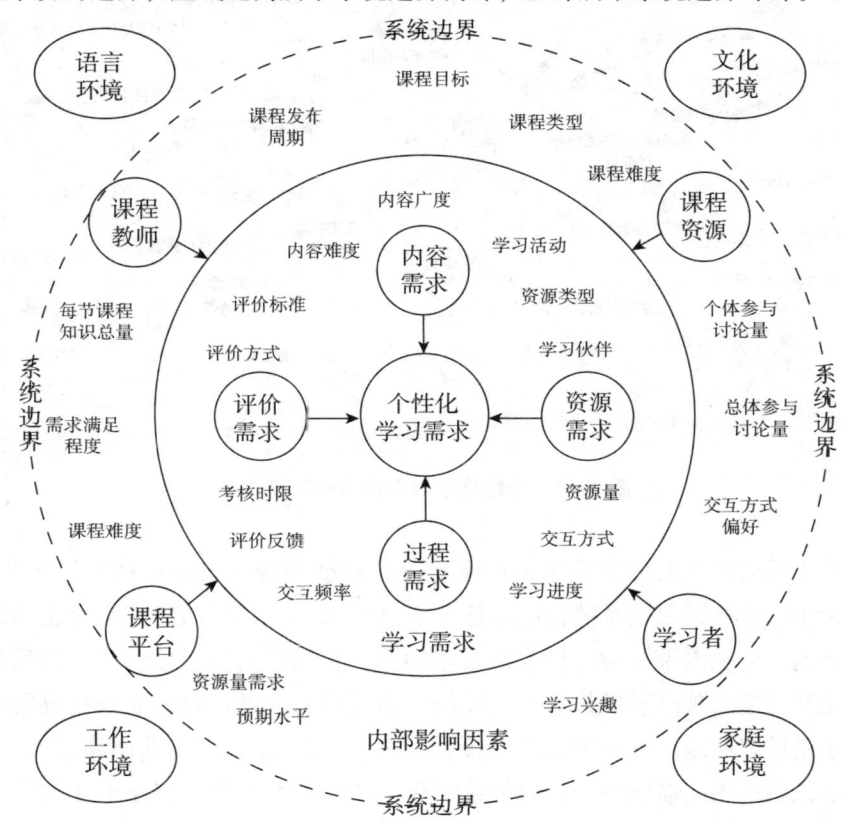

图 3-2 MOOCs 环境下个性化学习需求预测系统边界

二、个性化学习需求预测的因果关系分析

系统动力学通过分析系统内部结构之间的反馈循环机制来研究系统的行为模式及特征，反馈循环是系统中因果相互作用产生的封闭回路。在对个性化学习需求系统边界确定的基础上，进一步对系统中各子系统之间的相互作用，以及内部具体影响因素之间的因果关系进行整体分析，以确定个性化学习需求预测的因果关系，如图 3-3 所示。图 3-3 中箭头表示因素之间的因果关系，正

103

负号分别表示变量间的正负效应,直观呈现了它们之间相互依赖、相互制约的关系。

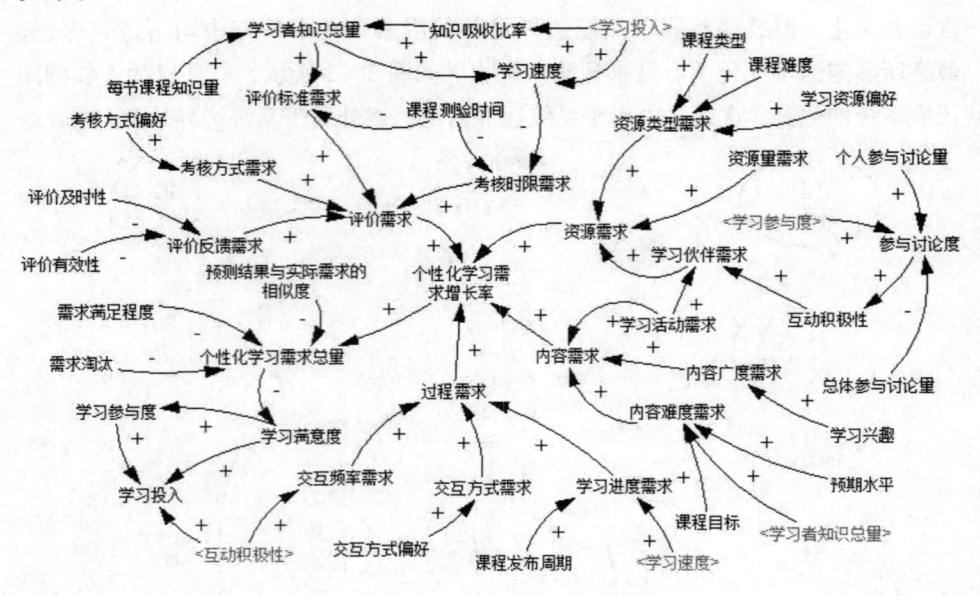

图 3-3 个性化学习需求预测因果关系

在上面所确立的因果关系图的基础上,根据系统动力学中的回路分析法,即由两个以上的因果关系链首尾相连形成反馈回路,且当回路中都是正因果链或包含偶数个负因果链时,即为正反馈回路,否则即为负反馈回路;最后得到个性化学习需求预测因果关系中主要的反馈回路有9条,包括8条负反馈回路和1条正反馈回路,各反馈回路与极性见表3-2。通过对反馈回路进行分析,进一步说明了各反馈回路所属的子系统和子系统中参与反馈回路形成的主要需求要素。

表 3-2 个性化学习需求主要反馈回路

所属子系统	反馈回路	回路极性	主要需求要素
内容需求	内容需求→＋个性化学习需求增长率→＋个性化学习需求总量→－学习满意度→＋学习参与度→＋参与讨论度→＋互动积极性→＋学习投入→＋知识吸收比率→＋学习者知识总量→＋内容难度需求→＋内容需求	负	内容难度需求

104

续表

所属子系统	反馈回路	回路极性	主要需求要素
资源需求	资源需求→+个性化学习需求增长率→+个性化学习需求总量→-学习满意度→+学习参与度→+参与讨论度→+互动积极性→+学习伙伴需求→+资源需求	负	学习伙伴需求
过程需求	过程需求→+个性化学习需求增长率→+个性化学习需求总量→-学习满意度→+学习参与度→+学习投入→+学习速度→+学习进度需求→+过程需求	负	学习进度需求 交互频率需求
过程需求	过程需求→+个性化学习需求增长率→+个性化学习需求总量→-学习满意度→+学习参与度→+参与讨论度→+互动积极性→+交互频率需求→+过程需求	负	
过程需求	过程需求→+个性化学习需求增长率→+个性化学习需求总量→-学习满意度→+学习参与度→+学习投入→+知识吸收比率→+学习者知识总量→+学习速度→+学习进度需求→+过程需求	负	
过程需求	过程需求→+个性化学习需求增长率→+个性化学习需求总量→-学习满意度→+学习参与度→+参与讨论度→+互动积极性→+学习投入→+知识吸收比率→+学习者知识总量→+学习速度→+学习进度需求→+过程需求	负	

105

续表

所属子系统	反馈回路	回路极性	主要需求要素
评价需求	评价需求→+个性化学习需求增长率→+个性化学习需求总量→-学习满意度→+学习参与度→+互动积极性→+学习投入→+知识吸收比率→+学习者知识总量→+评价标准需求→+评价需求	正	评价标准需求 考核时限需求
	评价需求→+个性化学习需求增长率→+个性化学习需求总量→-学习满意度→+学习参与度→+学习投入→+知识吸收比率→+学习者知识总量→+学习速度→-考核时限需求→+评价需求	负	
	评价需求→+个性化学习需求增长率→+个性化学习需求总量→-学习满意度→+学习参与度→+参与讨论度→+互动积极性→+学习投入→+知识吸收比率→+学习者知识总量→+学习速度→-考核时限需求→+评价需求	负	

三、个性化学习需求预测模型构建

因果关系反馈回路定性地反映了系统内部各因素之间的因果反馈关系，但不能表达出因素之间的量化关系以及变量之间的具体差异。我们进一步引入状态变量、流率变量、辅助变量和常量建立系统动态流图，如图3-4所示，其中包括3个状态变量（用来表征系统中个性化学习需求总量、学习者知识总量和学习投入总量），4个流率变量（用来描述个性化学习需求总量、学习者知识总量和学习投入总量的变化速率），23个辅助变量（用来描述状态变量和流率变量之间信息传递和转换过程的中间变量），以及20个常量。根据系统动力学方程设定基本原则以及变量的实际意义，交叉使用层次分析法和非线性回归分析来解决"参数"软化问题，确定变量之间的数量关系，具体使用过程如下：第一，构造判断矩阵，请评判专家按照九分位的比例标度，对上述同一层次要素的相对重要性进行评判；第二，依据非线性回归方程计算公式，将上述4个维

<<< 第三章 个性化学习需求预测分析

度的13个要素进行几何平均、归一，得到各个维度要素的相对权重；第三，确立置信范围，通过置信区间公式，对所得要素的相对权重进行信度检验，确保了评估预测系统性能的可靠性。最终得到个性化学习需求预测模型的主要动态方程，见表4-3，其中，L表示状态变量，R表示流率变量，A表示辅助变量，C表示常量，该表定量地反映了因素之间的相互关系。

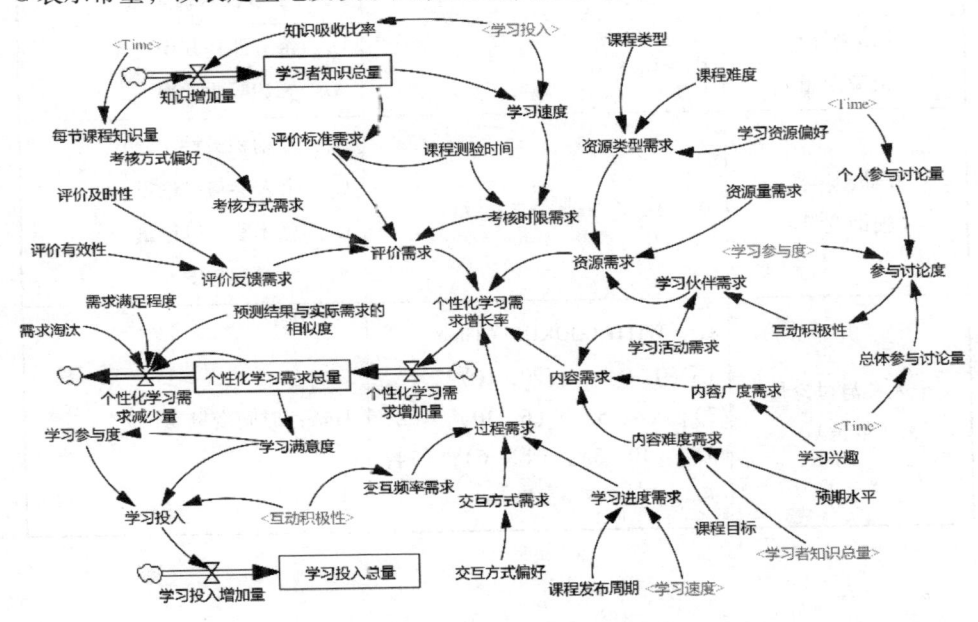

图 3-4 MOOCs 环境下个性化学习需求动态流图

表 3-3 个性化学习需求预测模型主要动态方程

变量名称及类型	方程表达式	方程变量说明
个性化学习需求总量（状态变量）	$L_1 = INTEG(R_1 - R_2, L_{10})$	L_1：个性化学习需求总量 R_1：个性化学习需求增加量 R_2：个性化学习需求减少量 L_{10}：个性化学习需求总量的初始值
学习者知识总量（状态变量）	$L_2 = INTEG(R_3, L_{20})$	L_2：学习者知识总量 R_3：知识增加量 L_{20}：知识初始值

107

续表

变量名称及类型	方程表达式	方程变量说明
学习投入总量 （状态变量）	$L_3 = INTEG (R_4, L_{30})$	L_3：学习投入总量 R_4：学习投入增加量 L_{30}：学习投入初始值
知识增加量 （流率变量）	$R_3 = C_1 * A_1$	C_1：每节课程知识总量 A_1：知识吸收比率
互动积极性 （辅助变量）	$A_2 = C_2 / C_3 + A_3$	A_2：互动积极性 C_2：个人参与讨论量 C_3：总体参与讨论量 A_3：学习参与度
个人参与讨论量 （常量）	C_2 = WITH LOOKUP（Time（[（0, 0）-（20, 10）],（2, 3）,（4, 5）,（6, 10）,（8, 5）,（10, 3）,（12, 6）,（14, 4）)）	Time：时间变量

第四节 个性化学习需求预测模型验证

一、预测模型的科学性检验

（一）运行检验

运行检验是指通过调整仿真步长（即仿真时间间隔）来观察模型的表现结果，评估模型在运行过程中是否会产生病态结果，考察模型的稳定性。在一般情况下，选择将仿真步长不断降低为原来的1/2来进行运行检验。在Vensim PLE中，分别设置仿真步长time step的参数为1、0.5和0.25进行仿真模拟，并将三种仿真步长下的仿真结果进行比较，结果如图3-5所示。当仿真步长降低到0.25时，与仿真步长为0.5的仿真模拟结果差别很小，行为模式没有发生明显变化，说明本模型可以采用0.5作为其仿真步长，在该仿真步长下，模型在运行过程中不会产生病态结果，系统的行为基本稳定。

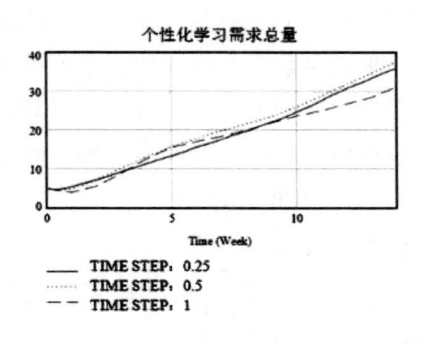

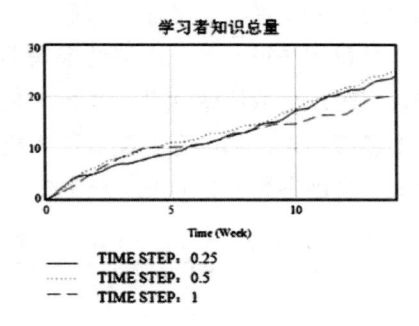

图 3-5　不同仿真步长下仿真结果比较

（二）历史检验

历史检验是指将模型的仿真结果与实际历史数据进行拟合度检验，以此来检查模型仿真结果是否与实际系统相符合，保证所构建理论模型预测结果的可靠性。我们以 edX 平台一门课程中产生的学习行为数据为分析对象，计算得到实际值，并使用预测误差检验法（MAPE）对所构建模型的仿真数据进行历史检验，当 MAPE 计算结果小于 10% 时，为高精度预测；在 10%~20% 之间，为良好预测；在 20%~30% 之间，为可行预测；大于 50%，为错误预测。本研究的具体检验结果见表 3-4，可以看出，仿真预测值与真实值之间的相对误差均小于 10%，说明本模型历史检验的拟合度良好，能准确地模拟课程中学习者个性化学习需求的变化趋势。

表 3-4　模型的预测值与真实值比较

参数	学习者知识总量	个性化学习需求总量	学习投入总量
实际值	22	32	53
预测值	20.16	31.24	48.16
MAPE	8.36%	2.38%	9.13%

（三）灵敏度检验

灵敏度检验是指当改变模型中的一个参数时，对比模型的仿真输出结果，检验模型中变量的变动是否合理。以该模型中的"需求满足程度"这一常量参数为例，对课程中数据统计分析，获得当前课程中学习需求满足水平为 0.8，并在模型仿真中分别将该参数值设置为 0.8、0.84 和 0.88，状态变量"学习投入总量"的模拟结果如图 3-6 所示。可以看出，当需求满足程度增加时，学习者的学习投入总量将会增加,而且需求满足程度增加的比例越大,学习者的学习投入总量增加得越多。模拟结果表明,当需求满足程度发生变化,学习投入总量仅仅表现出数值敏感性,其行为模式不会发生剧烈变动。同理,分析其他变量的模拟结果,都没有表现出行为模式的敏感性。这就可以说明该模型的行为模式不会因参数变化而发生异常变动,可以进行有效的预测。

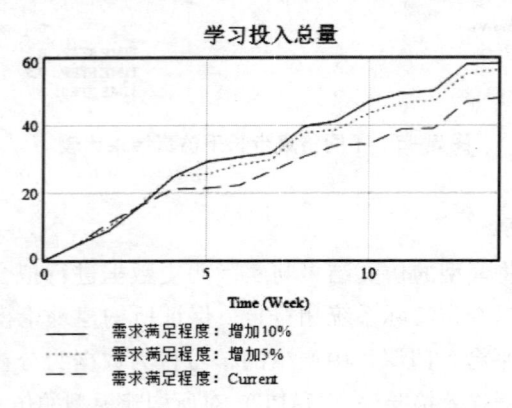

图3-6 需求满足程度对学习投入总量的影响

二、个性化学习需求预测仿真分析

在检验了个性化学习需求预测模型的科学性后,以课程中学习者前两周产生的数据为基础,在 Vensim PLE 中,设置模型的仿真时间为14周,仿真步长为0.5周,最后进行个性化学习需求预测仿真分析,探索学习者各方面学习需求变化状况和引起个性化学习需求变化的高杠杆因素。

(一)个性化学习需求要素仿真分析

在因果反馈回路分析中,参与系统动态反馈回路的主要需求要素包括内容难度需求、学习进度需求、交互频率需求、学习伙伴需求、考核时限需求以及评价标准需求。进一步比较这六方面需求和个性化学习需求总量、学习者知识总量、学习投入总量之间的关系,如图3-7所示。可以看出,在需求要素方面,学习内容难度需求和评价标准需求的变化明显,并且内容难度需求与学习者知识总量的变化趋势相似,评价标准需求与学习投入总量的变化趋势相似。为了说明内容难度需求与学习者知识总量、评价标准需求与学习投入总量之间的相关关系及强弱程度,采用双变量相关分析来进行计算,结果表明,内容难度需求与学习者知识总量的 Pearson 相关系数值为0.893,说明两者之间为正向高度相关;同样,评价标准需求与学习投入总量之间的 Pearson 相关系数值为

0.732，说明两者之间也为正向高度相关。在显著性上，两个 p 值计算结果都为 0.000＜0.005，说明都呈现显著性的正相关。除此之外，其余四个要素虽也有变化，但与个性化学习需求总量、学习者知识总量、学习投入总量之间没有呈现出明显的变化规律和相关关系。基于上述分析可知，内容难度需求和评价标准需求是个性化学习需求总量变化的主要体现，且分别与学习者知识总量和学习投入总量呈现正向显著相关。

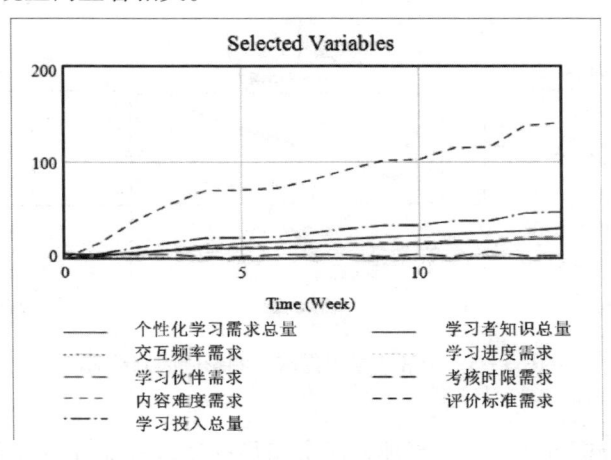

图 3-7 个性化学习需求要素仿真

（二）个性化学习需求预测影响因素仿真分析

改变模型中的常量参数对仿真结果进行分析，可以找到对现实复杂系统进行调控的重要因素。例如，在灵敏度检验中，改变需求满足程度的参数值，发现需求满足程度越高，学习者学习投入就越多。下面分别调整学习者、课程资源和课程教师三方面影响因素对应的常量参数值进行仿真，如图 3-8 所示。结果显示，在学习者方面，当学习者的学习兴趣提高时，学习者的个性化学习需求总量明显增加，同时在学习投入总量和学习者知识总量的仿真结果中也表现出当前状态下的学习投入总量和学习者知识总量明显增加，这表明当学习者在 MOOCs 课程学习中表现出更高的学习兴趣时，其对课程学习有更多的需求，并会为了满足自己的这些学习需求而投入更多的时间和精力，最终获得更多的课程知识。在课程资源方面，当五个参数值发生变化时，个性化学习需求总量会发生一定的数量变化，但变化效果不明显，表明课程资源本身的难度、发布周期等并不会对学习者的个性化学习需求总量产生很大影响，但在学习投入总量和学习者知识总量的仿真结果中，课程目标的提高会使学习投入总量和学习者知识总量明显增加。在课程教师方面，当需求满足程度提高时，学习者的个性化学习需求总量会先低于当前状态下学习者的个性化学习需求总量，之后又高于当前状态。结合灵敏度检验中学习投入总量的变化，当需求满足水平提高时，学习者在课程初期没有深入学习的情况下，基于原有的学习需求很快得到满足，需求总量减少；随着课程学习逐渐深入，良好的学习体验使学习者将更多的时间和精力投入到课程学习中，产生更多更深层次的需求，从而呈现出高于当前状态的现象。

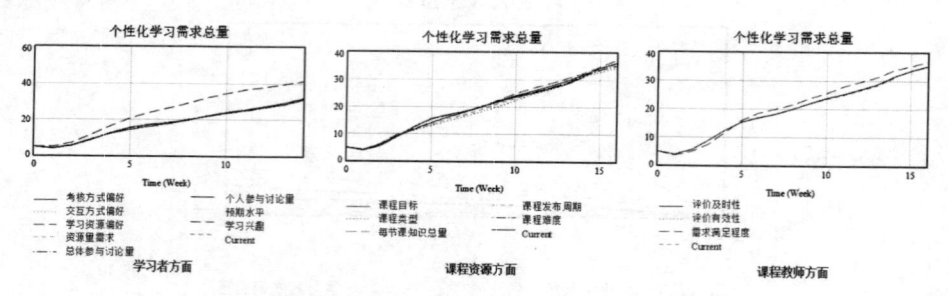

图3-8 个性化学习需求预测影响因素仿真

基于以上分析可知，学习兴趣、需求满足程度以及课程目标是影响学习者个性化学习需求变化的主要因素，下面进一步使用公式 $|?Y(t)/?X(t)|$ 来计算其影响程度大小，X表示改变的因素，Y表示对应的仿真结果。在灵敏度检验中已经表明该模型的行为模式不会因参数变化而发生异常变动，于是将这三个因素的参数值分别提高和降低10%，运行模拟仿真，并根据仿真结果数据进行计算，计算结果见表3-5。可以得到三个因素对个性化学习需求变化的影响程度从大到小依次为：学习兴趣＞需求满足程度＞课程目标。

表3-5 各因素影响程度计算结果

	个性化学习需求总量	学习者知识总量	学习投入总量
学习兴趣	0.26	0.29	0.37
需求满足程度	0.08	0.22	0.52
课程目标	0.00	0.02	0.06

三、个性化学习需求预测分析结果验证

通过前面课程数据的预测仿真分析可知，内容难度需求和评价标准需求是

个性化学习需求变化的主要体现，且分别与学习者知识总量和学习投入总量呈现正向显著相关；学习兴趣、需求满足程度以及课程目标作为主要影响因素，影响程度从大到小依次为：学习兴趣＞需求满足程度＞课程目标。下面进一步选取国内某高校中文专业的应用文写作与交流课程进行对比分析，以验证上面所得结论的通用性。首先，根据课程实际数据调整模型中的参数常量进行历史检验，判断该模型在应用文写作与交流课程中的预测效果。通过 MAPE 计算，得到大部分结果都在 10%～20% 良好预测范围之内，个别结果在 20%～30% 可行预测范围，表明该模型可以迁移应用到其他课程当中，并能够进行有效的预测。其次，同上面个性化学习需求预测仿真分析的方法步骤一样，进行模拟仿真分析，探索在应用文写作课程中，学习者各方面学习需求变化状况和引起个性化学习需求变化的高杠杆因素是否与国外课程中的相同。根据仿真结果，在学习者学习需求变化方面，同样是学习内容难度需求和评价标准需求的变化明显，并且双变量相关分析计算结果显示，内容难度需求与学习者知识总量、评价标准需求与学习投入总量之间的 Pearson 相关系数值分别为 0.783 和 0.712，p 值计算结果都为 $0.000 < 0.005$；在高杠杆因素方面，通过调整学习者、课程资源和课程教师三方面影响因素对应的常量参数值进行仿真结果对比，表现出明显变化的影响因素是学习兴趣、需求满足程度以及课程目标，结合公式 $|\Delta Y(t)/\Delta X(t)|$ 计算得到对学习者个性化学习需求总量影响程度大小分别为 0.21、0.08、0.05，与国外课程中的仿真分析结果相比，主要的变化是课程目标的影响程度从 0.00 变为了 0.05，这是由于应用文写作与交流课程属于校内小范围的 MOOCs 课程，学习者主要是本专业的学生，并且其课程学习情况与学业成绩以及学分直接相关，因此课程目标的设置情况对学习者个性化学习需求表现出一定的影响程度，但学习兴趣、需求满足程度以及课程目标对个性化学习需求变化的影响程度从大到小依旧为：学习兴趣＞需求满足程度＞课程目标。

本章小结

基于学习者前期学习表现进行个性化学习需求预测能进一步优化学习体验，提高学习者课程参与度。本章以学习者的个性化学习需求为研究内容，以系统动力学为指导方法，采用内容分析法、访谈法解析 MOOCs 环境下个性化学习需求要素，并交叉使用层次分析法和非线性回归分析确定变量间的数量关系，建立个性化学习需求预测模型。最后结合两门不同语种课程数据，对学习者各方面学习需求变化状况和引起学习需求变化的高杠杆因素进行探索与验证，为后期通过平台实现学习者个性化学习需求自动化预测，以及课程教师优化课程资源和学习活动设计提供了具体参考。本章得出的结论主要包括以下四个方面：

1. 基于系统动力学方法构建的个性化学习需求预测模型包括内容、资源、过程和评价四个需求子系统，综合考虑课程教师、学习者、课程资源以及课程平台四个方面的影响因素，共涉及 3 个状态变量、4 个流率变量、23 个辅助变量和 20 个常量，其中，个性化学习需求总量方程展开为：$L_1 = \text{INTEG} \{0.1 * [L_2 * A_4 * C_4 + C_5 + C_6 * C_7 + C_8 * C_9 * C_{10} + C_{11} + C_{12} * (A_2 + 1) + C_{13} + 2L_2/(C_{14} + C_{15}) + C_{16} * A_4 + C_{17} + A_2]/L_1' - (L_1 * C_{18} * C_{19} * C_{20}), L_0\}$，其中，$C_4 \sim C_{20}$ 分别表示课程检验时间、考核方式偏好、评价及时性、评价有效性、学习资源偏好、课程难度、课程类型、资源量需求、学习活动需求、学习兴趣、课程目标、预期水平、课程发布周期、交互方式偏好、需求淘汰、需求满足水平以及预期结果与实际需求的相似度，A_4 表示学习速度。通过科学性检验表明模型能够有效刻画个性化学习需求的动态变化，为个性化学习需求预测提供准确的预测结果。

2. 在学习者的各方面需求中，内容难度需求、学习进度需求、交互频率需求、学习伙伴需求、考核时限需求以及评价标准需求是参与系统动态反馈回路形成的主要要素。结合仿真分析和双变量相关分析，内容难度需求和评价标准需求是个性化学习需求变化的主要体现，且分别与学习者知识总量和学习投入总量呈现正向显著相关。

3. 在个性化学习需求众多影响因素中，学习兴趣、需求满足程度以及课程目标是主要影响因素，其对个性化学习需求的影响程度从大到小依次为：学习兴趣 > 需求满足程度 > 课程目标。作用过程主要是通过影响学习参与度、学习满意度和学习投入，进而影响学习者的学习需求和学习效果，是个性化学习需求预测中需要关注的高杠杆因素。

4. 在不同的 MOOCs 课程中，学习者个性化学习需求变化的主要体现与需要关注的高杠杆因素相同。通过使用国内课程数据进行预测仿真分析，对国外课程中所得到的结论进行验证，发现该模型可以迁移应用到国内课程，对其个性化学习需求进行良好预测，并且在该课程中，内容难度需求和评价标准需求依旧是学习者个性化学习需求变化的主要体现，学习兴趣、需求满足程度以及课程目标依旧是需要关注的高杠杆因素，但其影响程度会因课程的不同而有所变化。

第四章

个性化学习活动设计

个性化学习活动对于提高学习参与度、改善学习体验,进而提升学习成效具有直接作用。本章在对不同环境下学习活动设计反思的基础上,对学习活动何以个性化、个性化学习活动的内涵与特征、个性化学习活动的设计原理与理论框架进行阐释,形成理论层面的设计模式。之后,从数据驱动与学习分析视角设计个性化学习活动序列的推荐设计,包括基于知识点的个性化学习活动语义模型、个性化学习活动序列推荐模型与算法,形成实践层面的操作路线,为个性化学习活动的实现提供依据。

第一节 学习活动设计的审视与反思

一、面向网络环境的学习活动设计

网络环境下的学习活动设计主要是围绕网络环境的特殊性、学习者特征、学习内容等进行学习活动流程设计。在学习活动设计形式上整体包括两大类:一是基于学习管理系统所进行的活动组块设计,例如,以 LAMS 平台为依托设计线性的学习活动流程,该系统平台能提供评价活动、聊天活动、思维导图活动、调查活动、选择题活动、问答活动等。二是基于教学设计理论所开展的学习活动模型设计,这类模型既包括线性的学习活动流程设计,也包括整合目标、资源、学习者等多种要素的交叉融合类学习活动设计。从学习活动所面向的学习分类来看,可以将其分为知识学习类;问题解决类、策略学习;从学习活动类型来看,可以将其分为学习准备活动、内容学习活动、反思活动、讨论答疑活动等。

二、面向移动终端的学习活动设计

随着移动互联网的普及以及各类学习 App 的应用,移动学习成为非正式学习的主流学习方式，基于移动终端设计学习活动逐步成为一种重要的教学模式。在移动终端支持上，主要通过手机、平板电脑等作为硬件支撑。在移动应用上，多以微信作为 App 对象进行设计。微信作为一种即时通信软件，自其诞生后就一直被教育领域所青睐，成为教育研究的热点。早期基于微信的学习活动设计集中在呈现教学资源、学习互动交流等方面，形式较为简单。后期随着微课、小程序等面向移动端的应用发展，学习活动的设计逐步系统化，更加注重学习者的移动学习体验，其设计维度包括设计活动任务、选择活动形式、整合学习活动环境、组织学习活动评价、安排学习活动进度和分工等。基于移动终端的学习活动设计为课堂学习提供了较好的补充，一方面提高了学生的学习兴趣；另一方面也拓展了学生学习的时间和空间。

三、面向课堂环境的学习活动设计

面向课堂环境的学习活动主要是基于翻转课堂理念进行设计。翻转课堂是以改进教学为导向的"自下而上"的教育改革模式，它是在教学实践中不断沉淀升华形成的一种新的实践范式和理论框架。翻转课堂秉持"知识传递在课下，知识内化在课上"的理念对教学模式进行变革，基于该理念所设计的学习活动涵盖了课前、课中、课后三个阶段，而活动设计的要素则包含围绕课程核心所设计的话题、指向学习表现的学习目标、启发性的学习任务、支撑活动所开展的环境资源和学习评估。此外，还有以整合性"类实践"学习活动为中心的教学范式，该类设计主要以"21世纪学习框架"为指导，强调以培养学生的综合素质、探索解决真实问题为教学目标观。

四、对学习活动设计的反思

通过对已有不同环境下的学习活动设计总结分析发现，研究者从不同视角对学习活动进行了设计，但在学习活动的设计方式、设计范围等方面存在差异。在对学习活动的内涵、特征、边界等概念缺乏共识的前提下，使得学习活动设计有较高的自由度，缺乏独特辨识性。对学习活动的设计既能等同于学习任务的安排，又可以从教学设计视角进行系统化流程设计，这一现象使得我们需要对学习活动这一常见教学环节重新进行审视和反思。

（一）学习活动不等同于学习任务

从微观视角来看，一些学习活动的设计被简化为一系列学习任务的设计，学习的目标是完成各类学习任务。这种设计思想较为狭隘；从活动理论视角来看，活动系统包括三个核心成分（主体、群体和客体）和三个次要成分（工具、规则和劳动分工），该系统成为当前学习活动设计的主流指导思想；从活动要素来看，学习活动不仅包含学习任务，还包括所开展任务的工具、评价和分工。由此可以看出，学习活动包含学习任务。

（二）学习活动不等同于教学设计

从宏观视角来看，一些学习活动的设计被放大为一般意义上的教学设计，即以教学设计理念为指导，从活动目标、学习者特征分析、活动内容以及所需的支撑环境、学习材料、学习评价等方面进行设计。基于这样的理念，教学设计等同于学习活动设计，抑或教学设计的本质是学习活动设计。造成这一现象的原因：一方面是近几年学习活动的设计多以活动理论为指导，而活动理论的成分涵盖人员、工具、规则等方面，其理论内容的自洽性与教学设计的系统性比较一致，这使得学习活动设计的模式与教学设计流程比较相似；另一方面，教学设计中对教学所开展的各个要素进行了系统说明，但缺乏要素之间的整合与转化，迫切需要能够从整合要素来实施教学设计，而学习活动则是比较好的实施框架，它不仅包含活动的各个要素，同时能够以短时、有效的方式促进学生，于是，将学习活动作为教学设计的实施抓手成为研究者们共识。

然而，活动理论中并未包含目标这一成分，于是由活动理论所指导的学习活动设计也就不能进一步整合学习目标以充当教学设计。从课程与教学视角来看，课程目标可以逐步分解为各章教学目标，而各章教学目标可以进一步细化为每节课教学目标，并由此通过各类学习活动达成本节课目标。由此可知，学习活动属于教学设计的一部分。

第二节　个性化学习活动的理论设计

一、学习活动何以个性化

活动是由共同目的联合起来并完成一定社会职能的动作的总和。活动由目的、动机、动作和共同性构成，具有完整的结构系统。学习活动是为达成学习目标，借助学习资源、学习工具所开展的自主或协作学习行为的总和。根据建构主义理论学者所提出的新学生观可知，学生在知识经验上存在个体差异，这种差异决定了教学及其活动的开展要符合学生的学习风格与学习能力。学习活动的设计并不是按照教学目标及其教学意愿对学习者的自由组织,而是需要基于学习理论和学习规律进行组织,这种组织需要考虑到学生个体的差异及其社交偏好,满足学生的个性化学习需求。这就需要设计符合学生个性特征的学习活动以更好地满足其学习需求,提升每位学生的学习体验。

二、个性化学习活动的内涵与特征

(一) 个性化学习活动的内涵

古希腊哲学家亚里士多德(Aristotle)最早提出活动这一概念,认为活动分为理论、制作与实践活动。列昂捷夫(Leontyev)在维果茨基的文化-历史心理学理论的基础上进一步发展为活动理论,它是研究在特定文化历史背景下人的活动的理论,它的基本思想是人类活动是人与形成社会和物理环境所造就的事物之间双向交互的过程。活动理论从环境与社会学视角明确了人、环境、事物之间的交互关系。汉语字典中认为活动是为达到某种目的而采取的行动。百度百科中认为活动是由共同目的联合起来并完成一定社会职能的动作的总和。汉语词典和百度百科对活动的定义则强调了活动的目的性和行为动作。由此可以看出,活动包含主体、对象、环境、目的等要素。在教学过程中,教师为实现教学目标,引导和组织学生开展一系列促进知识内化的事项,学习活动由此产生。我们认为,学习活动是为完成教学子目标,由教师引导和组织学习任务的实施,并对学习结果进行评价与反馈,以引发学习者产生高阶思维的一系列学习行为的总和。个性化学习活动是以实现个性化学习目标,基于学生个性特征与认知水平设计学习任务,并对学习结果进行个性化评价与反馈,促进学生个性水平发展的一系列学习行为的总和。

(二) 个性化学习活动的特征

1. 学习活动组织的系统性

学习活动是为实现一定学习目标所开展的一系列学习行为,包括活动任务、活动资源、活动工具、活动评价等,各要素既相对独立,又相互依存、相互制约,组成一个有机的整体。学习活动的系统性体现在活动要素的前后秩序、目标指向。在学习活动实施流程上,由设定的活动目标确立活动任务,在开展学习任务时选取学习资源和学习工具,由此生成学习成果,最后开展学习评价,各要素整体表现出一定的前后序列。

2. 学习活动设计的个性化

学习活动是为学习者所开展设计和实施的,学习者的个性差异化决定了与学习者相关的教学设计与活动设计需要遵从学习者的个性特征。学习活动的个性化体现在学习活动要素在个体身上的差异，包含目标个性化、任务个性化、资源个性化、评价个性化等。需要说明的是，学习活动的个性化不是设计的绝对个性化，而是基于学习偏好进行群体分类，基于不同群体设计多条活动线，形成活动的差异化组织，从而满足学习者的个体需求。

3. 学习活动实施的灵活性

学习活动在不同环境下具有适用性。在数字化环境下，学习活动的实施可以充分利用数字化学习资源和工具进行组织和实施，特别是借助学习数据与分析技术，可以对学习活动的需求分析、内容设计、评价等方面进行精准设计，从而实现因学定学、因学施评等教学与评价测量。然而，在非信息化环境下，也可以借助学习任务单、纸质学习材料、评价量规等方式实施学习活动。数字化环境是个性化学习活动开展的充分条件，而非必要条件。

三、个性化学习活动的设计原理

个性化学习活动的原理结构解决的是"什么是个性化学习活动"的问题。个性化学习活动是为实现个性化学习目标，由学习者在特定学习环境依托学习资源所产生的一系列学习行为的总和，学习者、学习环境、学习对象是开展学习活动的三个基本要素，这三个要素分别从主体、客体、环境三个方面进行界定。在此视角下所进行的活动设计既包含面向个体、自主的学习活动，也包含面向小组、协作的学习活动。在这三个基本要素中，学习环境为活动的开展提供场景化支撑，具体表现在学习资源和学习方式上，其中，学习资源既可以是纸质材料，也可以是数字化资源，而学习方式则涵盖课堂环境下的学习、在线学习、混合式学习等。学习者作为活动的主体，在过程上体现在学习协作方面，在结果上体现在学习成果方面，这两个子要素是学习者在活动中所产生的表现。学习对象是学习活动中所要理解和应用的学科知识，结合问题情境设定明确的学习任务以及学习评价方式。基于个性化学习活动的基本要素及其支撑内容，我们提出个性化学习活动的设计原理，如图4-1所示。个性化学习活动的设计原理包括两个方面：一方面，个性化学习活动是以个性化学习目标为中心，由学习者、学习对象、学习环境所支撑的一种学习交互行为；另一方面，个性化学习活动由学习任务、学习协作、学习资源、学习方式、学习成果、学习评价六个要素构成，各要素相互衔接，共同指向个性化学习目标。

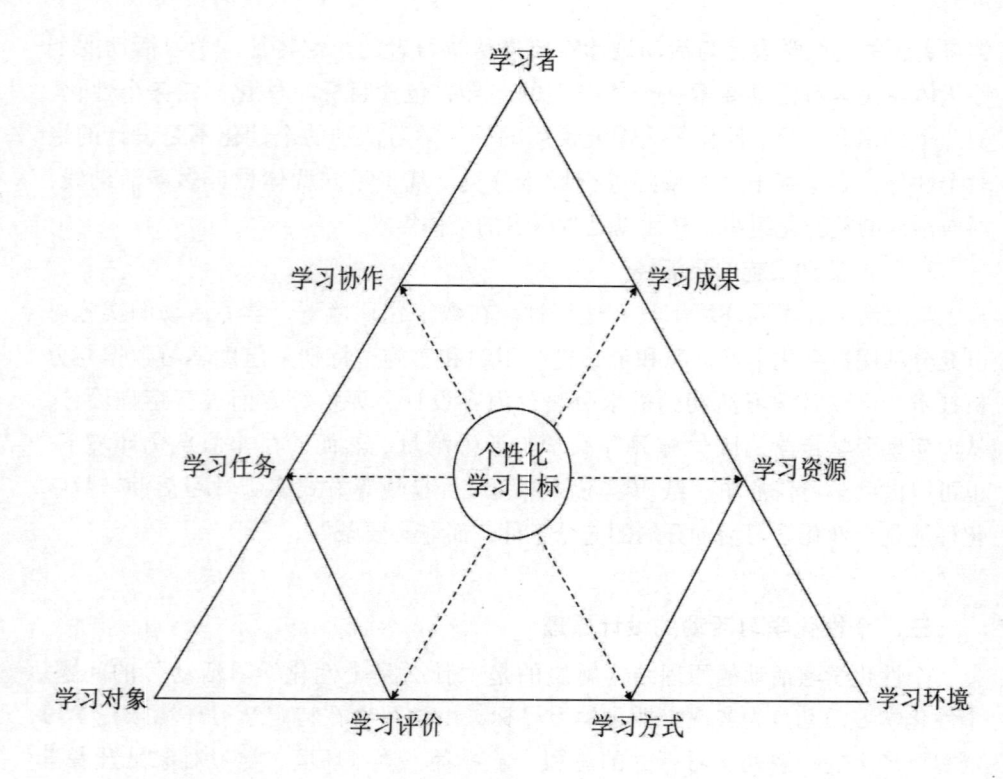

图 4-1 个性化学习活动的原理结构

四、个性化学习活动的理论框架

个性化学习活动的理论框架解决的是"如何实施个性化学习活动"的问题。在开展活动前，需要对学习者的个性化学习目标进行分析，该目标依据的是修订后的教学目标分类理论，前面我们已经详细介绍了该理论，这里不再赘述。对个性化学习目标的分析就是确定学习者在知识维度和认知过程维度所交汇的目标点，图 4-2 所示的是两个维度交叉形成的教学目标层级结构及其行为动词。根据课程教学大纲和教学内容确定学习者的目标位置，这里可依据学习者知识水平和认知能力进行群体分类。

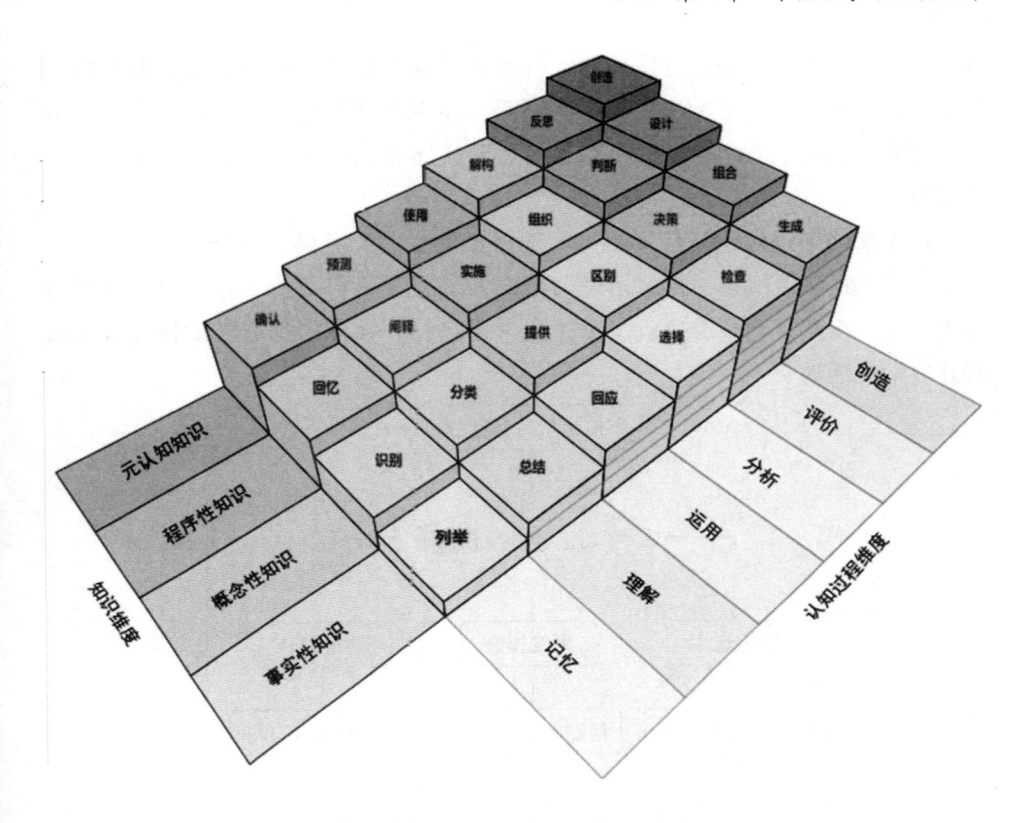

图 4-2　教学目标分类的层级结构

依据个性化学习活动的原理结构，结合活动设计流程，我们设计了个性化学习活动的理论框架，如图 4-3 所示。该理论框架用于指导学习活动的整体实施流程。为达成个性化学习目标，根据学习活动指向，将其分为知识运用、思维提升、创新设计三类活动目标。其中，知识运用是围绕课程知识点，通过主动的积累、梳理和整合，逐步掌握知识内容，该目标以练习巩固类任务为抓手，注重知识点的理解与应用，面向以记忆、理解、运用为主的认知过程和以事实性知识和概念性知识为主的知识类型。思维提升是在活动过程中，通过知识运用，获得直觉思维、形象思维、逻辑思维、辩证思维、和创造思维的发展，促进深刻性、敏捷性、灵活性、批判性和独创性等思维品质的提升。该目标是以问题解决类任务为抓手，注重思维品质的发展与提升，面向以运用、分析、评价为主的认知过程和以程序性知识为主的知识类型。创新设计是基于问题进行创新性方案构思的一系列问题解决过程。学生能在发现与明确问题的基础上，搜集相关信息，并运用人机关系及相关理论进行综合分析，提出符合设计原则且具有一定创造性的构思方案，能综合各种社会文化因素评价方案并对其加以优化。该目标是以方案构思类任务为抓手，注重创意设计与优化，面向以"分析、评价、创造"为主的认知过程和以"元认知知识和程序性知识"为主的知识类型。

基于前面确定的学习任务类型，选择学习方式，提供学习资源，促进学习协作，并生成学习成果，最后对学习活动及其成果进行评价。在完成一项学习活动之后，重新评判是否达成了个性化学习目标，并根据学习活动目标分类重新开展学习活动。

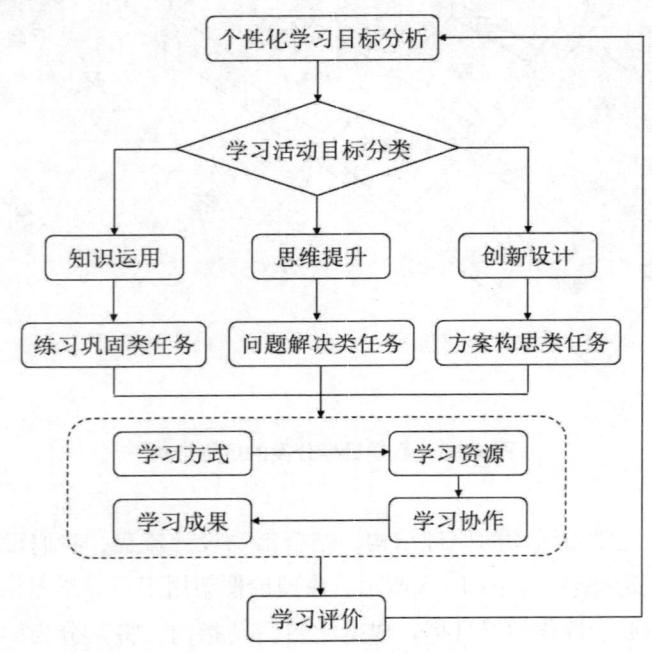

图4-3 个性化学习活动的理论框架

五、个性化学习活动的实施路径

（一）以学习分析驱动个人知识检测与诊断

在以知识运用为目标的个性化学习活动中，主要通过知识讲授、变式练习、问题诊断、概念转变等活动促进个人对知识的理解和内化。而在知识掌握和问题诊断的评估与监测中，需要借助教育大数据和学习分析技术进行分析。通过对学习者在知识学习、测评练习等活动中的学习过程行为数据与学习结果数据的采集，形成以学习者个人为中心的数据链。依据项目反应理论，采用知识建模、空间强化、知识图谱等技术分析知识掌握情况，识别出个人学习的难点与易错点,进而开展精准教学干预。

(二) 以深度学习促进个怔高阶思维提升

以思维提升为目标的个性化学习活动注重学习过程的深度加工和学习迁移,而深度学习理论则能够有效达成这一目标。深度学习面向学生高阶思维与问题解决能力的培养,引导学生由被动接受学习转变为主动参与学习。深度学习的发生需要学习者的高投入、具有挑战性的任务主题、融合核心素养的学科内容、学习成果反思。依据深度学习理论,创设开放共享的学习环境、设定问题解决目标、开展理解性学习活动、组织学习反思,通过对知识的深度加工、反思与批判性审视,逐步提升符合个性特征的高阶思维。

(三) 以成果导向提升个体创新设计

成果导向教育是当前教育改革的主流理念,它追求能力本位,要求学生掌握具体的核心能力,在学习评估上,遵从个体差异,实施个性化的评定等级;在实施原则上,成果导向采用反向设计思想,以学习的最终目标为起点,反向进行课程设计,开展教学活动。个性化学习活动设计的最高目标是创新设计,成果导向理念能够在目标、过程、结果上聚焦活动目标的达成,并进行个性化评价。在具体实施中,可以通过创设项目情境、明确问题、方案构思、探究实验、记录分析、方案评价等环节掌握创新设计的一般方法,形成一定的创新设计能力。

第三节 个性化学习活动的自适应

一、个性化学习活动的序列化组织

当前,学习活动的组织主要是由教师提前规划和设计,是以教为导向下的体现。在教育理念转向以学为中心和个性化教育的背景下,学习活动应围绕学习者的个性差异进行设计,并由学习状态和结果决定学习进度。尽管现有大规模开放在线课程的学习活动呈现出流程化组织形式,但活动的环节和内容都一样,难以顾及学习者的个性化差异。要实现学习活动的个性化,需要将学习活动要素进行分类设计,构建学习活动库,各个活动模块能够基于一定顺序进行序列化组织,形成面向不同学习目标的学习活动路径。

二、个性化学习活动的语义标记

以 LOM 核心集为基础,设计基于知识点的学习活动语义模型。从知识点和学习活动两个层面进行分类标识。知识点的形式表示为六元组,包括 id、title、keyword、applicability、importance、difficulty。其中,id 是知识点的唯一标识;title 是知识点的标题;keyword 是知识点的关键字;applicability 是知识点的适用范围;importance 是知识点的重要程度,importance ∈ [0,1],值越大,表示知识点越重要;difficult 是知识点的难易程度,difficulty ∈ [0,1],值越大,表示难易程度越大。活动类型拟从节点类型、活动目标、活动规则、活动任务、学习资源等维度对学习活动序列进行定义。将活动类型与知识内容进行统整,形成基于知识点的学习活动语义模型。

三、个性化学习活动序列的自适应推荐

自适应是以数学模型为基础,以数据特征为依据,自动调整处理方法、处理顺序,以取得最佳处理效果的过程。自适应学习是接近个性化教育的一种重要技术方式。系统自适应的实现是通过实时交互数据的搜集,对其进行分析后提供个性化服务。

基于学习记录及前后数据,结合学习活动特征信息,可以设计个性化学习活动序列推荐模型与算法。将学习活动之间关系的形式表示为一个三元组:[t1, t2, deg (t1, t2)],其中,t1、t2 是学习活动,deg (t1, t2) 刻画 t2 对于 t1 的依赖度,deg (t1, t2) ∈ [0,1],deg (t1, t2) 越大,表示依赖程度越大。通过学习活动之间的依存关系及其学习状态,进而实现学习活动序列的动态推荐。

本章小结

本章首先对不同学习环境下的学习活动进行总结和反思,厘清学习活动的定位。之后对个性化学习活动的内涵与特征进行阐释,并提出个性化学习活动的设计原理,具体包括两个方面:一方面个性化学习活动是以个性化学习目标为中心,由学习者、学习对象、学习环境所支撑的一种学习交互行为;另一方面,个性化学习活动由学习任务、学习协作、学习资源、学习方式、学习成果、

学习评价六个要素构成，各要素相互衔接，共同指向个性化学习目标。基于该原理，结合活动设计流程，进一步设计了个性化学习活动的理论框架和实施路径。最后从技术路线层面探讨个性化学习活动的自适应问题，包括个性化学习活动的序列化组织、语义标记和自适应推荐，试图通过自适应机制实现学习活动的个性化推送。

第五章

学习结果预测分析

学习结果预测分析是学习分析在过程监控环节上的应用体现，其结果将为学习干预提供参照，也使学习者能够在学习过程中及时调整学习策略和路径，并进一步缩短学习成效改善的周期。随着大规模开放在线课程的广泛应用、自适应网络学习平台的发展和智慧学习环境的兴起，为学习者提供学习结果预测服务将逐渐成为未来数字化学习的必要条件，且这种服务将实现监测的实时性与自动化。科学有效的学习结果预测研究不仅要在结果上具备准确性和可靠性，而且在应用上要具有可迁移性。本章将对学习结果预测进行理论分析和实证研究，进一步丰富学习过程预测分析服务。

第一节 学习结果预测研究的内容解析

该部分首先对数字化学习环境下的学习结果预测研究进行纵览，以窥看其整体研究状态。之后从不同视角对其研究内容和问题进行分析以洞察其研究现状。

一、学习结果预测研究分析

对数字化学习环境下有关学习结果预测的研究文献进行系统搜集，采用内容分析法对各项研究中的预测维度、数据来源、预测方法、结果分析等方面进行总结分析，见表5-1。在学习预测维度上，研究者主要对学习心理特征、学习结果与表现、学习能力等方面进行预测，其中，学习成绩、学习结果和学习成功预测研究较多；在数据来源上，主要集中在课堂学习测评数据、问卷调查数据和学习管理系统数据；在预测方法上，以多元回归分析、决策树、贝叶斯网络和神经网络分析方法为主；在分析结果上，预测模型在所研究的具体情境中表现较好，但在不同预测方法的准确率上存在差异。整体而言，学习结果预测研究体现出以下几方面的特性：第一，微情境性，已有的学习预测研究偏向具体的学习情境，如多媒体学习环境、网络学习环境、移动学习情境等，侧重对学习者在某一具体情境下的学习阶段活动分析；第二，学习数据的外在性，预测数据来源主要依靠网络学习活动的外在行为表现和课堂学习情境下的学习测试表现；第三，预测内容的可计算性，尽管学习预测内容多样化，但每一项预测内容都要转化成可以测量和计算的指标，以支持分析工具的数据处理和自适应学习系统的识别与自动化分析；第四，学习预测的结果导向性，学习预测主要依据之前和当前的学习活动特征对学习者未来的结果表现进行预估，如学习成绩、学习目标和学习能力等，通过不同形式的学习结果预测来改善学习成效和学习体验。通过对学习预测研究的梳理分析可以看出，以学习成效和学习能力为目标的学习结果研究是预测的重点，这反映出学习预测的目标可以促进学生个体能力发展和学习成功。

表5-1 学习结果预测研究的梳理分析

预测维度	数据来源	预测方法	结果分析
数字化学习体验[1]	横断面问卷调查数据	结构方程模型分析	模型中的认知、情感、个性、社交和娱乐与数字化学习体验具有强相关性
学习成绩[2][3][4]	问卷调查数据、学习活动数据	结构方程模型分析、神经网络	有意义学习、学习动机和认知负荷对学习成绩有不同程度的影响；神经网络预测效果比回归分析要好

---

[1] MONDI M, WOODS P, RAFI A. A Uses and Gratification Expectancy Model to Predict Students' Perceived E-Learning Experience [J]. Educational Technology & Society, 2008, 11 (2): 241-261.

[2] FAN K K, SU C H, DENG S Y, et al. An Achievement Prediction Model of Meaningful Learning, Motivation, and Cognitive on SPANI: Partial Least Square Analysis [J]. Mathematical Problems in Engineering, 2013, 4 (10): 2-11.

[3] LYKOURENTZOU I, GIANNOUKOS I, MPARDIS G, et al. Early and Dynamic Student Achievement Prediction in E-Learning Courses Using Neural Networks [J]. Journal of the American Society for Information Science and Technology, 2009, 60 (2): 372-380.

[4] XU B, YANG D. Motivation Classification and Grade Prediction for MOOCs Learners [J]. Computational Intelligence and Neuroscience, 2016, 10 (11): 2-7.

续表

预测维度	数据来源	预测方法	结果分析
学习表现①②③	手势行为数据、学习登陆行为数据	机器学习算法、回归分析	学习表现预测模型准确率85.7%；学习者认知和学习偏好能够较好预测学习测评表现
学习目标层级④	学习者体征数据	回归分析	学习者的心率变异性、脑电波反应能较好地预测达到的学习目标层级
学习辍学率⑤	学习登陆行为数据	神经网络、决策树、贝叶斯网络	学习过程中的选择题和项目测试时间和结果能够达到75%~85%的辍学率预测准确度；决策树预测效果好于神经网络和贝叶斯网络

① WON A S, BAILENSON J N, JANSSEN J H. Automatic Detection of Nonverbal Behavior Predicts Learning in Dyadic Interactions [J]. IEEE Transactions on Affective Computing, 2014, 5 (2): 112-125.

② JESKE D, ROBNAGEL C S, BACKHAUS J. Learner Characteristics Predict Performance and Confidence in E-Learning: An Analysis of User Behaviour and Self-Evaluation [J]. Journal of Interactive Learning Research, 2014, 25 (4): 509-529.

③ ELBADRAWY A, STUDHAM R S, KARYPIS G. Collaborative Multi-Regression Models for Predicting Students' Performance in Course Activities [C] //BLIKSTEIN P, BARON J, MERCERON A, et al. Proceedings of the Fifth International Conference on Learning Analytics and Knowledge. New York: ACM, 2015: 103-107.

④ COWLEY B, RAVAJA N, HEIKURA T. Cardiovascular Physiology Predicts Learning Effects in a Serious Game Activity [J]. Computers & Education, 2013, 60 (1): 299-309.

⑤ LYKOURENTZOU I, GIANNOUKOS I, NIKOLOPOULOS V, et al. Dropout Prediction in E-Learning Courses through the Combination of Machine Learning Techniques [J]. Computers & Education, 2009, 53 (3): 950-965.

续表

预测维度	数据来源	预测方法	结果分析
学习持久力①②	电子档案袋数据	朴素贝叶斯、决策树、罗杰斯特回归	朴素贝叶斯分类的效果好于其他两种分类方法；使用学习成绩和参与度数据可以达到87.5%
学习迁移③	课堂学习情境下的测试数据	回归分析	多媒体环境下的个体认知差异（文本位置和注意力分散）影响学习迁移表现
学习成功④⑤	学习管理系统数据	回归分析	学习者先前知识和能力能够在较大程度上预测 MOOC 学习者成功表现
学习结果⑥	学习管理系统数据	朴素贝叶斯、决策树	问题解决过程中的厌倦情绪对学习表现有消极影响，但在支架辅导时有积极影响；集中参与和挫折情绪与学习结果呈正相关

---

① AGUIAR E, CHAWLA N V, BROCKMAN J, et al. Engagement VS Performance：Using Electronic Portfolios to Predict First Semester Engineering Student Retention ［C］// PISTILLI M, WILLIS J, KOCH D, et al. Proceedings of the Fourth International Conference on Learning Analytics and Knowledge. New York：ACM, 2014：103 – 112.

② WOLFF A, ZDRAHAL Z, NIKOLOV A, et al. Improving Retention：Predicting At – Risk Students By Analysing Clicking Behaviour in a Virtual Learning Environment ［C］//SUTHERS D, VERBERT K, DUVAL E, et al. In Proceedings of the Third International Conference on Learning Analytics and Knowledge. New York；ACM, 2013：145 – 149.

③ AUSTIN K A. Multimedia Learning：Cognitive Individual Differences and Display Design Techniques Predict Transfer Learning with Multimedia Learning Modules ［J］. Computers & Education, 2009, 53（4）：1339 – 1354.

④ SHEHATA S, ARNOLD K E. Measuring Student Success Using Predictive Engine ［C］// BLIKSTEIN P, BARON J, MERCERON A, et al. Proceedings of the Fifth International Conference on Learning Analytics And Knowledge. New York：ACM, 2015：416 – 417.

⑤ KENNEDY G, COFFRIN C, DE BARBA P, et al. Predicting Success：How Learners´ Prior Knowledge, Skills and Activities Predict Mooc Performance ［C］//BLIKSTEIN P, BARON J, MERCERON A, et al. Proceedings of the Fifth International Conference on Learning Analytics And Knowledge. New York：ACM, 2015：136 – 140.

⑥ PARDOS Z A, BAKER R S J D, SAN PEDRO M O C Z, et al. Affective States and State Tests：Investigating How Affect throughout the School Year Predicts End of Year Learning Outcomes ［C］//Suthers D, Verbert K, Duval E, et al. In Proceedings of the Third International Conference on Learning Analytics and Knowledge. New York：ACM, 2013：117 – 124.

二、纵向解析学习结果预测研究中的内容

教育大数据的日渐兴起和学习分析的广泛应用使得学习结果预测研究成为学习分析领域中的一项研究热点。为了进一步明晰该类研究的当前状况和发展态势，我们对有关学习结果预测研究的内容进行解析，窥探其预测方向和原理。该类研究内容主要集中在以下四个方面：

（一）学习结果预测模型的生成

学习结果预测的原理是将预测目标内容作为因变量，预测指标内容作为自变量，通过分析探索两者之间的关系。而学习结果预测模型的生成就是通过数据分析探索自变量和因变量之间的关系，并确定不同测量指标对预测目标的影响效应权重。该类研究生成的模型包括基于特定理论设计并验证的结构方程模型、基于多元回归分析生成的学习预测参数、决策树分类模型以及数学公式的假设与验证。在学习结果预测目标方面，主要是对学习成绩与等级和学习成败进行预测，在预测变量上，以个人背景信息、过程性测评结果、学习参与状况、学习情绪等方面为主要测量指标[①]。

（二）学习结果预测系统的设计

学习结果预测的应用目标是实现自适应网络学习系统的实时监测与评估。当前有关学习结果预测系统方面的研究还处在设计与初步应用阶段。这方面的研究主要是学习成功系统的分析设计和学习表现预警系统的设计应用。其关键问题涉及将学习者的哪些数据作为分析指标以及如何对学习成败进行计算测量。在数据来源上，研究者将课程参与、内容学习、社交互动和测评分数等方面作为数据来源分析，在学习结果测量上，依据预测模型，将输入数据转化成预测结果数据，并将分析结果按等级划分，同时采用不同颜色标识，从而形成对学习结果预测的计算和可视化输出。

（三）MOOC情境下的学习辍学率与持久力预测研究

大规模开放在线课程爆发性的增长和广泛应用使得注册和学习课程的学生数量逐年递增。然而，相对于较高的课程注册数，能够坚持系统完成课程内容学习和测评的学习者数量较少，多数学习者在课程中后期退出学习，导致

---

① NKHOMA M, SRIRATANAVIRIYAKUL N, PHAM CONG H, et al. Examining the Mediating Role of Learning Engagement, Learning Process and Learning Experience on the Learning Outcomes through Localized Real Case Studies [J]. Education Training, 2014, 56 (4): 287 – 302.

MOOC 的辍学率较高。与辍学率相对应的是学习者的持久力，即学习者能够坚持学习完整门课程的能力。当前对于 MOOC 学习结果预测的研究主要通过对学习者的课程学习时间、学习次数、学习互动情况、作业提交情况等方面进行分析来预测学习者的辍学率，通过学习者的参与度和形成性评价预测其持久力。

（四）虚拟情境中的学习表现效应研究

相对于网络学习情境，虚拟学习环境下的学习体验能够让学习者有更多沉浸感和悦趣感，其应用场景包括教育游戏和虚拟现实。这方面的研究主要体现在以下两方面：一方面是通过鼠标点击行为预测存在学习风险的学生，学习者在某项学习活动停留的时间和学习次数能够反映其学习状态；另一方面是监测严肃游戏环境下学习者的心理活动反应，并预测其对学习效果的影响。随着增强现实技术的逐步成熟和应用，对该情境下学习者的心理状态与学习表现的分析探索也将逐步开展，探索影响学习表现的学习心理指标及其与学习表现的效应关系是这方面研究的重要议题。

三、横向剖析学习结果预测研究中的问题

前面对学习结果预测研究内容进行了纵向分析，了解了其主要关注点和具体分析内容。下面对各类研究进行横向对比分析，剖析研究中存在的问题：

（一）学习情境的单一性与应用局限

对各项学习结果预测研究的情境进行总结分析发现，研究情境涉及网络学习环境、移动学习环境、虚拟学习环境和多媒体学习环境等，学习分析是基于某一单项具体情境而开展的。当前，移动技术的广泛应用和增强现实技术的日渐兴起使得学习者的学习方式日渐多样化，学习环境也将混合化。在这种背景下，基于某一单一学习情境的预测研究结果将无法迁移到常见的混合式学习情境中，其推广应用受到局限。

（二）数据来源的局限性与数据链的割裂

学习结果预测研究的数据来源对分析结果的准确性和科学性有着直接影响。已有研究的数据来源主要集中在问卷调查数据、学习管理系统数据和课堂学习情境下的测评数据。尽管这些数据在一定程度上能够反映学习者的学习状态，但从类型上看，仍属于外在学习行为数据。对于基于眼动设备的学习者注意力行为数据、基于情感监测设备的脑电波数据、心率数据和皮肤感应数据等内在心理状态行为数据分析得较少。偏重外在学习行为数据的分析使得预测结果的可信度降低，同时也割裂了内在行为与外在行为相统一的数据链。

（三）预测方法的约束性与分析结果的冲突

预测方法为数据的分析和模型参数的生成提供了工具支持。受制于有限的数据类型和数据量，学习结果预测方法以多元回归分析和结构方程模型分析为主，采用决策树、贝叶斯网络、神经网络、支持向量机等分类预测方法的研究较少。尽管通过统计分析能够对数据间的线性关系进行分析，但当数据类型较为丰富、数据量较大时，采用机器学习预测方法通过训练集和测试集方式形成的预测模型更加准确可靠。此外，由于数据样本的差异化和方法的约束性，使得同一预测方法在不同样本中的预测效果存在差异，从而使分析结果存在冲突，无法辨析最优预测方法。

（四）理论基础的薄弱性与预测模型的低效度

尽管学习分析是对学习过程数据进行可视化分析和输出，但其最终目标是改善学习成效，其出发点和终点都是以学习为中心理念。同样，作为学习分析后期研究模块的学习结果预测研究也需要坚实的学习理论作为支撑。然而，有关学习结果的预测研究较少提及所依据的教与学理论和思想框架，特别是缺少与学习活动过程紧密相关的教学设计理论，而这类理论对学习活动的表现和结果有着直接影响。缺少相关理论支撑的预测分析不仅降低了预测模型的效度，也阻碍了研究者发现真正影响学习的关键因素。

第二节　学习结果预测研究的设计取向

结合教育大数据、学习分析和人工智能技术的发展，从情境、理论、数据、方法和结果五个层面对未来学习结果预测研究的设计取向进行阐释，以促进该类研究向着合理性的方向发展。我们认为，未来学习结果预测研究是这样一种系统化流程，即在混合式学习情境下整合不同学习类型和行为数据，通过机器学习方法训练出较为准确和稳定的预测模型，并为学习者提供学习结果反馈。

一、情境取向：混合式学习情境

移动技术和虚拟现实技术的发展使学习者由早期在传统课堂环境下的正式学习演变成在不同情境下正式学习和非正式学习相融合的学习生态，支持学习者开展泛在学习的混合式学习情境是未来学习情境的常态。2016 年，《地平线报告》（高等教育版）在加速技术在高等教育中采用的关键趋势部分指出，增加混合式学习设计是未来短期的影响趋势①，而混合式学习的设计需要丰富的学习情境提供支持。由于学习者的行为表现被分布到不同的学习情境中，因此在研究中需要整合常见的学习情境，如网络学习情境、移动学习情境、虚拟现实情境等，这样既可以全面分析学习者在不同情境的行为表现，同时又可以使扎根于常见混合式学习情境的分析结果具有可推广性。

二、理论取向：整合教学设计与学习分析理论

数字化环境下的学习活动表现与教学活动和资源设计紧密相关，教学内容的编排和难易程度直接影响学习结果和学习体验。当前，MOOCs 较高的辍学率和低参与度就是由于课程内容缺少差异化以及师生互动黏性低导致的，而这与教学设计的适恰性密不可分。学习结果预测研究需要考虑教学设计因素对学习表现的影响，在以教为主、以学为主和主导－主体教学设计理论的框架下，针对不同类型的课程设计，选择合适的教学设计理论作为理论分析的基础。此外，学习结果预测是基于学习行为数据开展的分析，属于学习分析流程中的一个环节，同样需要学习分析理论的指导。在实际探索中需要整合教学设计理论和学习分析理论对预测指标设计和分析流程进行设计，从而使预测模型能够建立在可靠的分析理论之上。

三、数据取向：学习者心理状态与行为表现数据

以往的学习结果分析数据侧重学习者的点击数据，即学习者在不同的网络学习平台中通过点击生成的学习时间和学习次数数据，这些统称为学习者外在学习行为数据。然而，学习者在课程学习过程中也会出现情绪上的变化，从心理学视角分析学习行为和状态有助于探测影响学习结果的实质因素②。近年来，可穿戴技术、情感测试技术和增强现实技术的快速发展使得研究者可以获取到学习者内在心理状态变化数据，如学习表情、学习情感、学习注意力等。在整合学习者外在学习行为和内在心理状态数据的条件下，我们可以更精确地分析立体化的学习行为特征，发现隐藏在点击数据背后真实的学习状态，从而使学

---

① JOHNSON L, BECKER A S, CUMMINS M, et al. NMC Horizon Report: 2016 Higher Education Edition [R]. Austin: The New Media Consortium, 2016.
② TERRAS M M, RAMSAY J. Massive Open Online Courses (MOOCs): Insights and Challenges from a Psychological Perspective [J]. British Journal of Educational Technology, 2015, 46 (3): 472－487.

习结果的预测更为可靠。

四、方法取向：机器学习为分析主导

教育大数据的逐步成熟和人工智能的深入发展正变革着当前以统计分析为主的研究分析范式。学习数据类型的多样化和数量的增加使得以集成学习、基于规则的分类器、支持向量机、神经网络等预测分类算法为代表的机器学习模式逐渐成为分析主导。机器学习分析模式下的学习结果预测分析涉及两方面问题：一方面是采用监督学习探索自变量和因变量之间的映射关系，采用非监督学习探索学习表现中的行为模式，发现关键分析指标；另一方面是对比不同预测分类方法的准确率和分析效率，整合各类算法优点，找到适合分析不同情境下的最优预测分类方案，以便后面应用到网络平台中。

五、结果取向：个性化学习结果反馈

学习结果预测研究的最终目标是为学习者提供服务，促使学习者优化学习路径、改善学习成效。而未来学习方式将逐渐走向个性化，未来教育将通过技术和工具为学习者提供个性化学习。由此可见，为学习者提供个性化学习服务是技术改善学习的内在旨趣。在个性化学习服务的理念下，未来学习结果预测功能将为学习者提供个性化学习反馈，具体包括两个方面：一方面是预测学习者学习成败表现、学习成绩等结果性信息；另一方面是基于学习者的学习结果和个性特征，为其提供个性化学习反馈，包括学习内容推荐、学习互动人群推荐和学习练习推荐，从而使预测结果由初期的学习预警转变成学习改善。

第三节 学习结果预测研究设计

一、研究问题

近年来，大规模开放在线课程（MOOCs）凭借免费性、高质量的学习资源和较好的学习支持服务在世界范围内得到推广和应用。尽管MOOCs拥有较高的课程注册率，但学习者在实际学习过程中所表现出的高辍学率和低参与度的现状却是一个无法回避的问题，且尚未找到有效的解决方案。如何基于学习活动数据有效预测学习结果并据此提供个性化学习服务支持以改善学习参与度并降低辍学率是本研究所要回答的核心问题,对于该问题的解决,则进一步凸显出本研究的重要性和价值所在。

为了能够较为准确地预测学习者的课程学习结果,帮助课程教师及早发现可能存在学习风险的学生,进而为其提供适切的学习干预以改善学习参与度,本研究开展以下三方面的问题探索:第一,MOOCs学习环境下要搜集学习者的哪些个人信息内容与行为?第二,基于个性化分析模型,如何对学习行为数据进行搜集和分类,并进行学习结果预测设计?第三,基于学习行为数据,如何通过计算确定学习结果预测分析指标并进行验证分析?

为解决上述研究问题,我们对MOOCs学习环境下学习者为完成学习目标所开展的课程学习内容信息及行为数据进行搜集分析,构建基于CIEO的学习结果预测工作模型。在此基础上,设计面向学习结果的学习行为分析指标,并探讨应用学习行为指标和所建模型进行学习结果预测的可行性。之后,基于MOOCs课程数据得出学习结果预测准确率模型与计算方程式,并据此设计学习结果预测工具功能原型,为将来实践开发提供指导。

二、研究目标

本研究旨在对MOOC学习环境下的学习过程和活动信息进行分析,依据分析内容和评价过程设计学习结果预测工作模型。基于学习过程行为数据设计面向学习结果的学习行为分析指标,通过验证性分析得出学习结果预测准确率模型与计算方程式。最后设计学习结果预测分析工具原型,为平台开发与成果转化搭建桥梁。

三、研究内容

基于上述研究目标,本研究拟从以下四个方面开展研究内容:第一,设计个性化学习结果预测工作模型,为后面的学习行为数据分析提供指导。第二,学习行为分析指标设计及其探索性分析;基于学习者基础学习行为数据设计能够有效反映学习活动的行为指标。之后基于学习行为指标探索学习结果预测可行性。第三,学习结果预测准确率模型、计算方程式与学习分析工具原型功能设计。第四,依据预测分类法和逐步多元回归分析生成基于学习行为分析指标的预测准确率模型与计算方程式。

(一)学习结果预测工作模型的构建

学习结果预测工作模型是基于个性学习行为特征对学习活动过程进行记录

135

和分析，并从学习结果的不同表现层面上进行预测。要构建学习结果预测模型，主要解决以下三方面的问题：一是对学习结果所体现的维度内容进行分析；二是从学习结果维度内容出发分析反映结果的学习行为特征指标；三是确定能够进行学习结果预测的数据挖掘方法。通过建立上述两种模型，为后面学习行为分析和反馈策略设计提供理论依据。

（二）有效学习行为分析指标设计及其探索性分析

学习结果预测工作模型为个性学习过程分析和学习结果预测提供了学习分析理论框架，而要实现基于学习行为数据的学习结果预测，则需要具体有效的学习行为分析指标。该部分将基于MOOCs学习者基础学习行为数据，结合学习结果预测模型内容设计有效学习行为分析指标。之后采用不同预测分析方法对各学习行为指标进行学习结果预测分析，探索指标预测准确率和不同算法预测效力。

（三）学习结果预测准确率模型、计算方程式的生成与工具原型功能设计

要清晰展示不同学习行为分析指标的预测准确率以及实现学习结果预测的可计算性，需要学习结果预测准确率模型和计算方程式。该部分将采用另一门MOOCs课程数据对各指标的学习结果预测准确率和误差值进行分析，并利用预测准确率模型展示分析结果。在学习结果预测计算上，采用逐步多元回归分析生成学习结果预测计算方程式。最后，基于分析指标和计算方式设计学习结果预测工具原型，基于学习活动过程数据输出学习结果，为实现MOOCs平台学习分析工具的开发与成果转化搭建桥梁。

四、研究方法

（一）聚类分析

聚类是通过对样本数据集的分析，将若干相近实例的数据进行归类并形成簇的过程，目标是同类数据集相似度最大，不同簇相似度最小。常用的聚类算法有K均值算法、EM算法和DBSCAN。其中，K均值算法是通过用户指定数目来形成簇，其基本算法是先确定K个初始质心，将实例分给相近的质心，多个指向同一质心的实例形成簇，然后依据这些实例点重复更新每个簇的质心，直到该簇不再变化。EM算法是在概率模型中探索最大似然估计参数，通过对隐藏变量的估计值计算期望，并在此基础上使用最大似然值计算参数值，该算法的最大优点是运行较为简单和稳定。由于EM算法迭代速度慢，次数多，容易陷入局部最优，因此在后面的实践操作中，将结合K均值算法和DSCAN算法进行

136

分析，以确定可划分簇的个数。

分别采用DBSCAN算法和K均值算法对不同学习活动过程数据进行探索性聚类分析，查看学习群体在课程开展过程中的活动参与演进特征，并观察不同学习群体在学习结果上的表现，以验证学习分析指标设计的合理性。

（二）决策树分析

决策树分类能够快速地从根节点到叶节点形成一个分类规则，并依据规则对数据集进行分析。在分析算法上采用C4.5算法，其优点是能够同时分析连续性数据和离散型数据，且能够通过剪枝形式降低拟合过度的生成树。采用决策树对学习内容行为、学习互动行为和学习评价行为进行预测分析，观察其预测准确率，并生成可视化的决策树结构。

（三）贝叶斯网络分析

贝叶斯网络是基于贝叶斯公式和概率推理形成的图形化网络，适用于不确定性和概率性项目的分析，能够从不确定的信息中完成推理。贝叶斯分类方法包括朴素贝叶斯分类器和贝叶斯网络，前者分类速度快且准确度高，后者能够使用贝叶斯网络描述属性之间的相互关系。在具体分类算法中采用朴素贝叶斯分类器算法，它能够在不满足正态分布假设的条件下提高分析性能，且能够处理有缺失值的样本。通过分析各分析指标的预测准确率，与决策树分类预测进行比较。

（四）神经网络分析

神经网络是一种模仿生物神经网络结构和功能的计算模型，由节点与节点之间的连接形成，其特点是利用学习算法从训练集中学习，并通过连接方式、权重值和激励函数实现结果的输出，进而探索出最优模式和路径。在神经网络分析上，采用BP神经网络进行探索，它是由一个输入层、一个隐含层和一个输出层构成的。研究者既可以手工构建网络，也可以使用算法分析，且在训练过程中对该网络进行监视和修改。

（五）文本分析

文本分析用于对学习者在课程论坛中参与的讨论主题和回复内容进行分析，主要比较两类文本内容的相似度。在文本内容的处理上，将同一讨论主题下学习者的多次发帖内容整合为一项文本内容，使用分析工具对比主题内容和学生回复内容的相似度，以判断其是否围绕主题开展相关或深入讨论。文本比较分析的方法包括词汇方法（该方法采用表征相似度分析，包括贪婪比较、优化匹配、二次分配队列等方法），依赖关系法，潜在语义分析等。由于研究中需要得到具体文本比较的数值,因此这里采用支持向量和语义相似度分数计算展示的潜在语义分析。

(六)逐步多元回归分析

逐步多元回归分析通过从数个自变量中探索出对因变量最具预测力的自变量以构建一个最佳的回归分析模型。采用该方法对预测分析指标和结果进行分析,形成可计算的学习结果预测方程式。在实际操作过程中,首先搜集学习者基础行为数据,并通过预测探索性分析设计有意义学习结果预测指标;其次,基于学习结果预测指标对各学习者的行为数据进行计算而形成待分析样本;最后,对有效样本的各预测指标进行投入变量分析,以筛选出能够显著预测学习结果的指标并得出各自的权重值。

(七)访谈法

根据研究者对访谈结构的控制程度,可以将访谈分为三种类型:结构性访谈(或称标准化访谈、封闭式访谈),半结构性访谈,以及无结构性访谈(或称开放式访谈)。在结构性访谈中,访问者根据事先设计好的有固定格式的提纲进行提问,无法深入了解问题的症结所在;无结构性访谈具有弹性,且很少限制答案;半结构性访谈的弹性在上述两种类型之间,访问者先向受访者问一系列结构性问题,然后问一些开放性问题,以就某些问题做深入探究,弥补结构性访谈之不足。

本研究采用的是无结构型访谈,访谈对象包含6位国内远程教育研究者以及9位远程教育和学习分析研究的国外研究者。笔者在美国得克萨斯大学阿灵顿分校访学一年,合作导师为MOOCs创始人之一和学习分析专家乔治·西蒙斯教授。乔治·西蒙斯在学习结果预测工作模型设计等方面提出了建设性意见。此外,笔者还与国外其他学习分析专家和教学设计专家进行交流,为主题访谈和学习分析模型设计提供了相关研究领域专家支持。

访谈问题主要围绕以下三个方面:第一,MOOCs学习环境下学生在整个课程学习过程中所表现的哪些特征信息(指非智力因素)对其学习有影响?第二,在MOOCs学习环境下,学生的学习结果体现在哪些方面,这些方面可以从哪些指标中进行测量?第三,学生的哪些个性化特征信息与学生的学习结果关联程度较高?基于上述访谈问题对反馈内容进行梳理总结,并进一步采用内容分析法确定学习结果预测模型中的分析要素和关系。

五、学习行为数据类型与研究伦理

（一）学习行为数据类型

本研究在进行学习结果预测工作模型的验证、预测准确率模型和计算方程式的生成过程中使用 edX 上的两门课程数据进行分析。两门课程的名称分别是 *Data，Analytics，and Learning* 和 *Introduction to Engineering and Engineer Mathematics*，课程内容面向世界范围内学习者免费开放。原始数据采用 edX 平台上的鼠标点击记录行为数据和格式规范，这些数据记录了学习者从开始注册课程到课程结束时的所有在平台上的活动行为数据，具体包含的学习行为、数据类型与分析目的见表 5-2。

表 5-2 学习行为数据类型与分析目的

学习行为	数据类型	分析目的
平台访问交互行为	单周登录次数、单周在线时间、单周学习视频访问次数、单周学习文本访问次数、单周测评题目访问次数	分析学习者参与学习活动的整体学习状态
学习视频和文本行为	单个视频的学习次数、已学习时长、视频总时长、文本学习时长	计算学习内容分析指标以预测学习结果
学习互动行为	互动参与时长、互动参与次数、提问数、回答数、回复数、总发帖量、个人获得点赞数、总点赞数、论坛主题和发帖内容	计算学习互动分析指标以预测学习结果
学习测评行为	测评参与时长、测评参与次数、已参加的测评数、总测评数、单个测评的考试次数、测评及格数、总测评数	计算学习测评分析指标以预测学习结果
学习模块交互行为	视频模块停留时长和访问次数、文本模块停留时长和访问次数、互动模块停留时长和访问次数、评价模块停留时长和访问次数	比较不同的学习模块在预测准确率上的差异

（二）学习行为研究伦理

在使用授权和范围上，首先得到两门课程负责教师的同意，允许基于两门课程教学设计和数据进行研究；其次遵守 edX 平台数据研究使用规范和协议，并按要求参加得克萨斯大学阿灵顿分校的数据隐私和安全使用的在线培训，获得课程数据使用前的人文学科科学保护培训证书；之后填写基于数据所要开展的研究内容申请表，并提交学校审核委员会审核（Institutional Review Board, IRB），获得使用批准，准许使用剔除学生个人信息的数据。因此，本研究后面的数据分析中将不会出现学生姓名、用户名等个人信息，取而代之的是 edX 平台为每个注册学生自动分配的 ID 号作为个体识别。

六、研究假设与研究变量

（一）研究假设

本研究包括以下四个方面的研究假设：

（1）MOOCs 学习环境下学习者的学习过程活动行为数据与最终的学习成绩结果相关联，基于学习活动过程数据能够预测最终学习结果（包括学习成绩、学习等级、是否获得课程证书）。

（2）个体学习活动在不同学习模块上存在偏好和差异，在学习结果预测上需要不同学习活动指标来共同预测和解释。

（3）在知识内容掌握和内化上，结合微视频学习和文本材料的学习方式会更有利于促进学习者对知识的理解和掌握。

（4）在学习互动分析上，整合学习者互动频度的定量分析和互动文本的内容分析更有助于分析出学习者的互动深度与贡献度。

（二）学习结果的操作性定义

本研究认定学习结果的最终表现形式是课程学习成绩和学习成绩等级；在预测分类分析过程中，将学习成绩等级作为学生的学习结果进行分析，在多元回归分析中将学习成绩作为学生的学习结果进行分析。两种分析方式所使用的数据值是一致的，两者的区别在于分类预测结果需要离散值，而回归预测分析结果需要连续值。

（三）研究变量

本研究所涉及的自变量是指能够预测学习结果且能产生不同预测效果的学习行为分析指标，它包括学习基础行为数据分析指标和学习行为有意义分析指标。由于选取的指标是不同种类分析要素，因此该实验操纵的自变量是类别变量，其实验类型属于因素型探索。因变量是学习者通过参与整个课程学习所获得的学习结果，具体表示为学生最终获得的课程成绩等级（用于分类预测）和分数（用于多元回归分析）。

需要说明的是，研究中所使用的第一门 MOOC 课程采用 cMOOC 与 xMOOC 的双层 MOOCs 课程教学设计，课程评价以学习者在 Prosolo 平台中所参与的基于问题讨论与解决的竞争力评价结果为依据，该评价方式以学习者在 Prosolo 平台上参与的问题讨论数量以及在互动过程中所做出的知识贡献为主要参考标准，其最后成绩由系统平台根据学生基于问题的讨论及其成果表现自动计算得出。第二门 MOOC 课程采用 xMOOC 教学设计，课程成绩评价包括基于小组协作的工程项目作品的设计（占总成绩的 40%）和综合期末作品（占总成绩的 60%），其中，工程项目作品由小组间互评打分并取均值，综合期末作品由同伴互评和教师评阅打分，教师评阅分占总成绩的 70%，学生评阅分占总成绩的 30%。

（四）数据说明与搜集

1. 数据说明

本研究采用 edX 平台上的两门 MOOC 课程数据进行分析。第一门 MOOC 课程是 Data, Analytics, and Learning，由得克萨斯大学阿灵顿分校的乔治·西蒙斯教授、卡耐基梅隆大学的卡罗琳·罗斯（Dr. Carolyn Rose）、爱丁堡大学的德拉甘·加塞维奇（Dr. Dragan Gasevic）和哥伦比亚大学的瑞安·贝克（Dr. Ryan Baker）等学习分析和教育数据挖掘领域的知名专家进行授课。课程注册人数为 18314，随着课程的开展，最后参与人数达到 20461，平均每周在 edX 上活跃的学习者人数在 1075～6369 之间，论坛中参与互动的人数为 464。尽管课程参与者较多，但最终只有 43 名学习者获得课程完成证书。

第二门课程是 Introduction to Engineering and Engineering Mathematics，该课程是一门工程类基础专业课程。课程注册人数为 24950，每周在 edX 上的活跃人数在 7510～11075 之间，论坛中参与互动的人数为 464，最终获得课程完成证书的人数为 210。从两门课数据的量来看，每周活跃学习者数较多，参与的群体较为广泛，满足学习分析需求。从两门课数据的质来看，课程学习者人数较多，但参与互动讨论和获得课程完成证书的学生数较少，这在一定程度上影响着数据的质量。后面将基于原始数据和分析要求对数据做清洗，以使分析结果逼近学习者真实的学习状态。

2. 自变量数据搜集

由于本研究选取两门课程数据对学习结果预测指标分别进行探索性分析和验证性分析，因此在自变量数据的划分上包括两部分内容：第一部分是应用第一门课程基础行为数据进行预测分析时所使用的自变量数据，包括视频学习时长、文本学习时长、互动参与时长、评价参与时长、视频学习次数、文本学习次数、互动参与次数、评价参与次数；在进行课程学习模块预测比较分析时所使用的预测变量数据包括视频模块（视频学习时长和视频学习次数）、文本模块（文本学习时长和文本学习次数)、互动模块（互动参与时长和互动参与次数)、评价模块（评价参与时长和评价参与次数)。以上数据包括每周统计结果和所有周次统计结果。第二部分是基于第一门课程基础行为数据探索后形成的六个学习结果预测进阶指标，并将其作为自变量数据，包括学习内容完成度、学习内容掌握度、学习互动参与度、学习互动贡献度、学习测评完成度、学习测评通过率。

3. 因变量数据搜集

在因变量数据的搜集上主要汇总参与课程学习者的最终课程学习成绩分数和学习成绩等级，由教师按照评价标准对学生的各部分学习表现进行计算得出。通过学习者的 ID 号，将自变量数据和因变量数据进行匹配整合，以便于后面开展具体的分析。

4. 自变量数据与因变量数据的分类对应关系

本研究在不同阶段通过分析不同自变量数据与因变量数据的对应关系来探索各指标的预测准确率，并验证模型设计的有效性，两者之间的分类对应关系见表 5-3。

表 5-3 自变量数据与因变量数据的分类对应关系

分析阶段	自变量数据	因变量数据	分析方法	研究目的
探索性分析	视频学习时长、文本学习时长、互动参与时长、评价参与时长、视频学习次数、文本学习次数、互动参与次数、评价参与次数	学生最终获得的课程成绩等级	预测分类算法	探索何种数据组合能够有较高学习结果预测准确率
	视频模块学习时长和学习次数、文本模块学习时长和学习次数、互动模块参与时长和参与次数、评价模块参与时长和参与次数	学生最终获得的课程成绩分数	相依样本 t 检验	探索不同学习模块在学习结果预测上的差异性
	学习内容完成度、学习内容掌握度、学习互动参与度、学习互动贡献度、学习测评完成度、学习测评通过率	学生最终获得的课程成绩分数与等级	多元回归分析	探索设计的学习分析指标与学习结果之间是否有相关性
			聚类分析	探索学习分析指标是否能够区分学习群体

续表

分析阶段	自变量数据	因变量数据	分析方法	研究目的
验证性分析	学习内容完成度、学习内容掌握度、学习互动参与度、学习互动贡献度、学习测评完成度、学习测评通过率	学生最终获得的课程成绩等级	属性选择分析	验证各指标在学习结果预测上的重要程度
			预测分类算法	验证各指标在学习结果预测上的准确率
		学生最终获得的课程成绩分数	逐步多元回归分析	得出能够显著预测学习结果的分析指标和计算方程式

七、数据清洗与预处理

（一）数据清洗

采用 R 工具对数据进行以下五方面的逐步清洗：

（1）过滤注册课程但并未参与任何课程学习的学生数据。

（2）过滤未参与每周课程学习的学生数据，这里将每周至少参与某一学习模块（视频学习、文本学习、互动交流、测评作业）认定为参与课程学习。

（3）过滤课程辅导教师所产生的学习记录数据和论坛发帖内容。

（4）在文本数据上，对学生回复内容与主题完全一样的帖子进行剔除；在主题筛选上，选择有明确讨论内容的主题作为分析来源，由于学生在讨论过程中会有基于其他学生回复的讨论，而讨论内容有可能会偏离最初的主题，因此将教师发布的主题讨论和学生最初发表的回复内容作为分析对象。

（5）按照学习个体的不同操作行为类型（访问时间、访问内容、访问次数、回复内容、点赞数等）对数据进行格式化。

（二）研究工具

1. Weka

在预测分析和后聚类分析方面，采用 Weka 工具进行数据挖掘和分析。Weka 是一个包含数据处理、学习算法和评价方法的数据挖掘和机器学习软件。在学习结果预测上，通过机器学习方式可以进行较为有效的分析。依托该工具，不仅可以对已有的数据集进行训练分析得到模型，进而对新数据集进行预测，而且可以通过使用不同的学习分析器进行比较分析，并选择性能优良的算法进行预测。在分析类型上，采用有监督的学习，即对通过给定的输入和输出数据集，学习两者之间的映射关系，从而实现预测分析。在分析思路上，采用属性选择对数据中的组合进行搜索分析，以找到能够实现较好预测效果的分析指标。

2. Semilar

在互动内容相似度的分析上，使用 Semilar 工具对互动主题和发帖内容进行分析。在文本内容数据的提取上，使用 Python 编程语言工具提取 MOOC 互动论坛中的文本内容，并转化成 txt 文本文档。分析步骤如下：

（1）运行 Semilar 工具，点击项目工程文件按钮载入分析文档。

（2）在数据视窗中检查两列文本内容，确定是否准确导入文本。

（3）处理文本内容，处理过程包括标记化、词的基本形式的提取、词性标注和句法分析。

（4）计算语义相似度，各参数配置包括标记项选择"停词标记"、重叠方法选择"转换文本频次"、标准化分数选项选择"最大值"、配对方法选择"二次分配"，配置结果如图 5－1 所示。

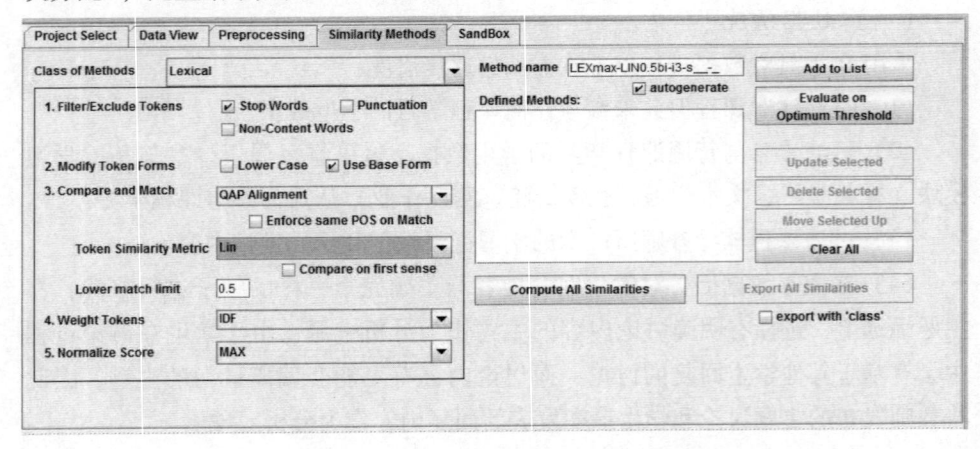

图 5－1　Semilar 工具的分析参数配置

3. SPSS

采用 SPSS 检验各分析模块样本数据之间是否存在显著性差异，为学习结果预测指标提供设计依据。对学习者样本数据进行分析得出学习结果预测回归模型的方差分析，在此基础上采用逐步多元回归分析法，了解进入回归方程式的预测指标对学习结果预测的解释力是否达到显著。

(三) 数据预处理

对 Weka 使用的数据在预处理上包括以下三个环节：

(1) 在学习结果上，提取学习者的学习成绩等级数据，使该数据类型具有标称型属性，其余数据采用连续型数值。

(2) 将原始数据文档格式转换成可识别的 ARFF 格式文件。

(3) 在属性处理面板上移除学生 ID 信息。由于各行为指标数据在总量上存在较大差异，因此后面在分析具体内容时标明各部分分析样本数据。

在学习时长的预处理上需要对其设定一个阈值，即超过该阈值的被认定为是离开学习任务，处于非学习状态。设定该值的原因是考虑到学习者在网络学习中的认知行为习惯，即在某一具体知识点中不会长时间一直停留不动，而学习时间较长通常是由学习者离开学习任务进行其他网络活动以及学习者关掉浏览器但未注销账号造成的。

在时间阈值设定和估计上，研究者门分别提出不同的对策，例如格拉贝（Grabe）和西格勒（Sigler）使用多种启发式探索进行时间估计，所有超过 3 分钟的学习行为时间将被替换成 2 分钟，在选择题的操作行为时间上最高设定为 90 秒，每一个模块的最后活动时间被估计成 60 秒[①]。瑞安·贝克将超过 80 秒的活动时间认定为脱离活动行为时间[②]。维托米尔·科瓦诺维奇（Vitomir Kovanovic）等通过对不同时间估计进行对比分析，认为短时间的时间估计和阈值设定对分析结果并没有产生显著影响，反而会对长时间学习者的活动行为分析进行干扰，进而影响分析结果，通过实际对比分析发现，将单周模块时间估计阈值设定为 30 分钟可以在不影响分析结果的前提下尽可能还原学习者的行为状态，发现学习者之间的行为差异[③]。于是，本研究将每周模块学习行为时间阈值设定为 30 分钟，超过该时间的学习活动时间将被替换。这里仅对原始数据进行预处理，后面在开展具体内容分析时将进一步提取有意义数据以开展更为有效的分析。

[①] GRABE M, SIGLER E. Studying Online: Evaluation of an Online Study Environment [J]. Computers & Education, 2002, 38 (4): 375 – 383.

[②] BAKER R S J. Modeling and Understanding Students´Off – Task Behavior in Intelligent Tutoring Systems [C] // ROSSON M B, GILMORE D, et al. CHI' 07: Proceedings of the SIGCHI Conference on Human Factors in Computing Systems. New York: ACM, 2007: 1059 – 1068.

[③] KOVANOVIC V, GAŠEVIC D, DAWSON S, et al. Does Time – on – task Estimation Matter? Implications on Validity of Learning Analytics Findings [J]. Journal of Learning Analytics, 2015, 2 (3): 81 – 110.

对文本数据的预处理主要是将文本进行格式化以满足 Semilar 工具的分析需求。该工具默认的数据定义格式如下：

5 columns：class id1 id2 text1 text2

3 columns：class text1 text2

2 columns：text1 text2

1 columns：text1

本研究将选取 5 栏格式，为方便查看 id 与对应文本，将两者进行交错排列，具体定义格式见表 5 - 4。

表 5 - 4　Semilar 工具的文本数据定义格式

Class	id	text	id	text
1	01	This is the first text	02	Here is the second text

第四节　学习结果预测模型设计

下面将首先阐述学习结果预测研究的设计取向，把握住其核心设计理念。之后基于前面提出的个性化分析模型中的学习结果，阐述 CIEO 学习结果预测思想，并据此设计工作模型和分析流程。

一、学习结果预测分析思想

学习结果预测分析不仅需要相应的学习理论和设计取向提供支持，还需要学习分析思想提供支撑，以便能够指导学习结果预测分析的结构设计和分析流程。该部分主要分析 MOOCs 学习环境下的三方面要义，并阐释 CIEO 学习结果预测分析思想。

（一）MOOCs 环境下的学习过程与学习结果阐述

1. 学习过程三要义阐述

传统的教授主义认为，教师是大量陈述性知识和程序性知识的拥有者，其目标是将这些知识传递给学习者。而基于认知心理学、社会学和计算机科学所形成的学习科学对学习过程做了更为科学的探索，认为要促进更好的学习，需要学习者积极参与到学习过程口并更深刻理解概念的重要性①。学习科学关注的焦点是学习环境正在发生什么，以及这些内容和变化是如何改善学习绩效的②。学习科学认为，当学习者外化自己掌握的知识并表达自己的观点时，学习效果会更好。而 MOOCs 学习环境的出现应当在满足传统环境下学习需求的基础上，更注重促进学习者对概念的理解和应用。MOOCs 学习环境下学习过程的第一要义是知识学习，帮助学习者掌握基本知识。当前网络学习资源的演变形式只是为了在更符合学习者认知特征的基础上帮助学习者更有效地掌握知识，但传递知识本身的特征并未改变，如交互式微视频的应用期望是通过围绕某一知识点的短小精悍视频帮助学习者理解知识并通过少量练习题进行检测，游戏化学习期望将知识学习与游戏相结合，通过寓教于乐的方式学习知识内容。

当学习者通过视频和文本材料完成知识点内容的学习之后，需要通过师生或生生互动交流来解除知识学习过程中的疑惑。伯纳德（Bernard）等研究者认为教学的顺序是至关重要的，教学的实施应先始于学习者与内容的互动，在此互动中，学习者通过与内容的互动先生成新知识，然后投入到有意义的、合理的学习者学习者与学习者的互动中③。在 MOOCs 学习过程中，学习者之间的互动交流可以将自己内化的知识外化表达以促进其对概念的理解，同时满足学习社群交流的需求。在 MOOCs 学习环境下，学习过程的第二要义是学习互动，通过社群交流和问题讨论，可以帮助学习者对知识进行意义建构，促进学习者对知识概念的深层理解。MOOCs 学习平台在互动交流方面的发展方向应当是在社群网络分析的基础上，结合学习者知识掌握情况，为其推荐能够进一步促进其知识发展和理解的其他学习个体或社群，而不应当仅是揭示学习者的社会网络关系。

当学习者完成知识学习和交流讨论之后，还需要通过测评对学习者掌握知识情况进行分析，从教与学的流程来看，是知识传递到知识内化的过程。在 MOOCs 学习环境下，学习过程的第三要义是学习测评，通过不同形式和内容的测评促进学习者的知识内化。新型网络学习平台将利用学习数据突出测评的个

---

① BRANSFORD J D, BROWN A L, COCKING R R. How People Learn: Brain, Mind, Experience, and School [M]. Washington D. C.: The National Academy Press, 1999: 23 – 24.
② CAMBRIDGE UNIVERSITY. The Cambridge Handbook of the Learning Sciences [M]. Cambridge: Cambridge University Press, 2005: 11 – 12.
③ BERNARD R M, BETHEL E C. A Meta – Analysis of Three Types of Interaction Treatments in Distance Education [J]. Review of Educational Research, 2009, 79 (2): 1243 – 1289.

性化和自适应[1][2][3]，如 Knewton 个性化网络学习平台可以针对学习者在测评中的答题情况进行自适应推荐。

上述三方面的学习活动过程是相互渗透和贯穿的，即学习者在知识学习过程中可能会穿插测评和互动交流，在测评过程中会根据结果建议学习者返回学习某个知识点，以及需要跟哪些同学做互动交流。MOOCs 学习环境下的新型学习是在基于学习行为数据分析的基础上形成以学习活动过程为导向，以掌握学习为目标的，以个性化学习路径为特征的非线性学习方式。

2. 学习结果阐述

学习结果是衡量学习者学习成效的主要方式，而 MOOCs 学习环境下学习结果的测量则需要形成性评价的支持。已有的基于网络的评价系统侧重某一方面的内容评价，如 E – ASSISTment 支持教师基于网络对学习者数学测试进行过程评价[4][5]，ACED（Adaptive Content with Evidence – based Diagnosis）通过创建自适应诊断系统评价学习者的知识和技能[6][7][8]。然而，MOOCs 学习环境下的学习活动涉及内容学习、互动交流和练习评测，某一方面的学习行为表现并不能准

---

[1] RANI M, NAYAK R, VYAS O P. An Ontology – Based Adaptive Personalized E – Learning System, Assisted by Software Agents on Cloud Storage [J]. Knowledge – Based Systems, 2015, 90 (12): 33 – 48.

[2] RUIPéREZ – VALIENTE J A, MUÑOZ – MERINO P J, LEONY D, et al. ALAS – KA: A Learning Analytics Extension for Better Understanding the Learning Process in the Khan Academy Platform [J]. Computers in Human Behavior, 2015, 47 (6): 139 – 148.

[3] DORÇA F. Implementation and use of Simulated Students for Test and Validation of new Adaptive Educational Systems: a Practical Insight [J]. International Journal of Artificial Intelligence in Education, 2015, 25 (3): 319 – 345.

[4] FENG M Y, HEFFERNAN N T, KOEDINGER K R. Addressing the Testing Challenge with a Web – Based e – Assessment System that Tutors as it Assesses [C] //Proceedings of the 15th International Conference on World Wide Web. New York: ACM, 2006: 307 – 316.

[5] KOEDINGER K R, MCLAUGHLIN E A, HEFFERNAN N T. A Quasi – Experimental Evaluation of an On – Line Formative Assessment and Tutoring System [J]. Journal of Educational Computing Research, 2010, 43 (4): 489 – 510.

[6] SHUTE V J, GRAF E A, HANSEN E G. Designing Adaptive, Diagnostic Math Assessments for Individuals with and without Visual Disabilities [J]. ETS Research Report Series, 2006, 5 (1): 25 – 37.

[7] MISLEVY R J, STEINBERG L S, ALMOND R G. Focus Article: on the Structure of Educational Assessments [J]. Measurement: Interdisciplinary Research and Perspectives, 2003, 1 (1): 3 – 62.

[8] SHUTE V J, VENTURA M. Stealth Assessment: Measuring and Supporting Learning in Video Games [M]. Cambridge, MA: The MIT Press, 2013: 503 – 504.

确反映其真实的学习结果,应当综合其学习行为过程进行评定,并提供有效的学习反馈,而不仅是学习结果判断。

MOOCs 学习环境下的形成性评价在评价角色、评价频率、评价内容和反馈等方面相对于传统形成性评价都有所不同①。在评价角色上应围绕学习者的学习特征而展开,侧重分析学习者的个性特征和学习成长;在评价频率上应当是对学习活动过程行为的连续性记录,而非间接性评价;在评价内容上要对学习者的各方面内容进行结构性分析和立体化评价,以真实了解其学习状况;在学习反馈上,依据学习诊断结果为学习者提供改善学习成效的学习反馈,以促进学习者进一步发展②③④⑤。学习结果的测量将依据上述评价方面进行分析,并以结果判断和建议反馈的方式作为结果输出。

综上所述,MOOCs 学习环境下的学习结果是以学习内容、学习互动和学习评价为过程依据,以学习成效和基于个体特征的学习建议为结果输出的立体化学习表现。

(二) 基于证据的学习行为分析指标阐述

1. 学习内容分析指标

有关知识工作者的科学研究表明,专门知识包括陈述性知识和程序性知识。教授主义的目标就是将两种类型的知识传授给学生,而检验教学成功与否的方法是测试学生获得了多少陈述性知识和程序性知识⑥。从学生学习的视角来看,当学生积极参与到学习活动中来时,其对概念的理解会更深刻⑦。在 MOOCs 学习内容活动中,学习者表现为两种取向:一是行为取向,表现为参与课程内容

---

① SHUTE V J. Tensions, Trends, Tools, and Technologies: Time for an Educational Sea Change [J]. ETS Research Report Series, 2006 (1): 32 – 49.
② BELCADHI L C. Personalized Feedback for Self – Assessment in Lifelong Learning Environments Based on Semantic Web [J]. Computers in Human Behavior, 2016, 55 (2): 562 – 570.
③ DUNLOSKY J, RAWSON K A. Do Students Use Testing and Feedback While Learning? A Focus on Key Concept Definitions and Learning to Criterion [J]. Learning and Instruction, 2015, 39 (10): 32 – 44.
④ RITZHAUPT A D, KEALY W A. On the Utility of Pictorial Feedback in Computer – Based Learning Environments [J]. Computers in Human Behavior, 2015, 48 (7): 525 – 534.
⑤ VALDEZ A. Computer – Based Feedback and Goal Intervention: Learning Effects [J]. Educational Technology Research and Development, 2012, 60 (5): 769 – 784.
⑥ [美] 索耶. 剑桥学习科学手册 [M]. 徐晓东,等译. 北京: 教育科学出版社, 2013: 2 – 3.
⑦ 高文,等. 学习科学的关键词 [M]. 上海: 华东师范大学出版社, 2009: 194 – 195.

学习，完成学习视频和材料的观看与阅读；二是认知取向，表现为关注知识的理解和建构，形成对知识的内化。对这两种取向的进一步解析可以形成学习内容的两个分析指标：一是学习内容完成度，检测学习者是否完成了学习材料的阅读；二是学习内容掌握度，检测学习者是否对学习材料有进一步理解和领会。基于这两个指标来对学习者的网络课程内容学习情况进行判断。

2. 学习互动分析指标

远程教育/网络学习文献对于互动的重要性具有高度一致的认可①。互动一般包括三种类型：学生之间的互动、教师和学生之间的互动、学生和课程内容之间的互动。本研究中的互动限定为个体之间的行动，包括学生之间的互动和师生之间的互动。在MOOCs中设计互动方案将对学生的学习产生积极影响，但是否可能产生更大、更持续一致的积极效果还需要进一步探索。有指导的、聚焦的、有目的的互动不仅要考虑互动的频度，还要考虑互动是否有效。当学生参与互动并抛出自己的看法时，就会产生互动的能量以及能量朝向目的的方向②。基于上述分析，我们可以解析出互动中两种主要分析指标：一是反映互动参与的意向，即互动参与度；二是反映互动参与的质量，即互动贡献度。通过这两个指标可以对学生互动的整体情况进行评判。

3. 学习评价分析指标

学习评价是教与学活动中的一个重要环节，评价内容以及如何评价在一定程度上影响着教学过程③。评价被理解为对知识获得和努力程度的直接测量，为了实现有意义的深度学习，评价需要与预期的学习结果相一致④。MOOCs环境下的学习评价既注重学生的总结性评价，更关注学生的形成性评价。对学生过程性评价结果的分析有助于发现其与最终学习结果的线性关系，进而为学习结果预测提供指标分析来源。然而，网络学习时代下评价的发展性不仅体现在评价的过程性上，更体现在学习者的个性化上，其本质存在于学习者通过终端设备进行学习活动的个人交互中。在当前MOOCs学习环境下，由于学习评价主要是对学生平时进行的单元练习和作品进行测评。因此，对学习评价需要关注两

---

① [美] 莫勒, 休特. 无限制的学习：下一代远程教育 [M]. 王为杰, 译. 上海：华东师范大学出版社, 2015：74-75.

② BERNARD R M, BETHEL E C. A Meta-Analysis of Three Types of Interaction Treatments in Distance Education [J]. Review of Educational Research, 2009, 79 (2): 1243-1289.

③ [美] 斯佩克特, 等. 教育传播与技术手册 [M]. 第三版. 任友群, 焦建利, 刘美凤, 等译. 上海：华东师范大学出版社, 2012：678-679.

④ RAMSDEN P, RAMSDEN P, RACE P, et al. Learning to Teach in Higher Education [M]. 2nd Edition. London: Taylor & Francis Group, 2003: 45-46.

个基本点：一是学习者是否参与测评，这里用测评完成度来表示；二是学习者是否掌握知识点，这里用测评通过率来表示。通过学习者测评完成结果情况对学生的形成性评价进行监测。

（三）学习结果预测分析思想

在MOOCs学习环境下，学习者的典型活动特征主要体现在学习知识内容、学习互动交流和学习测评考试三个方面，而学习者的个性化学习特征将影响这三方面的学习活动过程，并最终作用到学习结果上。基于前面对MOOCs学习环境下的学习过程三要义与学习结果阐述，以及对基于证据的学习行为分析指标阐述，我们提出CIEO学习结果预测分析思想，CIEO分别是学习内容（Learning Content）、学习互动（Learning Interaction）、学习评价（Learning Evaluation）和学习结果（Learning Outcome）的首字母，其中，学习内容、学习互动和学习评价共同预测学习结果。在学习内容上，通过学习内容完成度和掌握度进行分析；在学习互动上，通过互动参与度和贡献度进行分析；在学习评价上，通过测评完成度和通过率进行分析。分析维度和指标及其之间的关系如图5-2所示。CIEO学习结果预测思想的核心在于基于学习过程中的关键活动和主要环节预测学习者的最终学习表现。其优势在于通过整合学习基础行为数据形成有意义学习分析指标进行预测，同时基于个性特征和学习活动表现为其学习推荐提供科学依据，最终目标是改善学习结果，而不仅是预测学习结果。

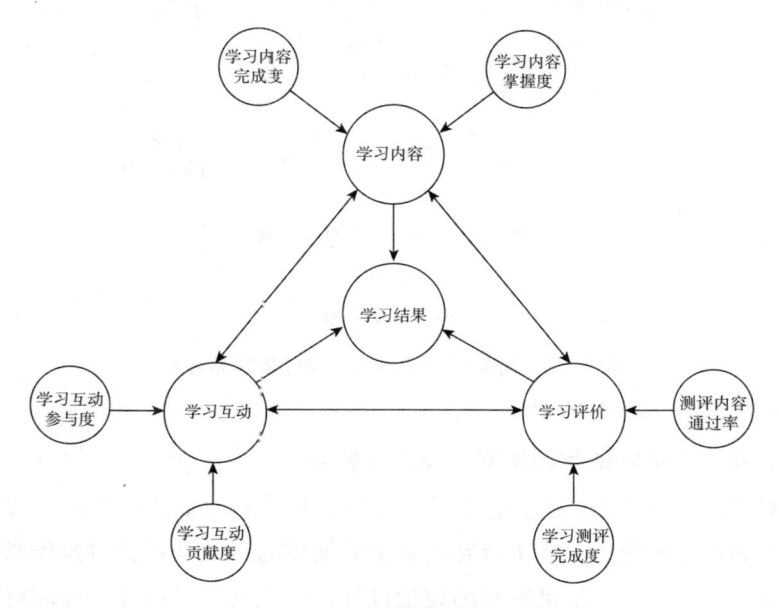

图5-2 CIEO学习结果预测分析思想

二、面向学习结果的学习过程行为数据分析

学习过程行为是学习结果预测分析的主要依据,也是不同学习活动的具体体现。MOOCs学习活动包括视频点播学习、互动交流、学习资源下载、在线阅读文档和测评与考试,各自所产生的学习行为如图5-3所示。其中,视频点播学习、资源下载和在线阅读属于学习内容活动,该部分的行为分析是了解学习者在内容学习上的完成情况与得分,并判定其知识掌握量,为个性化学习分析提供支持。讨论交流属于学习互动活动,该部分的行为分析是了解学习者的社交群体网络与贡献度,为个性化社群分析提供支持。作业与考试属于学习评价活动,该部分的行为分析是了解学习者的知识掌握度。通过上述分析,可以对学习者的学习行为进行定量分析和分数转化,从而实现对个性化学习、学习活动和学习结果的关联性分析。

图 5-3 面向学习结果的学习过程行为分析

三、基于 CIEO 的学习结果预测工作模型

在对学习结果预测分析思想和学习行为数据分析之后,需要对学习结果预测的工作模型进行设计,以便为后面基于数据集的行为分析提供操作指导。该部分将进一步深入学习结果预测的理论设计,形成具有可指导、可理解和可操作的系统化预测工作模型。

依据学习理论、个性化学习模型和 CIEO 思想的分析，我们提出了基于 CIEO 的学习结果预测工作模型，该模型包括以下两点原理：第一，学习结果是由学习内容、学习互动和学习评价共同作用和影响的，通过对这三面进行分析来预测学习结果；第二，学习结果要通过具体的学习行为数据和分析指标进行预测分析，并为其提供个性化信息反馈。

整个工作模型设计如图 5-4 所示，包括理论层、参与层和行为层，其中，理论层包括个性化学习理论、项目反应理论和社会认知理论，分别对参与层中的学习内容、学习互动和学习评价进行指导；参与则是对参与层中的学习活动内容进行行为分析，为学习结果的预测和个性化分析提供指标依据；行为层的设计遵循"目标—过程—结果"的分析思路，形成与学习内容、学习互动和学习评价的层级对应。在操作层面上，按照"设计—分析—记录"思路进行实践。整个设计通过层层迭代、内容对应、相互关联实现学习结果的预测分析。

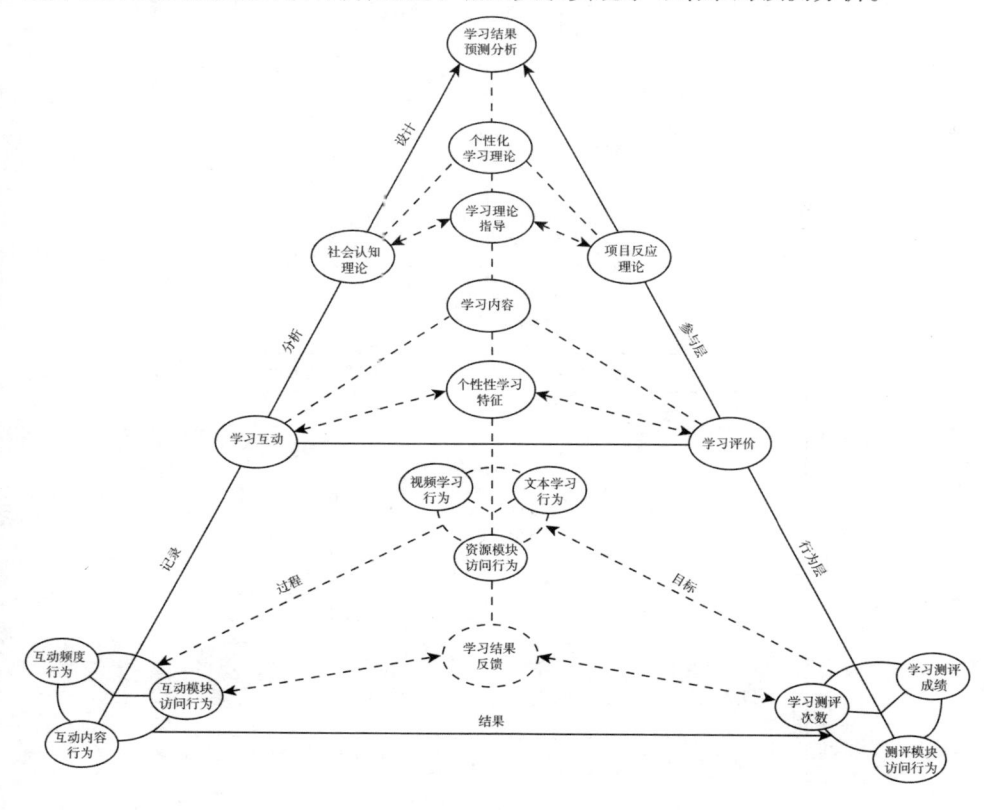

图 5-4 基于 CIEO 的学习结果预测工作模型

四、基于学习行为数据的学习结果预测分析流程

学习结果工作模型为后面的预测分析提供了理论指导,而要对实践中的操作分析提供指导,还需设计预测分析流程。基于前面对学习内容、学习行为数据和学习结果的分析,我们设计了基于 MOOCs 学习行为数据的学习结果预测分析流程,如图 5-5 所示。该模型包括学习内容分析、学习行为分析和学习预测

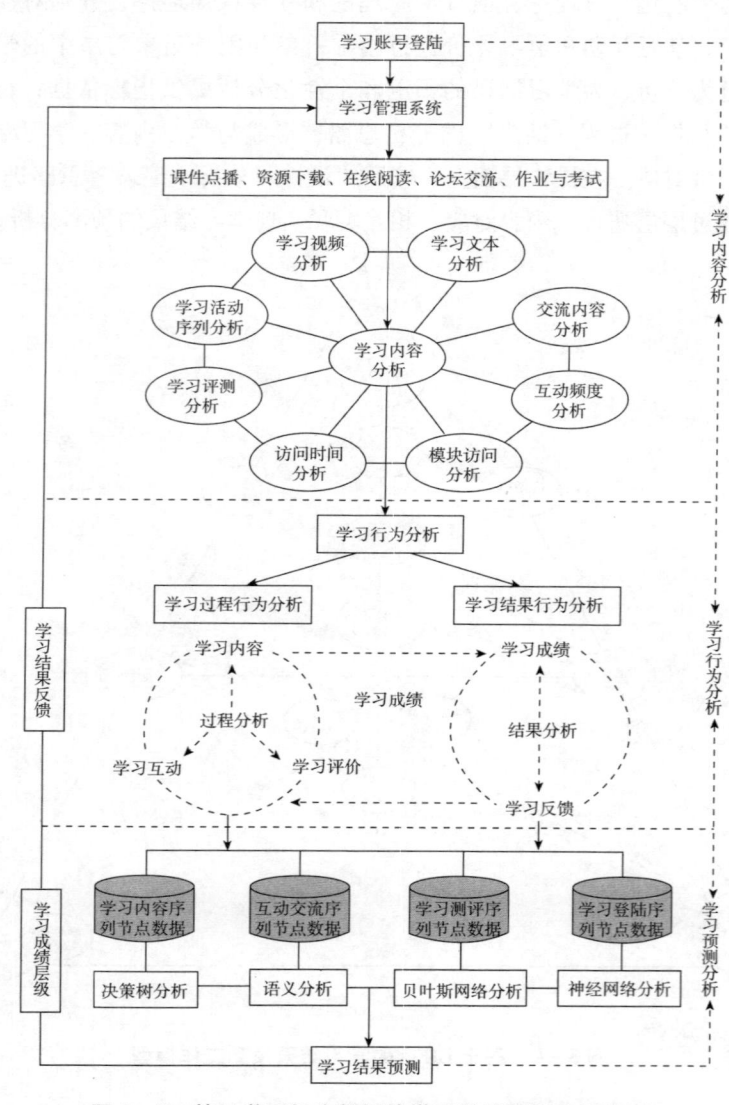

图 5-5 基于学习行为数据的学习结果预测分析流程

154

分析三个模块。其中，学习内容分析主要从学习者在 MOOCs 学习平台中的课程内容学习模块及其评价内容进行分析；学习行为分析主要基于学习模块对学习活动行为和学习结果行为进行分析；学习预测分析依托不同层面的学习活动行为数据，基于行为内容进行语义分析，基于行为数据采用决策树、贝叶斯网络和神经网络进行预测分析，并将分析结果反馈到学习管理系统中。该分析流程基于学习活动和学习结果两方面所涉及的学习行为数据，从学习内容和行为中选取能够表征和反映其结果的测量指标，并分析各指标在预测学习结果上的权重和预测准确率。

第五节　学习结果预测指标设计与评估

一、学习结果预测分析算法及其特征

为了便于区分结果优劣，本研究中将采用分类模式进行预测分析。在进行分类前，数据集将被划分成训练集和测试集，前者的作用主要是通过数据分析形成模型，后者是利用数据集验证构造的模型。而在构建分类模型上，常用的有决策树、贝叶斯分类器和神经网络分类等。

决策树包括决策节点、分支和叶节点三个部分，其分析思路是从树的根节点开始自上而下沿分支进行分析，最后到达叶节点，而叶子节点的类别即是未知数据类别。在分析算法上采用 C4.5 算法，该算法的分析过程包括以下五个环节：第一，计算数据集的信息熵，即 Entropy$(S) = -\sum_{i=1}^{m} Pi log2 pi$，其中，S 为训练集，P 为含有 m 个类别属性在数据样本中出现的频率；第二，通过属性对 S 划分信息熵，即 Entropy$_A(S) = \sum_{i=1}^{k} \frac{|Si|}{|S|} Entropy(S)i$，其中，$|S_i|$ 和 $|S|$ 是 S_i 和 S 中所涵盖的样本数；第三，按属性划分数据集的信息增益，即 Gain(S, A) = Entropy(S) − Entropy$_A(S)$；第四，计算属性的分裂信息，SplitE$(S) = -\sum_{i=1}^{k} \frac{|Si|}{|S|} log2 \frac{|Si|}{|S|}$；第五，计算属性的信息增益率，GainRatio$(A)$

$=\frac{Gain(A)}{SplitE(A)}$ ①。通过上述公式计算不同分支的取值和子树，最后得到决策树。在实际分析中，利用 Weka 分析工具加载数据集文件，在 Classy 面板中选择 J48 分类器，测试选项中选择交叉验证（十折），该选项将自动将数据集按比例进行切分形成训练集和测试集，以对预测模型进行验证。

贝叶斯网络推理的主要目标是依据观察节点的数据值对隐藏节点的数据值进行估计。在预测分析原理上是从根节点出发自顶向下推理完成预测，其分析规则是 P（X|y）= $\frac{P(y|X)P(X)}{P(y)}$，其中，X 为隐藏的节点，y 为分析观察到的数值，大写字母表示实例中的随机变量，小写字母表示实例的采样值。从理解的意义上来看，该公式可以改成：后验概率 = $\frac{条件似然 \times 先验概率}{似然}$。在具体的贝叶斯网络分类算法中，将采用朴素贝叶斯分类器算法。在 Weka 中，贝叶斯算法在含有标称属性以及无缺失值的条件下学习贝叶斯网络。在实际分析中，在 Weka 分类面板中选择 NaiveBayes 分类器，并设置十折交叉验证测试选项进行分析。

在神经网络分析上，采用 BP 神经网络进行探索。在实际分析中，在 Weka 分类面板中选择 MultilayerPerceptron 分类器，并在通用对象编辑器中将 GUI 设置成 True。在参数配置上，通常迭代趟数（Epochs）、学习速率（Learning Rate）和动量（Momentum）会影响训练结果，其中，模型构建时间和迭代次数参数值成正比关系，但当重复迭代次数达到一定程度后，会造成过度拟合，鉴于本数据集量较小，将迭代次数的参数值设为 500。学习速率参数控制迭代次数的跳跃距离，该值过大会错过最优点，太小则会降低分析性能，这里保持默认值 0.3。动量值是为了增加波动的阻尼，即对训练集进行反复计算，为保证其螺旋式上升，逐渐缩小误差，这里将其设定为 0.2。后面将依据上述参数设置进行分析。

二、学习结果预测指标设计依据

预测分析指标的设计离不开学习行为基础数据和不同学习模块数据的支持。在设计学习行为有效指标之前，需要了解学习基础行为数据是否能够预测学习结果以及怎样的数据类型及整合能够较好地预测学习结果。该部分以双层 MOOC 为研究对象，对不同类型的学习基础行为数据和学习模块数据进行分析，

---

① 袁梅宇. 数据挖掘与机器学习——WEKA 应用技术与实践 [M]. 北京：清华大学出版社，2014：64-65.

从而探索出能够有效预测学习结果的基础数据和学习模块组合,为后面的预测分析指标设计提供实证依据。

(一) 整合 cMOOC 和 xMOOC 的双层 MOOC 课程介绍

在对试验 MOOC 课程学习行为数据进行分析之前,首先介绍一下该课程的背景信息和教学设计思路。该课程名称为 *Data, Analytics, and Learning*,是在 edX 平台上发布的面向世界范围内学习者免费开放的一门在线课程。近年来,随着网络学习的日渐普及和教育大数据的快速发展,以改善学习体验和成效为使命的学习分析开始引起研究者、管理者和教师等不同教育人群的广泛关注。尽管学习分析还尚未对教育产生较大范围的影响,但是一些软件公司、研究者和领导者已经开始重视教育大数据的价值,并开始了实践探索。该课程正是在这样的背景下开设的,内容包括学习分析领域介绍、学习和使用教育数据挖掘工具、如何开展社会网络分析、聚类和预测分析、教育文本分析和挖掘以及如何保护学生隐私和权利等。课程教学团队由学习分析和教育数据挖掘领域的知名专家组成,包括得克萨斯大学阿灵顿分校的乔治·西蒙斯教授、卡耐基梅隆大学的卡罗琳·罗斯、爱丁堡大学的德拉甘·加塞维奇和哥伦比亚大学的瑞安·贝克。

该课程采用多种学习路径方式为学生提供学习内容,允许学习者根据个人学习兴趣采用不同的路径学习课程内容,以满足初学者、高级学者等不同学习基础的学习需要。在教学设计上,结合 cMOOC 和 xMOOC 的各自优势进行设计。xMOOC 侧重知识传递,学习者采用自我导向学习方式进行学习,而 cMOOC 侧重以社交或群组交流进行学习和问题解决。马特·克罗斯林(Matt Crosslin)等决定采用双层设计思想,一层以教学为中心,满足学习者的知识学习需求;另一层以联通为中心,满足学习者互动交流和群组讨论的社交需求。学习者可以在任何时间选择其中的路径进行学习,例如,如果学习者已经掌握第一周的学习内容,那么他们可以选择到联通层与其他学习者开展主题交流,以进一步促进知识内化。基于 cMOOC 和 xMOOC 的双层 MOOC 教学设计思路如图 5-6 所示,学习者从左边开始自主决定进入哪一个课程模式内容,上面的 cMOOC 课程内容以学习者为中心,通过群组讨论方式开展基于问题的学习,下面的 xMOOC 是以教学为中心,通过教学模块满足学习者的知识学习,这两种课程模式内容之间可以实时切换,支持学习者根据个人学习情况进行学习,最终目标是帮助学习者完成课程内容。通过对教学设计的分析可以查看教学条件和模式其是否对学习者学习成效产生影响。

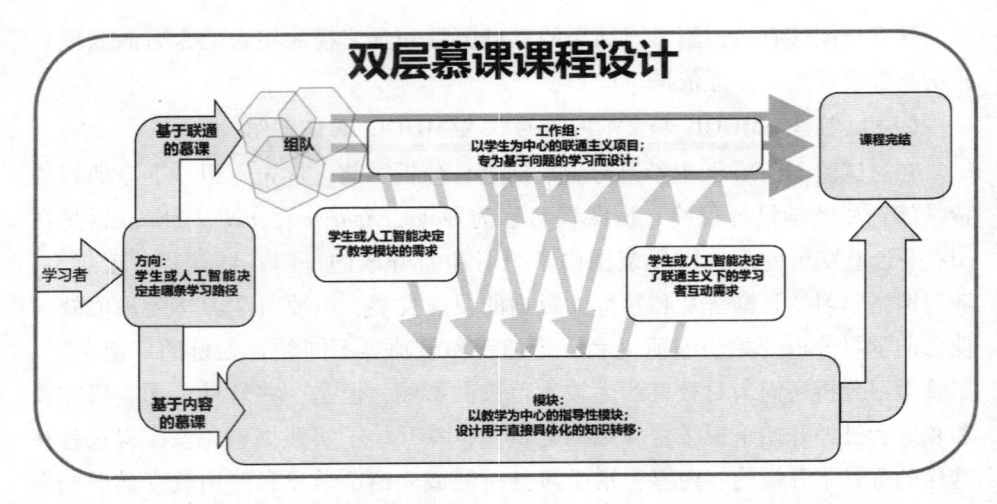

图 5-6　基于 cMOOC 和 xMOOC 的双层 MOOCs 教学设计思路

依据双层教学设计理念，该课程提供 ProSolo 和 edX 两个平台进行学习和交流，如图 5-7 所示。每周课程内容更新时会给学习者发送邮件提醒，左边平台满足学习者开展基于问题解决的小组讨论，右边平台为学习者提供知识内容传递和学习支持服务。该课程学习材料涉及微视频、文本材料、软件工具练习和课程作业等。学习者平均年龄为 31 岁，50.2% 的参与者年龄在 26~40 岁之间。参与者来自 181 个国家，其中，学习者数目占前三位的国家是美国、印度和英国，占总人数的 48%。在学习者性别上，72.5% 为男性，27.3% 为女性。在教育水平上，39% 的人拥有本科学历，46% 的人拥有研究生学历。许多学习者对该课程采用不同的路径设计较为感兴趣，能够满足不同学习水平和学习兴趣的需求。由此可见，该课程可以作为指标分析的实验对象。

（二）学习基础行为数据预测比较分析

当前 MOOCs 平台能够记录学习者的鼠标点击流数据，而在这些数据中，时长和次数是两项重要的数据类型。该部分主要分析哪种数据类型更能有效预测学习结果以及不同预测分类算法的预测效果。在学习结果的评判上，由于预测分析算法以标称型属性作为预测的类别变量，因此以学习者成绩等级作为最终学习结果判定。在样本数的统计上，由于部分学习者在课程学习中并未保持较好的持续性，学生量在不同周次内存在差异，而第一周的课程学习比较活跃，因此，将选取第一周既学习视频又参与其他学习模块的学习者作为分析样本，共获得样本数为 1181。在样本均值的差异比较上，因时长数值远高于次数值，故这里不做两种类型指标的显著性差异分析。为了了解不同数据类型独立和综

图 5-7　DAL MOOC 课程使用平台

合预测效果，在分析学习时长和次数的预测准确率时，对所有行为指标进行分析以作为参照，预测评估策略选择十折交叉验证，分析结果见表 5-5。

表 5-5　学习基础行为数据的预测比较分析

组别	学习基础行为数据	预测分析算法	预测准确率（%）	RMSE
实验组	视频学习时长、文本学习时长、互动参与时长、评价参与时长	决策树	91.9068	0.2488
		朴素贝叶斯网络	92.0294	0.2731
		BP 神经网络	93.2557	0.2201
实验组	视频学习次数、文本学习次数、互动参与次数、评价参与次数	决策树	95.8308	0.1722
		朴素贝叶斯网络	94.6045	0.2192
		BP 神经网络	96.1373	0.1632
对照组	全集	决策树	95.7695	0.1792
		朴素贝叶斯网络	93.7462	0.2399
		BP 神经网络	96.6278	0.1561

预测准确率的误差通过均方根误差值（Root Mean Squared Error，RMSE）来评判，该值通过样本离散程度来反映预测的精密度，其值越小，表示测量精度越高。在预测准确率上，大样本预测值要高于小样本预测值，说明预测准确率与样本数量呈正相关，各指标的 RMSE 值在 0.1561～0.2488 范围内，测量精度尚可。在数据类型的预测准确度上，学习次数的预测效果要好于学习时长，平均预测准确率较高，且 RMSE 值较低。学习时长和学习次数的整体预测效果与学习次数较为接近。在预测分析算法的比较上，尽管朴素贝叶斯网络对学习时长的预测准确率要高于决策树，但整体而言，BP 神经网络预测准确率最高，决策树的预测效果要好于朴素贝叶斯网络。有研究分析表明，在学习表现的估计上，学习时间在学习表现预测上发挥着重要作用，然而采用特定的时间估计策略会使模型过度拟合，进而影响对研究结论的解释。尽管学习次数预测准确率高于学习时长，但时长数据仍需要作为学习结果预测上的重要组成部分。综上所述，基于学习基础行为数据能够预测学习结果，同时整合学习时长和学习次数的学习数据预测效果较好，这为后面学习行为指标的计算设计提供了支持。

（三）课程学习模块数据预测比较分析

MOOCs 教学设计者为学习者提供了不同类型的学习材料和服务支持，为了了解不同学习模块在学习结果预测上的效果，按学习者参与的活动模块划分学习行为数据。由于不同模块中涵盖的指标类型数据一样，因此在进行预测分析之前，需要检验各模块样本数据之间是否存在显著性差异。通过对样本的均值统计分析可知，各模块均值由高到低排序为文本、评价、视频和互动。在显著性差异比较上，采用相依样本 t 检验进行比，结果见表 5-6。在置信区间上，成对 2 和成对 3 的模块变量差异的 95% 置信区间未包含 0 这个数值，应拒绝虚无假设 $H_0: \mu_1 = \mu_2$，接受对立假设 $H_0: \mu_1 \neq \mu_2$，且显著性检验概率值 $p < 0.05$，表示模块之间有显著性差异存在；在成对 1 上，文本模块和评价模块的置信区间涵盖 0，显著性检验概率值 $p = 0.110 > 0.05$，表示两者之间无显著性差异存在。整体而言，除文本和评价模块无显著性差异之外，各模块变量均有显著性差异，适合对其进行学习结果预测分析。

表5-6 课程学习模块样本数据间的显著性差异分析

对数	模块变量	成对变量变异				t	显著性（双尾）
		平均数	标准差	平均数的标准误	差异的95%置信区间			
					下界	上界		
成对1	文本模块与评价模块	364.237	9211.506	228.089	-83.140	811.614	1.597	0.110
成对2	评价模块与视频模块	508.184	7346.724	181.914	151.373	864.993	2.794	0.005**
成对3	视频模块与互动模块	2169.205	8627.179	213.619	1750.206	2588.203	10.155	0.000***

说明：$*p<0.05$；$**p<0.01$；$***p<0.001$。

在预测算法的选择上，由于 BP 神经网络算法的学习速度较慢且训练失败的可能性较大，因此基于前面比较分析结果采用决策树作为预测分析算法，分析结果见表5-7。在整体预测准确率上，各模块预测率较高，说明基于不同学习模块可以开展学习结果预测。在预测准确率排序上，评价模块和文本模块的学习行为数据预测率较高，互动模块预测率最低。在 RMSE 值，评价和文本模块均低于其他模块，说明测量精度较高。可以看出，尽管视频是 MOOCs 网络学习平台中的重要学习材料，但视频学习并不是最能有效预测学习结果的模块，通过评价模块和文本模块能够较好地预测学习结果。从知识建构的视角来看，视频学习侧重知识传递，而文本学习和学习评价侧重学习者的知识内化，学习结果测量的是学习者课程知识内化的程度[1]。

表5-7 不同课程学习模块的预测准确率比较分析

模块类型	学习基础行为指标	预测准确率（%）	RMSE
视频模块	视频学习时长、视频学习次数	91.1097	0.2484
文本模块	文本学习时长、文本学习次数	93.7462	0.2117
互动模块	互动参与时长、互动参与次数	90.2571	0.2746
评价模块	评价参与时长、评价参与次数	95.6468	0.1838

---

[1] PR?ITZ T S. Learning Outcomes: What are They? Who Defines Them? When and Where are They Defined? [J]. Educational Assessment, Evaluation and Accountability, 2010, 22 (2): 119-137.

综上所述，在学习活动模块参与层面上，尽管各模块之间的预测准确率存在差异，但通过不同模块学习基础行为数据能够预测学习结果。结合前面对学习基础行为数据的预测比较分析可知，结合不同学习类型数据和不同学习模块可进行学习结果预测，而基于不同数据类型进行计算整合形成有意义的学习行为分析指标会更有效地预测学习结果。

（四）学习结果预测指标的权重分析

学习行为活动数据有多种类型，但每种行为数据在学习结果上的预测重要程度可能存在差异。该部分采用属性排名方法对所有学习行为数据进行权重分析，以验证学习行为指标在预测贡献上的差异性。学习行为数据包括学习活动时长、次数以及论坛互动数在内的 12 项数据，评估器和搜索方法分别是 InfoGainAttributeEval 和 Ranker，分析结果见表 5-8。在指标权重的排序上，大样本和小样本的排序结果基本一致，仅是在视频学习次数与文本学习次数、主题发起数和回复数两方面有所交换，评价参与次数、文本学习次数和评价参与时长是两种样本数据下认定的共同重要指标。从两种样本数据的权重比例上看，参与评价、文本学习和视频学习所占的权重比例较高，说明学习者侧重知识内容的学习和课程评价，而参与互动交流较少。

表 5-8 学习结果预测指标的权重比较分析

排序	权重（大样本）	指标排序	权重（小样本）	指标排序
1	0.1331	评价参与次数	0.3880	评价参与次数
2	0.1186	文本学习次数	0.3264	文本学习次数
3	0.1037	评价参与时长	0.2702	评价参与时长
4	0.1	视频学习次数	0.2525	文本学习时长
5	0.0988	文本学习时长	0.2455	视频学习次数
6	0.0651	互动参与次数	0.1421	互动参与次数
7	0.0626	视频学习时长	0.1280	视频学习时长
8	0.0619	互动参与时长	0.1137	互动参与时长
9	0.0332	论坛发帖数	0.0719	发帖数
10	0.0266	回复数	0.0565	主题发起数
11	0.0249	主题发起数	0.0557	回复数
12	0.0162	点赞数	0.0431	点赞数

三、学习结果预测指标的计算设计

尽管学习者的基础学习行为数据能够预测学习结果,但在学习分析中应当以有意义的学习行为分析指标作为分析对象以得出学习者的活动表现情况。在学习数据上,应当将相关学习活动数据进行整合,以提高数据的分析价值以及增强行为指标的学习分析意义。前面提出了预测学习结果的六个学习分析指标名称,为了使其具有可操作性,我们对学习行为分析指标进行进阶计算设计,即对学习者基础行为数据进行计算以综合反映学习者各部分的学习状况。通过计算分析得出学习行为的六个分析指标,从而为后面的学习结果预测提供支持。在数据使用上,主要从学习者点击行为数据中整理出时间数据、次数统计数据以及文本互动内容信息。

(一)学习内容分析指标计算设计

学习内容分析主要依据学习者在课程视频学习行为和文本材料学习行为两个方面进行评定。其中,视频学习行为包括学习时长和学习次数,从定量的角度判定学习者的知识学习完成情况。由于视频学习并不能完全反映学习者的知识内化和理解行为,因此需要引入学习文本的分析,即将学习者的视频学习行为与其文本学习相结合,综合判定其知识内容完成情况,这与学习者的实际学习行为也较为一致。当学习者在通过视频学习知识点时,如果知识点有一定难度,学习者会通过查看文本学习材料来促进对知识内容的理解,这一线性设计思路与当前 MOOCs 课程内容的设计较为一致,如 edX 平台上的课程内容设计将微视频学习、学习文本材料、学习互动交流和学习测评以学习活时间轴的方式进行呈现,学习者只需按照线性学习活动设计逐步参与即可。该部分的具体分析变量包括学习内容完成度(LCF)和掌握度(LCM),其中,学习内容完成度的计算方式是 $LCF = \sum_{i=1}^{m} \frac{t_i F_i}{T_i}$($t$ 是单个视频中个人学习时长,T 是视频时间总长,F 是视频学习次数);$LCM = \sum_{i=1}^{m} \frac{t_i F_i H_i}{T_i}$($H$ 为文本学习材料时长)。

(二)学习互动分析指标计算设计

学习互动分析主要对学习者在网络论坛中的发帖数量、点赞数和发帖内容进行分析,具体分析变量包括学习者的参与度(LIE)和贡献度(LIC)。其中,参与度主要判定学习者的互动频率,这里通过个人发帖量占总帖量的百分比进行分析,计算公式为 $LIE = \sum_{i=1}^{m} \frac{Q_i + A_i + R_i}{P_i}$($Q$ 是个人提问数,A 是个人回答数，R是个人回复数，P是论坛总发帖量）。除参与度外，还需分析学习者的贡献度以判定其互动深度，计算公式为 $LIC = \sum_{i=1}^{m} \frac{Gi}{Si} + C$（G是帖子点赞数，S是总点赞数，C是帖子内容与主题相关度）[①]。以上两个指标中的发帖量和点赞数均通过个人总量与集体总量的百分比进行降维处理，以避免学习者之间非正常提高个人数据。

（三）学习评价分析指标计算设计

学习评价分析主要依据学习者在交互式微视频中的互动练习、单元学习作业和考试结果进行分析，具体分析变量包括学习测评完成度（LEP）和测评内容通过率（LER）。学习测评完成度是对单次测评次数和测评内容总量进行分析，单次测评次数反映测评内容的难易程度，测评内容总量反映学习者的完成进度，判定其参与情况，计算公式为 $LEP = \sum_{i=1}^{m} \frac{eiFi}{Ei}$（e是个人测评内容量，E是总测评量，F是测评次数）。通过率分析是判定学习者在内容掌握上的情况，其分析结果可以为最终学习结果提供一定的参照依据，计算公式为 $LER = \sum_{i=1}^{m} \frac{Pi}{Si}$（P是测评通过数，S是总测评数）。在实际分析中，可选取某一单元测评内容对学习者的各个变量行为信息进行汇总，并分析其与学习结果之间的关联度和预测准确率。

依据上述学习行为分析指标设计，下面将应用前面介绍的MOOC课程数据对指标与学习结果之间的相关性进行探索性分析，从而为后面的学习结果预测分析提供可行性支持。

四、学习结果预测指标的评估

（一）预测指标与学习结果的相关性分析

该部分利用第一门MOOC学习行为数据，采用多元回归分析探索学习行为分析指标与学习结果的相关性。回归分析时，变量间的理想关系是分析变量之间呈现中低度相关，而分析变量与结果变量呈现高相关。分析变量与学习结果

[①] CHAI K, POTDAR V, CHANG E. User Contribution Measurement Model for Web – Based Discussion Forums [C] //Proceedings of 2009 3rd IEEE International Conference on Digital Ecosystems and Technologies. New York：Institute of Electrical and Electronics Engineers, 2009：347 – 352.

的积差相关矩阵结果显示,学习内容完成度与学习内容掌握度、互动参与度和互动贡献度的值较高,说明变量间存在共线性问题,其中,由于内容完成度和掌握度在计算方式上存在递进性,因此具有较高的相关性,而互动参与度和贡献度存在相关性说明积极参与互动论坛的学习者也能够进行深度互动,促进知识分享。整个回归模型摘要分析结果见表5-9,多元相关系数R值为0.656,决定系数R^2为0.527,说明所有分析变量能够解释学习结果变量52.7%的变异量。Durbin-Watson统计量主要验证模型中是否存在自我相关,当各预测变量的样本观察值间具有某种程度的直线关系时,该系数不为0。当DW统计量接近0时,说明相关系数越接近1,残差项间越呈现自我相关;当DW统计量接近2时,说明相关系数越接近0,残差项间无自我相关。在本研究中,该检验值为1.822,说明误差相关性在可接受的范围之内。

表5-9 学习行为分析指标与学习结果的回归模型摘要

R	R平方	调整过后的R平方	估计的标准误	变更统计量					Durbin-Watson检验
				R平方改变量	F改变	分子自由度	分母自由度	显著性F改变	
0.656	0.527	0.509	4.979	0.427	57.099	6	304	0.000	1.822

通过上述分析可以看出,虽然指标存在部分共线性相关问题,但整个回归模型的解释变异量在可接受范围内,说明基于计算后的学习行为分析指标与学习结果具有相关性,这为后面探索基于学习行为数据的学习结果预测提供了可行性支持。这一结论也得到国外相关研究的支持,即在异步网络学习环境下学习管理系统中的学习过程行为数据能够为学习者的最终成绩提供有用的相关性信息[1],从学习管理系统数据中抽取重要指标可以预测学习成绩[2]。

(二)学习结果预测指标的重要性评估

尽管各个学习分析指标都可以预测学习结果,但从贡献率和重要性上看,各指标之间存在差异,这就有必要了解各指标在学习结果预测上的重要程度,从而为后期教学实践应用提供参照。该部分将采用第二门MOOC样本数据进行

---

[1] LOWES S, LIN P, KINGHORN B. Exploring the Link between Online Behaviours and Course Performance in Asynchronous Online High School Courses [J]. Journal of Learning Analytics, 2015, 2(2): 169-194.

[2] YOU J W. Identifying Significant Indicators Using LMS Data to Predict Course Achievement in Online Learning [J]. The Internet and Higher Education, 2016, 29(4): 23-30.

验证分析。在分析方法上，采用属性选择模块进行分析。在属性评估器上，选择 InfoGainAttributeEval 评估器，它通过对类别属性的信息增益进行测量以评估各属性在预测上的权重。在搜索方法上选择 Ranker，它能够生成一个抛去若干非重要属性之后的排名列表，且通常与 InfoGainAttributeEval 评估器默认绑定，分析结果如图 5-8 所示。预测学习结果的指标权重按重要性排序依次为：学习测评通过率、学习测评完成度、学习内容掌握度、学习内容完成度、互动参与度和互动贡献度。由此可以看出，学习评测和学习内容两个模块在学习结果预测上较为重要。需要说明的是，学习行为分析指标的重要性分析并非依据预测率，而是基于各指标与学习结果的相关性得出。指标的重要性分析和后面的分类预测准确率、逐步多元回归分析在结果上会有一定出入，这是因为两类分析原理不一样。

```
Instances:     2383
Attributes:    7
               learning complete degree
               learning master degree
               engagement degree
               contribution degree
               learning evaluation complete
               passing rate
               learning outcome
Evaluation mode:    10-fold cross-validation


=== Attribute selection 10 fold cross-validation (stratified), seed: 1 ===

average merit      average rank    attribute
0.269 +- 0.001     1   +- 0        6 passing rate
0.214 +- 0.004     2   +- 0        5 learning evaluation complete
0.144 +- 0.003     3   +- 0        2 learning master degree
0.118 +- 0.004     4   +- 0        1 learning complete degree
0.054 +- 0.003     5   +- 0        3 engagement degree
0.025 +- 0.003     6   +- 0        4 contribution degree
```

图 5-8　学习行为分析指标的权重分析结果

第六节　学习结果预测的计算方式

前面利用一门 MOOC 课程数据对学习结果预测分析进行了初步探索，验证了通过学习内容、学习测评和学习互动对学习结果进行预测的可行性。下面将选择一门基于内容的 MOOC 课程学习行为数据进行验证分析,对学习行为指标的重要性进行评估,通过分类预测得出学习结果预测准确率,进而生成学习结果预测准确率模型。之后采用逐步多元回归分析形成学习结果预测计算方程式。

一、xMOOC 课程介绍

Introduction to Engineering and Engineering Mathematics 课程是由得克萨斯大学阿灵顿分校普拉内斯·阿斯瓦特(Pranesh B. Aswath)教授发起,由艾伦·保林(Alan Bowling)、帕诺斯·夏可拉斯(Panos Shiakolas)、威廉·狄龙(William E. Dillon)、斯蒂芬·吉布斯(R. Stephen Gibbs)等研究者参与讲授的一门工程类基础专业课程。该课程于 2015 年 5 月 12 号在 edX 平台上线发布,并于同年 8 月 10 号结束授课,课程持续 14 周。该课程的学习目标包括:第一,了解工程在技术发展中的作用;第二,了解不同的工程领域;第三,掌握工程设计及其应用的原则;第四,创业与工程;第五,数学在工程领域中的应用。该课程的设计目标是为高中学生和大学新生提供工程领域的梗概,以帮助他们在工程学上决策自己的职业生涯。课程授课语言是英语,免费向世界范围内的学习者开放。

需要说明的是,由于该课程以掌握工程领域基础知识为教学目标,其属于基于内容的 MOOC(即 xMOOC)。该类课程在 MOOCs 中较为常见,采用该课程数据进行分析可以进一步验证学习结果预测分析指标的有效性。

二、基于预测分析指标的学习结果预测准确率模型

该部分将基于每个学生的行为指标计算结果和学习结果进行分类预测。分析样本与前面的重要性评估分析样本一致。在预测算法上,基于前面 DAL MOOC 的算法比较结果,在具体指标预测上采用朴素贝叶斯网络分析,而在整体指标分析上采用决策树分类预测。在学习结果的采集上,以学习者是否获得课程证书作为最终结果依据进行分析。为了便于了解整个设计和分析结果,这里对分析维度、分析变量、计算方式、数据来源、预测方法和预测准确率进行了整理分析,结果见表 5-10。可以看出,各指标整体预测准确率比较高,说明通过基于学习基础行为数据计算后的预测指标可以较好地预测学习结果。在学习内容预测上,掌握度预测准确率略高,说明通过对视频学习行为和文本学习行为进行综合评价,可以较为准确地判断学习者的学习内容掌握情况。在学习

互动预测上,贡献度预测率略高,说明通过发帖获得的点赞数和发帖内容能够较好地判断学习者互动深度。在学习评价预测上,通过学习测评通过率可以较为精确估计学习结果。采用决策树分类方法对所有指标进行分类分析,得出预测准确率为98.4545%。结合 DAL MOOC 的预测分析结果和前面重要性的评估可以看出,尽管各类指标在重要性上存在一些差异,但每个指标均能表现出较高的预测率,且整体预测率较高。这在一定程度上说明指标设计的合理性和有效性,基于指标预测分析能够逼近学生的真实学习结果。

表5-10 学习行为指标的分析设计与预测结果

分析维度	分析变量	计算方式	数据来源	预测准确率(%)	RMSE
学习内容	完成度	$\frac{已学习学习}{总学习时长} \times 学习习次$	单个视频的学习次数、已学习时长、视频总时长	95.7616	0.21
	掌握度	完成度×文本学习时长	单个视频的学习次数、已学习时长、视频总时长、文本学习时长	96.2232	0.17
学习互动	参与度	$\frac{提问问+回答数+回复复}{总发帖量}$	提问数、回答数、回复数、总发帖量	94.4259	0.18
	贡献度	$\frac{个人获人获得点}{总点赞数}+\frac{个人发帖内容}{讨论主题}相似度$	个人获得点赞数、总点赞数、论坛主题和发帖内容	95.4381	0.27
学习评价	完成度	$\frac{个人测人测评}{总测评量} \times 测评次数$	已参加的测评数、总测评数、单个测评的考试次数	97.3143	0.15
	通过率	$\frac{测评及格数}{总测评量}$	测评及格数、总测评数	98.1607	0.09

为了进一步清晰展示各分析指标的预测率和相互的结构关系,基于前面预测分析结果,我们依据分析指标和分析结果的预测率构建预测准确率模型,如

图5-9所示。箭头上的数值代表每个变量的预测准确率,包括六个学习行为分析指标和三个学习分析维度指标。六个学习行为分析指标和三个学习分析维度指标箭头上的值为预测正确率。在准确率上,学习评价行为及其指标的值较高,其次是学习内容掌握度预测率较高,互动参与度和内容完成度的预测率相对较低。该模型可以方便教师了解预测学习结果的指标结构关系,并且可以为其查看各指标的学习预测力提供参照。

由于学习结果预测准确率模型包括不同学习行为分析指标预测效力,因此该模型适用于不同类型的MOOCs课程设计,如基于内容的MOOCs(侧重知识传递和学习测评)、基于联通主义的MOOCs(侧重互动讨论和问题解决)等。从教学设计的视角来看,当前MOOCs设计有两种取向:一是重视学习者与内容交互的自主学习或个别化教学方法;二是强调师生之间通过在线讨论来协商意义的社会建构主义。针对不同类型的MOOCs课程可以选取所侧重观察的指标,基于模型中的指标预测力及其预测算法可以对学生的学习结果等级进行预测。

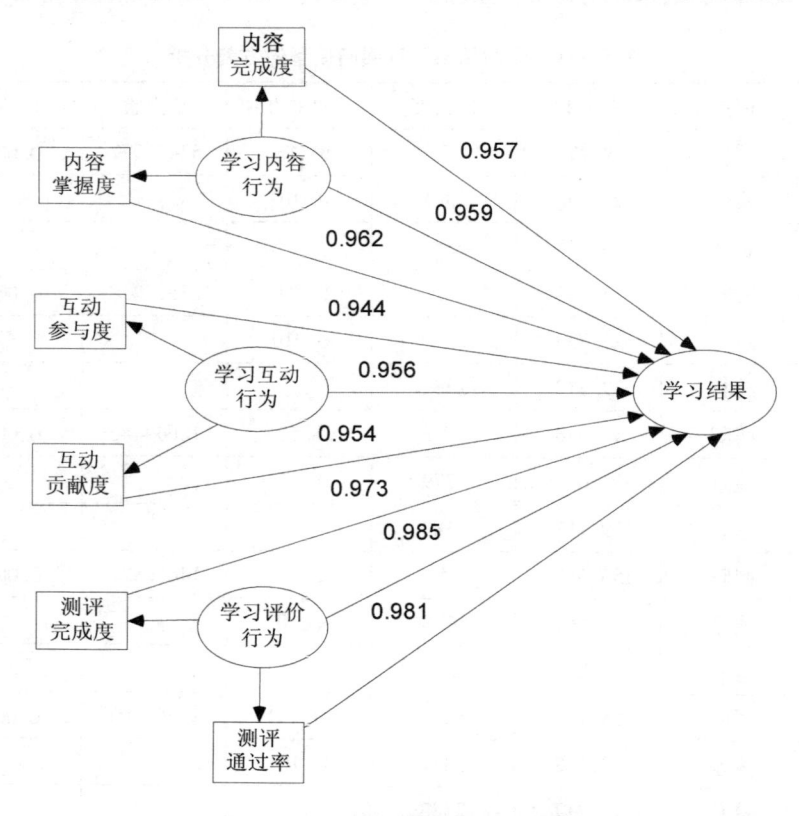

图5-9 学习结果预测准确率模型

三、基于预测分析指标的学习结果预测计算方程式

在学习计算的背景下,要使学习结果预测分析能够实现可计算和可测量,为将来平台化的自动分析提供设计依据,需要基于学习结果预测分析的计算方程式提供支持。这里采用预测型的回归分析(即逐步多元回归分析法)对预测分析指标和结果进行分析,形成可计算的学习结果预测方程式。在使用逐步回归分析法时,被选取进入回归模型的自变量对因变量的预测力均会达到显著性。使用 SPSS 对样本数据进行分析,得出学习结果预测回归模型的方差分析,见表 5–11。由于采用的是逐步多元回归分析法,因此每个回归分析模型的整体显著性检验的 F 值会达到显著水平($p<0.05$),同时也表示进入回归方程式的预测指标对学习结果预测的解释力达到显著,各指标的回归系数均不等于 0。在进入模型的变量数量上,有五个变量进入回归模型分析中,仍有一个变量未进入模型中,说明该变量未产生显著性预测。

表 5–11 学习结果预测回归模型的方差分析

模型		平方和	自由度	平均平方和	F 检验	显著性
1	回归	54.477	1	54.477	5242.977	0.000[a]
	残差	24.740	2381	0.010		
	总和	79.217	2382			
2	回归	55.484	2	27.742	2782.038	0.000[b]
	残差	23.733	2380	0.010		
	总和	79.217	2382			
3	回归	55.578	3	18.526	1864.446	0.000[c]
	残差	23.639	2379	0.010		
	总和	79.217	2382			
4	回归	55.650	4	13.913	1403.827	0.000[d]
	残差	23.567	2378	.010		
	总和	79.217	2382			
5	回归	55.705	5	11.141	1126.305	0.000[e]
	残差	23.512	2377	0.010		
	总和	79.217	2382			

整合回归系数和显著性检验结果得出回归模型摘要，见表5-12。从标准化的回归系数来看，各变量的β值分别为0.417、0.205、0.178、0.132、0.068，前五项值均为正数，表示其对学习结果的影响均为正向，最后一项值为负数，说明其对学习结果成反向影响。从解释变异量（R平方）中可以看出，有五个预测变量进入回归分析模型中。在投入变量方面，学习内容完成度未进入预测回归分析中，说明其对学习结果预测的回归系数未达到显著。结合前面采用机器学习方式对学习指标的预测准确率分析结果可以判断，测评通过率、测评完成度、内容掌握度、互动贡献度、互动参与度是影响学习结果预测的显著指标，可以基于这些指标做实际计算分析。

表5-12 基于学习行为分析指标的逐步多元回归分析摘要总表

投入变量顺序	决定系数 R^2	增加量 $(\triangle R^2)$	F值	净F值 $(\triangle F)$	Beta (β)	显著性 F改变
测评通过率	0.688	0.688	05242.977	05242.977	0.417	0.000***
测评完成度	0.701	0.013	02782.038	0100.968	0.205	0.000***
内容掌握度	0.753	0.052	01864.446	09.468	0.178	0.002**
互动贡献度	0.804	0.051	01403.827	07.257	0.132	0.007**
互动参与度	0.815	0.011	01126.305	05.528	0.068	0.019*

说明：*$p<0.05$；**$p<0.01$；***$p<0.001$。

依据上述数据分析结果，选取正向影响学习结果的预测变量及其β值，我们可以得出基于学习行为分析指标的学习结果预测计算方程式：学习结果 = 0.417×测评通过率 + 0.205×测评完成度 + 0.178×内容掌握度 + 0.132×互动贡献度 + 0.068×互动参与度。基于该方程式，可以为MOOCs平台的预测功能参数设计提供实证依据，以实现学习结果预测的自动化计算与评估。

由于该方程是基于所有分析指标计算形成的，因此其适用于基于内容的MOOCs课程。该类课程内容设计较为全面，涵盖视频学习、文本学习、互动交流和练习测评，产生的学习行为数据也较为全面，依据方程可以开展基于多种分析指标的学习结果预测。

本章小结

设计具有可指导、可理解和可操作的系统化学习结果预测理论是学习分析领域研究中的一项重要议题，也是优化学习活动和改善学习成效的一种教学处方。文章首先对数字化学习环境下的学习预测研究探索进行梳理，辨析其研究特性，之后纵向解析了学习结果预测研究中的内容，并横向剖析了研究中存在的问题，最后在此基础上，从情境、理论、数据、方法和结果五个层面对未来学习结果预测研究的设计取向进行讨论。在学习结果预测实证研究部分，首先从学习活动理论视角阐述了 MOOCs 环境下的学习过程与学习结果，并提出 CIEO 学习结果预测分析思想和学习结果预测工作模型。然后在此基础上，对学习行为分析指标进行设计，形成面向学习结果的六类分析指标，即基于学习内容行为的完成度和掌握度、基于学习互动行为的参与度和贡献度、基于学习评价行为的测评完成度和通过率。最后，采用多元回归分析法对学习行为指标与学习结果的相关性进行探索；采用属性选择法、预测分类法、文本分析法对学习行为分析指标的预测准确率进行验证性分析，并得出学习结果预测计算方程，为将来实践开发提供指导。本章取得的主要研究成果包括以下四个方面：

一、设计并验证了基于 CIEO 的学习结果预测工作模型

基于学习理论和个性化分析模型，提出了基于 CIEO 的学习结果预测工作模型。该模型揭示了学习结果预测的要素、表征方式及其层级结构，阐明了学习结果预测的分析框架。之后基于 MOOCs 课程行为数据对工作模型的合理性进行了探索性分析和验证性分析。

二、形成面向学习结果的学习行为分析指标与计算方式

在基于学习过程行为预测学习结果可行的基础上，设计能够反映和计算学习结果表现的学习行为分析指标，包括基于学习内容的完成度和掌握度、基于学习互动的参与度和贡献度、基于学习评价的测评完成度和通过率。基于此，通过两门 edX 课程数据进行探索性和验证性分析，得出学习结果预测准确率模型，以清晰展示各指标之间的结构关系和预测力。通过逐步多元回归分析得出

学习结果预测的计算方程式，基于该计算方式可以为将来在 MOOCs 学习平台中实现自动化的数据计算和分析提供设计依据。

三、得出不同分类算法在学习结果预测上的分析效力

通过对决策树 C4.5 算法、朴素贝叶斯网络和 BP 神经网络的预测准确率对比分析得知，不同算法之间存在差异，神经网络能够在预测准确率上有较好的表现，且误差值较低。决策树的预测效果在整体上优于朴素贝叶斯网络。在样本量上，各预测分类算法的预测准确率与样本量呈正相关。

第六章

学习预警系统设计与实现

学习预警是基于学习者个人信息和学习过程数据对其未来可能存在的学习风险进行警示的一种学习服务，其分析结果可以为矫正学习过程提供依据。在整个学习环节中，对学习过程的分析和监控往往较为薄弱，这使得部分学习者较难意识到学习风险问题所在，最终导致学习结果向不可控性和非良性方向发展。如果能够在学习过程中对可能存在学习风险的学生予以反馈，提高其学习问题意识，便可以将出现学业较差表现的概率降到最低。本章拟探索混合式学习环境下，如何整合正式学习和非正式学习下的行为数据进行课程学习结果预警，并通过设计预警系统实现学习过程的动态监控，从学习警示视角对学习过程进行把控。

第一节 学习预警研究现状

在中文文献的检索上，以中国知网、万方数据库、维普数据库、超星数字图书馆、百度文库等为检索源，以"学习预警、学业预警"为关键词，通过对文献的内容分析，得到56篇与研究主题高度相关的中文文献；在外文文献检索上，以 Elsevier ScienceDirect、Springer Link、Wiley Inter Science 和 Taylor&Francis 为检索源，以 "Learning Analytics、Early Intervention、Learning early Warning、Alarming System、Early Warning System for Studying" 为关键词，检索文献的时间跨度与中文文献一致。经过梳理阅读，剔除无效文献，共得到27篇有效外文文献。通过文献检索可以看出，学习预警相关研究整体不够充分，有可探索和挖掘的空间。通过对国内外有关学习与学业预警相关文献的进一步梳理和分析，发现目前相关研究主要集中在以下四个方面：

一、学习预警的分类及其跟踪反馈的差异研究

根据预警对象的不同，可以将学习预警分为三种类型：第一种是针对学生进行的预警，系统为学习者提供在某一具体情境下的学习预警反馈。比较有代

表性的案例有：肖恩·高金斯（Sean P. Goggins）采用情境感知活动通知系统对学习者的双向日志数据进行计算，综合考量学习者课堂互动比、跟踪测评通过率等数据，通过对学习者的同期横向对比差异，为学习者提供反馈警示[1]。密歇根大学的蒂姆·麦凯（Tim McKay）采用 E2Coach 系统实现了学生与资源之间的对接，通过设定学习任务、反馈进度以及发放奖励等具有针对性的学习方案，激励学习者采取增加练习量及学习时间等具体行动来提高成绩[2]。第二种是针对教师提供的预警，系统为教师提供学习者在某一门课程中的宏观学习预警反馈及相关教学方案完善建议。例如，里卡多·马扎（Riccardo Mazza）和瓦尼亚·迪米特洛娃（Vania Dimitrova）采用的课程可视化系统能够跟踪学生的答题时间、答题次数、评价反馈等数据并生成图表。该系统根据学习者在远程学习中的学习活动过程数据进行直观评估，帮助教师快速了解学习者对知识的掌握情况并发现需要特别关注的学习者，教师根据预警信息进一步优化教学活动设计以进行有效干预[3]。第三种是针对教师和学习者同时提供的双向预警，系统帮助教师制订针对个别学习者的培养方案，以有效提高学生的学习成绩。例如，普渡大学的课程信号系统通过预测学生成功算法，对考试分数、排名、学习进度等数据进行分析计算，确定学生存在学习失败的可能性，分别向教师和学生发送不同的预警信息。教师根据预警信息，结合学生的学业表现，及时给予学生课外谈话、心理辅导等形式的干预支持。通过对学习预警的分类和学习预警的跟踪反馈形式分析可以看出，学习预警系统往往以学生为中心，其出发点和落脚点都在于辅助学习者提高绩效，而其研究重点则落在如何通过分析学习过程数据来发现学习问题。

---

[1] GOGGINS S P, GALYEN K, LAFFEY J. Network Analysis of Trace Data for the Support of Group Work: Activity Patterns in a Completely Online Course [C] //LUTTERS W, GROSS T, REDDY M. GROUP 10: Proceedings of the 16th ACM International Conference on Supporting Group Work. New York: ACM, 2010: 107 – 116.

[2] MCKAY T, MILLER K, TRITZ J. What to Do with Actionable Intelligence: E2 Coach as an Intervention Engine [C] //DAWSON S, HAYTHORNTHWAITE C, SHUM S, et al. Proceedings of the 2nd International Conference on Learning Analytics and Knowledge. New York: ACM, 2012: 88 – 91.

[3] MAZZA R, DIMITROVA V. CourseVis: A Graphical Student Monitoring Tool for Supporting Instructors in Web – Based Distance Courses [J]. International Journal of Human – Computer Studies, 2007, 65 (2): 125 – 139.

二、学习预警的基础技术与数据搜集研究

近年来，物联网技术、人工智能和学习分析等技术的发展使得学习全过程数据能够得到有效积累和深度分析，这为精准预警提供了有效支持。一些研究者从技术层面对学习预警系统的设计进行探索。例如，史蒂文·隆恩（Steven Lonn）研究团队和数据技术服务机构合作，对学习管理系统和学生信息系统的数据进行抽取、转换和加载，实现了对学习者课程历史信息的长期可持续性跟踪。运用 Business Objects 软件工具来识别数据库中的数据内容和相关标准，根据缺课、任务未完成等情况来构建预警报告[①]。米格尔·康（Miguel Ángel Conde）采用在线分析处理、情报检索等数据分析方法，根据班级中社交互动的信息数据，找出学生之间的潜在关系、对学生成功有影响的活动等隐含信息，运用风险警报算法明确存在失败风险的学生，以便为其学习过程的改进做出更精准的教学决策[②]。约翰·贝克（John Baker）等开发的学习管理平台 Desire2Learn 包含灵活的预测模型引擎功能，该平台利用机器智能和统计技术来预先识别存在学习失败危险的学生，利用堆叠技术和多个预测模型来提高预测的准确性，并通过分解技术设计个性化的干预措施，以提高干预的可实现性[③]。基础技术的日益成熟使得搜集的数据也日趋全面，当前搜集的数据可以分为以下几类：第一，基础数据，包括初始成绩、个人信息、家庭背景、学习风格等；第二，行为数据，包括学习时间、交互频率、参与度等；第三，结果数据，包括测验成绩、任务完成情况等。通过对学习预警的基础技术与数据搜集研究分析可以看出，学习预警系统多以网络教学平台作为学习过程数据采集的来源，其研究重点落在数据的有效性和学习风险的分析上。

三、在线学习预警模型与系统构建研究

有关学习预警模型设计的文献较多，例如，赵慧琼等设计了在线学习干预

[①] LONN S, AGUILAR S, TEASLEY S D. Issues, Challenges, and Lessons Learned When Scaling Up a Learning Analytics Intervention [C] //Suthers D, Verbert K, Duval E, et al. In Proceedings of the Third International Conference on Learning Analytics and Knowledge. New York：ACM, 2013：235－239.

[②] CONDE M á, HéRNANDEZ－GARCíA á, GARCíA－PE? ALVO F J, et al. Exploring Student Interactions：Learning Analytics Tools for Student Tracking [M]. Berlin：Springer International Publishing, 2015：50－61.

[③] ESSA A, AYAD H. Improving Student Success Using Predictive Models and Data Visualisations [J]. Research in Learning Technology, 2012, 20：58－70.

模型，该模型运用学习分析技术对学习管理系统存储的数据进行分析，利用决策树算法进行危机诊断，一旦发现学习者存在危机，则及时采取电子邮件、资源推荐、弹出窗口等方式发送预警信息，并采取个性化教学、资源推荐等干预对策，以辅助学习者的学习活动顺利进行[1]。学习预警模型为预警系统的实现提供了理论支撑，在可视化预警系统上，比较有代表性的是可汗学院的学习仪表盘系统，该系统将学习管理系统与可视化工具相结合，运用信息跟踪技术和镜像技术对学习者的学习行为、习惯兴趣等信息进行记录和追踪，并对测验成绩、学习时间和学习路径等数据进行分析，依据对知识点的掌握情况进行反馈预警，帮助学习者提高知识点掌握程度和改善学习技能[2]。Hoonuit 在线学习平台致力于指导教师尽早识别处于学习失败危险中的学生，并整合有影响力的干预工作流程，有效跟踪学生的进度，从而提高学生的毕业率。Hoonuit 配合使用干预反应模型（RTI）和多层次支持系统（MTSS），支持教师参与决策过程，提供了一个可以根据每个学生的需求定制的直观的预警解决方案。此外，Hoonuit 通过与微软合作，使得教育部门和其他教育机构可以在云平台上运行 Hoonuit 的数据程序，保障了动态数据及时连接、转换、清理和验证，通过 Microsoft Azure（人工智能学习托管平台）可以及时发布早期预警信息，预警系统可以通过向教师通报学生的风险严重程度以及引起风险的原因而起到筛选或诊断的作用。

四、学分制环境下学业预警机制的实践探索与分类标准研究

除了对学习预警探索外，还有研究者对学生在校学业情况进行预警分析。例如，袁安府等通过德尔菲法确定学业预警的指标要素，并结合理论、专家意见等方面指导构建了大学生学业预警评价指标体系，确立了学业预警帮扶机制。该机制由建立学业预警帮扶领导机制、学业预警学生的帮扶、建立帮扶人员的激励机制三方面组成，实践表明，使用了学业预警的学生，其辍学率明显降低[3]。目前学业预警机制在我国还处于探索阶段，各高校在标准的制定上也都存

---

[1] 赵慧琼, 姜强, 赵蔚, 等. 基于大数据学习分析的在线学习绩效预警因素及干预对策的实证研究 [J]. 电化教育研究, 2017 (1): 62–69.

[2] Dawson S, Mcwilliam E, Tan P L. Teaching Smarter: How Mining ICT Data Can Inform And Improve Learning And Teaching Practice [A]. RobertsonI. TheannualAustralasian Society for Computers in Learning in Tertiary Education Conference [C]. Queensland: ASCILITE, 2008: 221–230.

[3] 袁安府, 张娜, 沈海霞. 大学生学业预警评价指标体系的构建与应用研究 [J].. 黑龙江高教研究, 2014 (3): 79–83.

在着一定差异。其中比较有代表性的是 M 大学的学业预警机制，采用信号分级的方法，在学籍管理信息系统下成立个人资料库，目的是完成系统与学生基本信息的实时反馈与交互，对学生未通过学分进行统计叠加，在规定时间内，学分不足者将受到退学警告，而二次出现退学警告者或者学分严重不足者会被勒令退学。该预警机制强化了家长和辅导员在学生学业完成过程中的监督作用，有效增加了学生成功毕业率。

目前，国内外研究者从不同视角对学习与学业预警进行了初步探索，并且开始关注预警系统的实时性、连贯性和全面性，分析处理数据的多样化，应用领域的多元化，这方面也有较为成熟的学业预警系统，但成熟的学习预警系统尚不多见。已有研究主要集中在学习预警模型设计、预警系统设计与干预服务、学业预警机制设计与实现等。尽管学习预警研究在模型设计、反馈警示、学业分析等方面已取得了初步成果，但在教育大数据、人工智能和学习分析背景下，对数据采集的粒度、技术实现机制、预警状态识别等方面还存在不足，具体包括：第一，数据采集面较为单一，传统课堂学习数据与在线学习数据割裂。后面需要整合学习者整个学习过程的数据并对其进行分析，以提高学习预警的准确度。第二，缺乏能够从课程学习过程层面进行预警的系统：已有探索多从理论层面设计学习预警模型以及学业预警系统，在学习过程中进行预警设计与技术实现上相对薄弱。针对上述问题，我们将在数据整合、预警系统技术实现、可视化输出等方面进行突破，通过整合预警数据采集、动态分析和可视化输出等模块，形成一套预警服务模式。

第二节 学习预警模型设计与数据源分析

一、数据集驱动的学习预警模型设计

要使学习预警能够有效精准地预测学生的学习结果，需要对学习者整个学习过程的数据进行采集和分析。学生学习方式的多样化和学习场景的分割性决定了学习预警要对不同学习环境下的多样化学习行为数据进行整合与评估，形成一条以学习者为中心的学习数据链。在结果输出方面，利用可视化分析技术给学习者和教师提供反馈或评价环，不仅可以让教师了解学习过程中资源使用状况、学习参与状况、学习活跃度等，而且可以通过预测分析对结果状态进行评估和分类，从而识别出学困生。之前，我们对学习预测的设计取向进行了全面分析，包括以混合式学习为情境取向、整合教学设计与学习分析的理论取向、基于学习状态和行为表现的数据取向、以机器学习为分析主导的方法取向、面向学习结果反馈的结果取向。基于上述设计取向，我们进一步以个性化学习分析理论、交互理论、计算思维、可视化技术为指导，提取问题建模与系统设计、个性化学习活动过程分析、不同交互层级数据采集、学习状态可视化输出等思想，最终设计以学习者为主体中心、以学习数据链为分析对象、以学习预警为服务目标的学习预警模型，如图6-1所示。

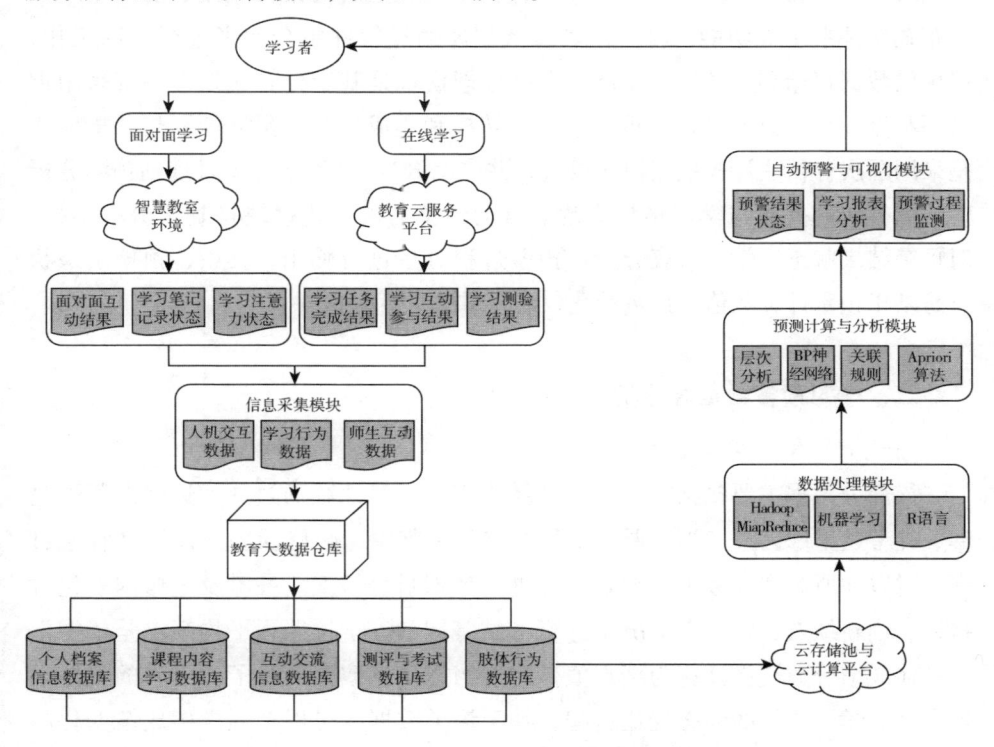

图6-1 基于学习行为数据的学习预警模型

该模型包括学习服务支持、信息采集模块、教育大数据仓库、云存储池与云计算平台、数据处理模块、预测计算与分析模块、自动预警与可视化模块。其中，学习服务支持是为学习者提供包含智慧教室和教育云服务平台的混合式学习场景，并对课堂学习环境下的面对面互动结果、学习笔记记录状态、学习注意力状态，以及网络环境下的学习任务完成结果、学习互动参与结果和学习测验结果进行追踪和记录。信息采集模块是从键击层、交互层、行为层等方面对数据进行采集，并通过教育大数据仓库实现对信息数据的再分类，形成以学习者为中心的数据链。教育大数据仓库是依据个人档案信息和个体不同学习表现建立主题数据库，提供满足具体学习行为信息提取的数据分析环境，并将各数据库进行关联，实现后面分析需求的响应与反馈。该部分将对以个人档案信息数据为代表的关系型数据库和以学习过程和学习结果数据为代表的非关系型数据库进行分类处理，分别发挥传统数据库工具在结构化数据处理方面的优势，以及 Hadoop 在大规模非结构化数据的预处理优势，最后将两者处理后的数据存储至结构化数据库中。云存储池和云计算平台则是通过集群应用、网络技术和分布式文件系统等功能，将不同教育数据库通过软件集合起来进行协同工作，以提供数据存储和业务访问功能。数据处理模块是基于分布式处理系统采用批处理和流计算对数据进行抽取、清洗、转换和集成加载。预测计算与分析模块是采用层次分析法计算数据模块权重，并应用 BP 神经网络和关联规则预测分析各数据模块的关系与学习结果表现。自动预警与可视化模块是基于分析结果，对预警结果状态、学习报表分析、预警过程分析进行输出，其中，预警结果状态是基于预警计算数值采用可视化仪表盘方式进行标识。

二、学习预警数据源分析

（一）个人档案信息数据

该部分数据主要包括学生入学初始成绩、必修课程通过率、选修课程通过率、补考及重修因素、学位课程平均绩点等。其中，必修课和选修课课程通过率是对以往所修课程数进行统计，并进行数据折合转换。补考及重修因素包含挂科、刷新绩点、因个人情况未进行考试等因素。学位课程平均绩点是依据学生具体成绩分数转换计算为绩点值。个人档案信息数据反映了学习者的整体学习水平和学习成绩的动态变化过程，基于该类数据既可以把握学生成绩变化趋势，为成绩预测提供支持，又可以掌握学情，了解学习者的学习表现风险区间，使预警结果能够符合学习者常态化学习状态。

（二）课堂学习行为数据

该部分数据包括出勤频率、师生互动频率比、生生互动时长比、学习笔记记录频次比、课堂注意力时间比、教师形成性评估次数与课堂注意力时间比、注意的分配和转移等。其中，师生互动频率比是指教师提出问题后，学生个人参与互动数与互动总数的比值；生生互动时长比是指学生个人参加互动时间和互动总时间的比值；学习笔记记录频次比是个人记录次数占班级总记录次数的比值；课堂注意力时间比是个人集中注意听讲时间占课堂总时间的比值；教师

180

形成性评估次数与课堂注意力时间比是教师点评学生时学生注意力时间和教师未点评时学生注意力时间的比值；注意的分配是指通过跟踪头部姿势、面部表情、眼动等人类生理信号来识别学习者实时的注意力水平，获取学生注意力高度集中的时间段分布信息，注意转移是指学生注意力转移的因素。课堂学习行为数据的搜集是通过智能录播技术对学习者的行动表现进行有效追踪和实时记录。在学习注意力表现上，应用国外研究者密可拉卡（MirkoRaca）等设计开发的课堂注意力评价系统，通过学习者头部和肢体的移动位置、移动方向以及写作活动，分析其注意力状态[1]。

（三）网络学习行为数据

该部分数据包括平台登录时间点、频次和持续时间、学习次序、学习任务完成进度及积极性、学习互动参与程度、学习练习测验结果。其中，学习次序是指学习者根据自身学习习惯来决定学习次序，通过跟踪在线学习者的浏览路线来研究学习者的学习行为，并对学习者行为进行有效跟踪、采集、分析和评估，从而归纳出学习行为与学习者在学习过程中的持久性以及所获得成绩之间的关系。学习任务完成进度是根据学习者观看课程微视频、学习材料情况、是否参与测评进行记录分析，基于学习者的人机交互点击流数据识别出学习任务跳转及完成状态，只有完整观看视频、浏览学习材料、参与测评，才能被确定为完成学习任务，学习任务完成积极性是指学生从任务发布到完成任务所间隔的时间与全班学生完成任务的总时间。学习互动参与程度是基于学习者浏览主题帖数、发帖数、回复数进行综合分析，各分类数与学习者集体参与总数的比值为参与程度。练习测验结果是对课后多个测验结果进行统计，将各项测验成绩值转换成百分比后进行累计。

第三节 学习预警系统的基础技术框架

在前期分析的基础上，依据上述提出的预警模型与数据来源，结合相关的技术标准和规范，我们设计了学习预警系统的基础技术框架，如图 6-2 所示。该框架包括以下五个部分内容：

---

[1] DILLENBOURG M P. System for Assessing Classroom Attention [C] //Suthers D, Verbert K, Duval E, et al. In Proceedings of the Third International Conference on Learning Analytics and Knowledge. New York：ACM, 2013：265-269.

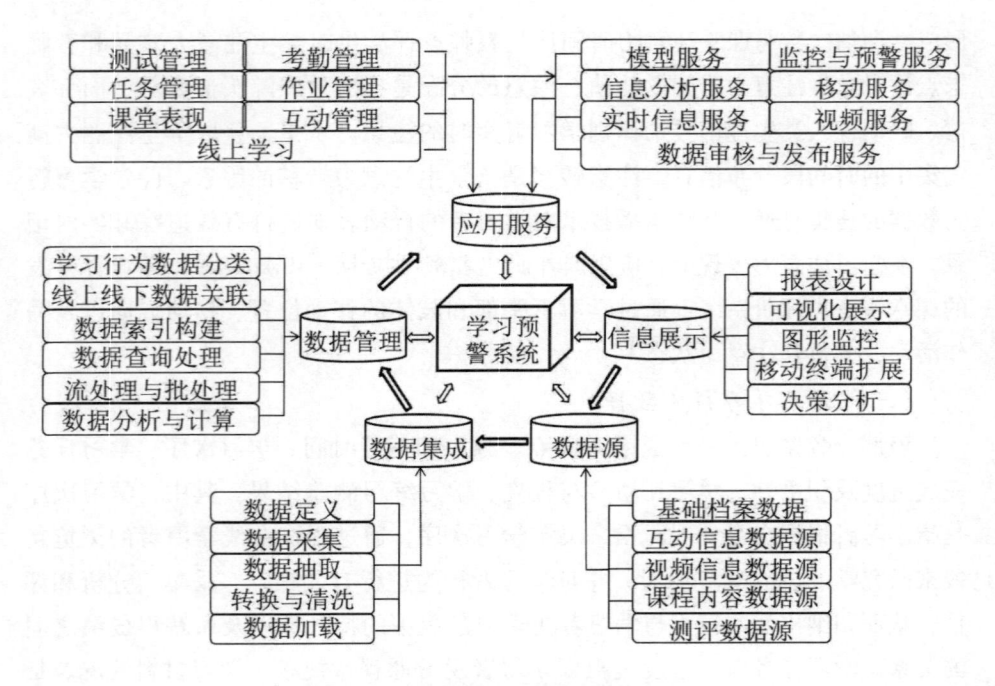

图 6-2 学习预警系统基础技术框架

一、数据源

数据源涵盖了学生个人基础档案数据、课程信息数据、课堂表现数据、在线课程学习表现数据、学习测评数据等模块信息，搜集的数据均为混合式学习环境下影响或显示学习者学习状态的重要信息。从来源对象上看，主要汇聚了学习者、课程和班级三类教育数据，这些数据是反映学习者学习水平及其在群体中学习表现的关键数据，可以帮助学习者更好地掌控学习状态。数据源所涵盖数据的质量和数量直接决定了预测学习结果和预警学习危机的成效，源数据的合理性与准确性保证了教育大数据仓库的有效性，为数据集成提供了基础支持，这是预警系统开发的前提和基础。

二、数据集成

数据集成包括数据的定义、数据采集、数据抽取、数据转换与清洗、数据加载。数据集成用于解决课程学习进程中存在的数据间的互通问题，其目的是将分散的、异构的教与学过程中的数据转换成联系的、统一的、能够对学习结果产生正反馈的数据，从而保证数据的一致性，解决在线数据和课堂数据间的冲突等问题。其中,数据清洗与转换是数据集成的关键点,数据清洗的任务是过滤不完整、错误和重复等不符合要求的数据,以确保预测学习结果的信度;数据转换的任务主要是进行不一致数据的转换、数据粒度的转换和一些规则的计算,以确保形成以学习者为中心的数据链,方便数据的挖掘分析,为进一步的数据管理提供保障,并最终实现学习预警。例如,课堂表现数据的集成,这类数据与学习注意力密切相关,采集的手段首先采用图像增强技术对于课堂实时采集图像进行预处理,对课堂场景进行分析,提取感兴趣区域,对学生采集图像的颜色特征进行计算,确定学习者面部位置,获取眼部位置并对其眼动情况进行分析。然后将这些数据集成并量化,从而得到学习者的注意力状态,有助于对学习进程给予适当干预或建议。

三、数据管理

数据管理既包括线上和线下学习表现数据的分类与数据关联,也包括数据索引、查询、流处理与批处理的整合、数据分析与计算。数据管理的功能定位是对集成数据的管理,是形成有效精准预警信息的重要保障,也是保护隐私数据、确保数据安全的关键点。其目的是保障高质量的学习结果预测,协调集成数据实现各种应用之间的可共享性,最后实现学习者与学习结果、预警信息的良好对接。在系统建设上,通过分布式文件系统、分布式数据库和并行计算模型进行架构实现。采用 Hadoop 分布式文件系统对以学习者为中心的不同行为数据节点进行链接,为上层数据挖掘提供非结构化存储服务。采用 MapReduce 分布式并行计算模型对不同学习表现数据进行拆分,在不同计算节点上执行,最后整合计算结果。

四、应用服务

在整合数据源、数据集成和数据管理的基础上,形成了教育大数据仓库。教育大数据仓库是一个面向教育教学的、集成的、随时间变化的、相对稳定的大数据集合,用于支持学习预测、教育管理决策等功能。教育大数据仓库常用的创建方法步骤如下:第一,将各个教育信息系统的业务数据库中的共享数据和非共享数据通过 ETL(Extract Transform Load,数据抽取转换加载软件)工具抽取、清洗、转换到 ODS(Operational Data Store,操作型数据存储)数据缓冲区;第二,将 ODS 数据缓冲区的共享数据通过 ETL 工具抽取、清洗、转换到 ODS 的共享数据区中;第三,将 ODS 数据缓冲区的非共享数据抽取到数据仓库中，将 ODS 共享数据区的共享数据抽取到数据仓库中。

在教育大数据仓库的基础构建应用服务层，应用服务层分为服务层和应用层，服务层提供基础教学资源，为应用层提供学习分析基础；应用层为学习者提供针对学习内容理解内化程度的判断与检测，是对服务层的评价与反馈，是服务层在学习进程和知识应用层面上的推进。服务层直接为师生提供包括模型服务、监控与预警服务、信息展示、移动服务、数据审核与发布服务、视频服务、实时信息服务等在内的具体功能服务。该层以教育大数据仓库和教育云平台为依托，实现师生之间的信息交互，帮助师生完成教学活动；应用层是包括考勤管理、作业管理、测试管理、课堂表现、互动管理、任务管理和线上学习管理在内的与测评系统相关的具体模块。测评活动贯穿整个学习进程当中，起到诊断性评价的作用，而测评结果则作为学习结果和预警信息的依据，可以快速发现学习者在学习过程中存在的问题和不足，便于对学习者的学习状况形成直观了解。

五、信息展示

信息展示层是学习预警系统的最高层，包括报表设计、可视化数据展示、图形监控和报警、移动终端的扩展和决策分析。预警系统综合考虑学习者的学习过程、学习结果、内容形式、表现方法等要素，利用可视化的技术手段将阶段性学习结果输出为仪表盘等形式，对有效的学习结果预测和精准的学习预警分析进行更直观的反馈，从而帮助学习者更好地理解分析结果，支持决策行为。

第四节 学习预警系统的技术实现

学习预警系统要提供统一的对象工厂模型以及多种教学业务模式，应用支持向量机和机器学习方法进行数据分析。在技术路线上，利用 UML 建模来设计核心数据模型，以 ASP.NET 为开发平台，采用 Oracle 数据库，基于 Microsoft.Net 后台开发及 JQuery 前台开发等开发预警系统。该系统具有高度的扩展性和可维护性，可动态管理教育大数据仓库内部数据分析环境，定期进行数据更新，使教育大数据仓库正常运行，并能够根据对学习过程数据快速地进行动态分析，解决软件需求不确定性和软件开发实施速度间的矛盾，满足学习预警的常态化监测需求。

一、预警系统的数据结构及权重

学习预警的主要数据结构包括教师表、课程表、选课表、考勤表、个人档案信息表、学习资料表、课堂学习行为数据表、网络学习行为数据表、测评任务表、操作日志表等，其属性和结构关系如图6-3所示。在数据结构中，由课程表可以计算个人档案信息表的必修课与选修课数量，以及通过数量和绩点；由选课表可以计算出课程成绩和课程是否通过；由操作日志表和学习资料表可以获得网络学习行为中的发帖数量、回复数、浏览帖数量、完成进度、互动参与度等信息；由网络学习行为数据表、测评任务表和课堂学习行为数据表可以计算出测评预警结果、课堂学习行为预警结果、网络学习行为预警结果；通过分析数据结构可以解决数据关联、数据通信以及交互规范等基础性问题。

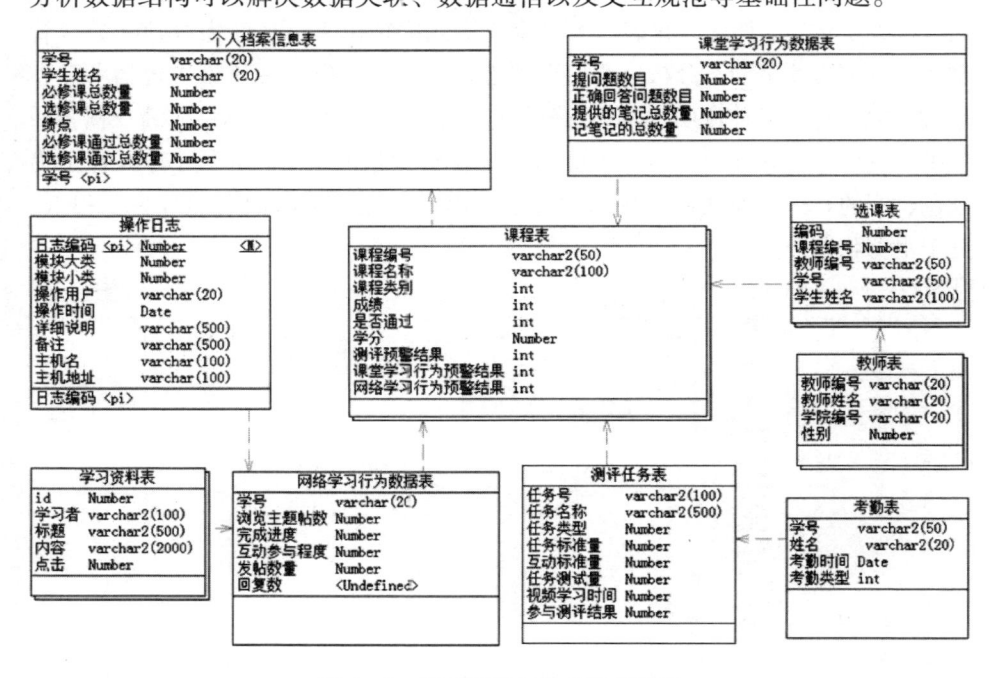

图6-3 学习预警系统的数据结构

学习预警结果是基于数据模块计算得出的，而在模块权重方面，我们采用层次分析法，对以往存在学习风险的学生在不同数据模块的表现情况进行统计分析。具体过程如下：第一，构造判断矩阵，请评判专家按照九分位的比例标度，对上述同一层次的数据模块指标的相对重要性进行评判；第二，计算权重，依据层次分析计算公式，对上述十阶判断矩阵的各行向量进行几何平均、归一，

185

得到各个数据模块的权重向量；第三，一致性的检验，为了评估预警系统的性能，判断其是否能给出精准的预警信息，需要检验判断矩阵是否具有较好的一致性。我们先根据指标公式计算得出一致性指标，之后与十阶判断矩阵的平均随机一致性指标值进行相除，从而得出判断矩阵的一致性比率。

二、预警过程的监测与动态分析

预警过程包括预警状态监测与动态分析，其中，监测点包括课程测评分数、排名、课堂表现、线上任务完成与互动情况等；状态监测数据包括考勤记录、测评成绩、课堂表现等。动态分析是指采集各个子系统的监测数据，将数据整合到教育大数据仓库中，并按照使用者的需求，通过教育大数据仓库高效地对数据进行全面动态分析，发现数据中的潜在信息，及时对学习结果做出精准预测，最终以数字、图表、仪表盘等可视化形式呈现出来，从而为教师和教育管理者提供学习预警动态分析。我们以预警过程的测评模块（该模块包括考勤和平时测验）进行具体说明，其动态分析过程如图6-4所示。测评成绩在预警系统中经过换算，满分为10分，图的左边是测评数据的记录，分数小于6显示为红色，图的右边是曲线图，从图中可以看出李文在每个时间段的分数都很低，处于报警状态。

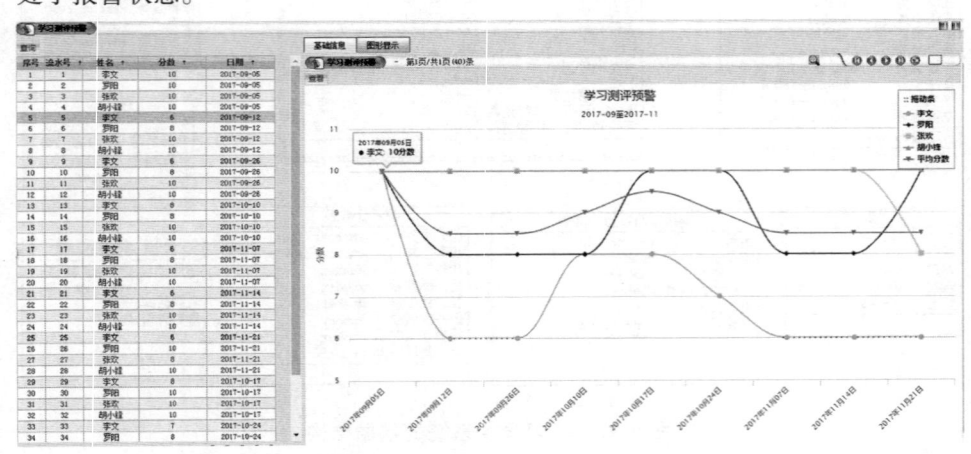

图6-4 学习预警过程的监测与分析

三、预警结果的可视化输出

（一）数据可视化技术概述

数据可视化旨在借助图形化手段，清晰有效地传达与沟通信息。为了有效地传达思想观念，图形形式与功能需要齐头并进，通过直观地传达关键维度与特征，实现对于稀疏而又复杂的数据集的深入洞察。数据可视化的对象主要包括学习者在学习测评过程产生的有效数据、学习者学习过程中产生的交互行为数据、学习预警结果的信息展示。

（二）插件式开发及 Highchart 插件在预警系统中的应用

插件式开发是一种程序设计技术，是一种面向组件的软件开发方法。在插件结构的应用系统中，程序并不是单一的执行文件，而是由主程序和若干外部模块组成的。这些模块是按照一定的规则编写，可以通过配置文件灵活地加入系统中，也可以在程序运行时动态地加入系统中。Highcharts 是一个用 JavaScript 编写的图表插件库，可在预警系统中实现结果的可视化输出。它能够支持外部数据加载和数据动态性，支持多种数据形式。Highcharts 结合 Jquery 等 JavaScript 框架提供的 Ajax（一种创建交互式网页应用的网页开发技术）接口，可以实时地从考勤管理、作业管理、任务管理、互动管理、课堂表现和线上学习等模块取得数据，然后集成到中心服务器中并刷新图表，从而提供良好的用户体验。

各个模块的数据源包括测评数据源、课堂表现数据源、课程信息数据源、互动表现数据源等。当前，学校的教育信息化系统和在线教育管理系统都已存在多个业务系统，如教务管理系统、学生管理系统、毕业管理系统等。虽然各个系统都有查询、分析、报表等功能，但想要集中地对数据进行管理和分析，操作并不方便。从管理者视角来看，在进行学习预警时，需要从多个维度对学习者本身进行分析，这就要求教育大数据仓库关联多个相关数据库从多个维度来组织数据、显示数据，而不仅是简单地看到各个业务系统的数据，而是需要对这些数据进行综合的汇总、分析、监测。本研究中的预警系统数据分别来自学生管理系统、成绩管理系统、测试系统等。这就需要将不同业务系统的数据进行统一的采集、整理和管理，利用教育大数据仓库为管理者提供有效的数据处理，从而能够进行集中的数据整合与分析，具体技术路线如图 6 – 5 所示。ETL 是将各个子系统的数据经过抽取、清洗转换之后加载到数据仓库中的过程，目的是将分散、零乱、标准不统一的数据整合到一起，为预警决策提供分析依据。ODS 操作型数据存储，ODS 具备数据仓库的部分特征和 OLTP 系统的部分特征，它是"集成的、当前或接近当前的、不断变化的"数据，一般不保留数据的变动轨迹，是数据仓库体系结构中的一个可选部分；ODS 层适合数据整合度较低、时效性要求较高、适合基于源系统数据结构加工的应用，其主要进行短期的、细节的、反映业务原貌的数据存储，直接提供基于源系统结构的简单原貌访问，同时为商务智能环境中合适的业务需求提供支持。其原则是面向全局，数据整合；模型设计，灵活扩展，并提供规范和共享。服务层利用 ODS 支持的预警中心数据库，再利用 Ajax 技术从数据库中读取数据，最后配置 Highcharts 插件，实现预警信息决策支持和可视化展示。

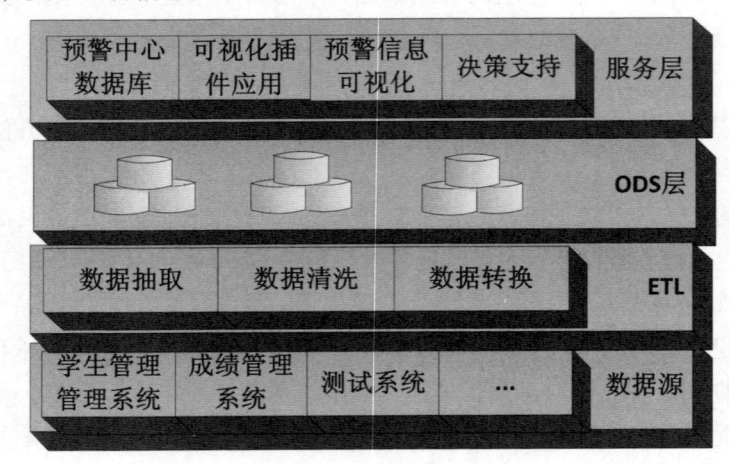

图 6-5　学习预警系统的可视化技术路线

（三）可视化仪表盘输出预警结果

可视化仪表盘输出采用的软件设计模式是 MVC（Model View Controller），即模型、视图、控制器的缩写。MVC 是用一种业务逻辑、数据与界面显示分离的方法来组织代码，将众多业务逻辑聚集到一个部件中，在需要改进和个性化定制界面及用户交互的同时，不需要重新编写业务逻辑，从而减少编码的时间。可视化实现将预警数据和图形分离展示，具体显示什么样的图形用业务逻辑来控制，以提高运行效率。本例是利用 MVC 模式，在采集好预警数据计算预警结果并用可视化仪表盘的形式显示出来。

当教师登录学习预警系统时，可以通过仪表盘查看学生的课程学习状态。每个数据模块都有相应的仪表盘，具体成绩由系统计算得出。当教师点击仪表板上的成绩时，将会显示学习者在该模块的学习历史记录。课程学习的预警结果将根据各个数据模块指标的权重进行计算得出，并进行可视化输出。我们以 60 分为基准点，60 分以下表示预警，60~70 分是轻度预警，70 分以上表示在安全区域，没有预警。为检验系统的可行性和有效性，我们以某高校专业核心课程数据库原理与技术为试验对象，以学生档案数据、课堂学习表现数据、网络学习平台数据等为数据源，并将样本数据划分为训练样本和检验样本，应用该预警系统进行实际分析，系统预警总评结果如图 6-6 所示，可以看出，李文在红色预警区。基于该分析结果，结合学生实际学习成效，通过预警发现的学习者在课程学习表现上存在学习风险，这说明系统分析有较高的效度。

罗阳	李文	张欢	胡小锋
69 总评	56 总评	82 总评	93 总评

图6-6 学习预警结果的可视化

通过该预警系统可以快速识别出在课程学习结果表现方面存在风险的学生，而且能够对学习过程中的低效学习表现指标进行分析，找出学习过程中的薄弱点，为后期教师开展精准教学干预提供参考依据。此外，结合教育大数据实时更新的技术特征，系统地对学生的数据进行过程监控和更新，根据学生一段时间学习任务和学习评价结果的改善情况对其预警状态进行更改，形成对学习表现的常态化和阶段性监测。

尽管预警系统在一定程度上能够识别出课程学习风险的学习者，但在数据量和分析算法上还存在一些局限，具体如下：第一，数据样本量影响预测精度；建立有效的神经网络需要较大规模样本，从而训练出较高效度模型；当前分析数据主要以小样本为主，数据量有待进一步扩充。第二，预警指标权重设计需进一步优化；当前指标设计主要基于已有数据和模块分析得出，在模型拟合度上还存在偏差，需要进一步扩充训练样本量，通过数据模拟出最优权重。第三，预测分析算法的局部最优问题影响着系统整体精度；后面需要对不同预测分析法进行比较分析，使模型的求解过程从局部最优收敛到全局最优。后面将进一步优化预警算法和参数设置，以提高系统运行的可靠性与稳健性。

本章小结

在混合式学习环境下，整合正式学习和非正式学习下的行为数据进行学习预警是提高预警有效性和精准性的一条重要路径，着重解决数据采集面单一和课程学习预警系统匮乏问题具有重要的实践价值。在对国内外学习预警相关文献分析的基础上，提出的基于学习行为数据的学习预警模型包括学习服务模块、数据采集模块、教育大数据仓库和云计算平台、数据处理模块、预测计算与分析模块、自动预警与可视化模块。基于该模型并结合相关的技术标准和规范，设计包含数据源、数据集成、数据管理、应用服务和信息展示的学习预警系统基础技术框架。利用 UML 建模来设计核心数据模型，以 ASP.NET 为开发平台，采用 Oracle 数据库，从数据结构与权重、监测与动态分析和可视化结果输出三方面开发的学习预警系统具有高度的扩展性和稳定性，可满足学习预警的常态化监测要求。

第七章

个性化学习评价

个性化学习评价是以每个学习者原有的知识水平和学习情况为基础,对学习者的学习活动过程和结果进行个性化分析的一种评价方式。它是学习分析在结果评价环节中的应用体现,其分析结果为学习目标的差异化制定提供依据。在测量理论的指导下,学习评价结果逐渐由笼统测验分数转向精准个性化诊断结果,以此来了解学习者的认知结构与学习水平。然而,在传统考试中,教师多采用人工计算的方法对学习者成绩、班级平均分、排名变化等进行统计分析,往往忽略了试卷内容和试题作答情况等细节信息,造成数据信息不能得到有效记录、挖掘和利用。当人数、试题数及题型过多时,会因计算时间长、工作负荷重导致错误情况的发生,影响评价结果的准确性和时效性。我国《教育信息化2.0行动计划》强调教育应依托大数据和人工智能技术,创新完善教育数据系统促进个性化学习和教育治理。当前,数据驱动学习评价逐渐趋向智能化,针对基础教育考试数据搜集不全面、分析浅层次、仅以分数论优劣的现状,本章将基于学生学习测评数据构建个性化测评模型,从不同教学目标达成情况、知识点掌握程度等维度分析学生的学习测评数据,进而为学生和教师提供个性化的评价报告,为各类学习平台实现个性化评价提供有效参考。

第一节 学习测评理论与应用分析

一、教育测量理论概述

教育测量(educational measurement)是根据测验理论和心理计量学的原理和方法对各种教育现象进行量化的过程,例如,测量学生的学业成绩、智力水平、人格特征、品德状况等。与教育评价、教育测验、教育评估、心理测量等概念不同,教育测量是一个数量化的过程,主要测量的是学生的内在心理特征,侧重考查学生对特定知识、技能的掌握程度,关注教育对个体产生的影响,具有客观性、间接性、复杂性。

教育测量的发展历程可以分为以下三个阶段：第一，教育测量的萌芽阶段（1864年以前）：中国是考试制度的发源地，历时近一千三百年的科举制度侧重政治理论和文化素养的考查，缺乏全面、学科的评价制度，存在诸多弊端。西方各国在18世纪以前主要以口试为主，1845年，美国波士顿市教育委员会为应对学生数量激增而无法逐一口试的困境，率先采用笔试代替口试，相关的测验方法也随之发展了起来。第二，教育测量的兴起阶段（1864—1940年）：英国教师费舍（Fisher）在1864年通过收集学生的成绩样本而编制了《量表集》，客观标准化测量开始萌芽。随后，英国、德国都开始建立实验室，促进了教育测量运动的发展。为了鉴别巴黎许多学习效果低劣的孩子到底是由于懒惰还是智力等原因，比纳（Binet）设计一种智力测验的方法，并于1905年在西蒙（Simon）的帮助下，编制成了人类有史以来第一个心理测验——比奈－西蒙（Binet－Simon）智力量表。第三，教育测量的繁荣阶段（1940年至今）：20世纪50年代至今，经典测量理论、概化理论、项目反应理论以及认知诊断理论依次登台，并存于教育测量领域，共同发挥着作用。现代教育测量在测量内容、测量方法、测量模式上都有了很大改观，理论研究和技术开发也更加深入。

（一）经典测量理论

经典测量理论（Classical Test Theory，CTT）是以真分数理论为核心理论基础发展起来的测量理论，并在真分数的基础上提出了信度、效度、标准化、常模、项目分析等基本概念。经典测量理论从19世纪末兴起，到20世纪30年代形成完整体系，20世纪50年代逐渐趋于成熟，1968年洛德（F. M. Lord）和诺维克（M. R. Novick）出版的《心理测验分数的统计理论》将经典测量理论的发展推至巅峰状态。尽管后来出现了新的测量理论，但直到今天，经典测量理论依然在各个测量领域扮演着重要角色，它对编制测验、实施测试、评价等环节提出了一系列简单、具体、实用的方法，在各种实际测验中得到广泛应用。

经典测量理论主要由真分数理论和信度理论两部分构成：

1. 经典测量理论的基本假设

假设一，观察分数（X）等于真分数（T）与误差分数（E）之和，即 $X = T + E$，这就是经典测量理论中最重要、最基本的真分数模型，其中，真分数表示学生在没有任何测量误差下的真实水平；假设二，真分数不变，即测量的学生的特质数值是恒定的；假设三，误差完全随机，即测量误差是以0为平均数的正态分布且测量误差与真分数、测量误差之间，以及测量误差与被测特质外变量之间相互独立。

2. 经典测量理论的信度理论

经典测量理论中的信度表示的是观察分数与真分数之间的关联程度，基于以上假设，得出了信度指数的公式：$\rho_{XT} = \dfrac{\sigma_T}{\sigma_x}$，其中，$\rho_{XT}$ 表示信度指数，σ_T 表示真分数标准差，σ_x 表示观察分数标准差。

由于真分数的不可观测性，因此真分数的方差也没有办法得到。经典测量理论基于平行测验的假设，通过计算平行测验观察分数的相关系数间接的求得信度指数：$\rho_{XT} = \sqrt{\rho_{x1}\rho_{x2}}$，其中，$\rho_{x1}\rho_{x2} = \dfrac{\sigma_T^2}{\sigma_x^2}$。经过近百年的发展，经典测量理论对试卷、试题等具有比较完善的可操作的统计方法，也由于误差的独立性假设和测验的平行性假设而存在以下不足：

1. 经典测量理论的优点

经典测量理论的模型简单，使用性广，很多普通的一线教师也能快速理解和接受信度、效度等概念，从而对试卷、考试数据等进行分析。这也是经典测量理论成为测量领域使用和流通最广的理论的重要原因之一，对我国教育测量的发展有着重大贡献并且仍将发挥着作用。

2. 经典测量理论的缺点

在教育理论和实践的不断发展下，经典测量理论逐渐显示出不足，主要包括以下方面：

（1）参数估计依赖样本。以试卷为例，试卷的难度、区分度、信度、效度等都与选取的学生样本有关，选取的学生群体不同，就有可能得到不一样的试卷难度和区分度。就难度而言，如果学生的水平普遍比较高，试卷难度就低；如果学生的水平普遍比较低，试卷的难度就高，所得到的难度值存在差异。就信度而言，信度的计算公式建立在平行测验的假设之上，但教师在实际教学过程中很难要求学生多次作答同一份试卷，即使是同一个班级的学生做同一份试卷，也会受到遗忘、新知识的习得或者考试焦虑、审题不清等因素的影响，不可能达到完全平行。

（2）学生的考试分数与试卷的试题内容和试题数量有关，参加不同考试的学生之间难以进行比较。由于学生测试的成绩得分是试卷每道试题得分的总和，在评价时，用总分衡量学生的学习效果，因此要想对不同的学生进行比较，只能要求他们参加同一份试卷的测试，除非测试他们的两套试卷是完全平行的，而这几乎不可能实现。

（3）试题的难度和学生能力水平的不一致性。学生的最后得分由各个试题得分累加而得，未考虑试题难度系数。试题的难度值有大小之分，区分能力也不相同。但在测试中，所有选择题的分值一样，一个学生答对一道简单的试题和一个比他水平更高的学生答对一道难度较高的试题的得分是相同的，没有给予不同的权重分数，未能揭示学生认知水平和作答反应表现之间的关系。

（二）概化理论

克隆巴赫（Cronbach）等人在1963年基于真分数测验理论的信度研究提出了概化理论（GT），并在1972年出版了《行为测量的可靠性》，这标志着概化理论的诞生，这是对经典真分数理论特别是信度理论的进一步拓展。经典测量理论笼统地用误差E概括了所有的误差，概化理论提出了测验情境关系的概念，认为所有的测量都是在一定情境下进行的。测量情境关系是测量目标和测量侧面的统一，其中，测量目标解决的是"测什么"的问题，测量侧面指的是影响测量目标的所有内外因素，例如，测量工具、测量环境、测量时间等，涉及"怎么测"的问题。

概化理论的发展主要经历了一元概化理论和多元概化理论两个阶段，包括概化研究（Generalizability study）和决策研究（Decision study）两部分。G研究是在特定的测量情境下，设计试卷，组织测试，搜集数据，利用方差分析法对测量情境中涉及的误差进行分解，估计误差的大小；D研究指的是利用概化研究的结论，在改变测评情境的条件下，研究如何改善测量的信度和效度。

概化理论是针对经典测验理论的不足而诞生的，其优越性在于以下方面：第一，在理论假设上，概化理论以随机平行测验假设代替经典测验理论中的经典平行测验假设，即认为从同一题库中随机抽取试题组成的几份试卷是平行的，从而使条件较容易得到满足；第二，在具体方法上，概化理论采用方差分析技术分解误差来源，更便于控制测量误差；第三，在测验设计上，经典测量理论仅考虑测量一个笼统的误差，而概化理论主张研究测量问题时要提前确定测量情境，这也是概化理论最显著的特点。从整体上进行设计，并在一定范围内改变测量的情境关系，寻求最完善、最优化的测量设计，指导实际的测量。

虽然概化理论具有许多独特的优点，但其在进行方差的划分时，仍然遵循的是抽样的思想，它与经典测验理论同属于随机抽样理论，并未改良经典测量理论的微观结构。其局限性主要体现在概化理论注重所测心理特质的单维性、有时方差分量估计会出现负值、对施测者的测量设计和施测能力要求较高、随机误差的影响等。

（三）项目反应理论理论

项目反应理论（IRT）是建立在潜在特质理论（Latent Trait Theory）的基础之上的，其主要内容就是通过学生在试卷上的作答情况，测量学生的潜在特质值。项目反应理论假设学生的作答情况是受某种心理特质（因其无法直接测量，故称为潜在特质）的影响，项目反应理论可以估计出学生的这种特质值，并且根据值的大小来解释、预测学生对试题的反应。洛德在1952年提出了双参数正态肩形曲线模型（two-parameter normal ogive model），这是第一个项目反应模型，标志着项目反应理论的创立。20世纪60年代后，随着新技术尤其计算机技术的发展，为项目反应理论中复杂的参数估计方法的实现提供了可能，项目反应理论迅速发展成一种较为成熟的现代测量理论。

表示试题特性的参数主要有难度和区分度，具有难度参数和区分度参数的二参数逻辑斯谛模型如下：

$$P(\theta) = \frac{1}{1 + exp(-Da(\theta - b))}$$

其中，$P(\theta)$ 表示学生正确作答试题的概率；D 为常数且 $D=1.7$；a 表示区分度参数；θ 表示学生的能力参数；b 为难度参数。

项目反应理论研究的一项重要工作就是确定项目特征曲线的形态，它是以学生对试题的正确作答概率、学生的能力参数以及试题参数的函数关系所表示的。三参数逻辑斯谛模型增加了猜测参数 c，表示学生因为猜测、推论等偶然因素而答对试题：

$$P(\theta) = \frac{1-c}{1 + exp(-Da(\theta - b))}$$

项目反应理论可以采用最大似然法或贝叶斯法等估计学生的能力参数，或已知能力参数估计项目参数，也可以同时估计两种参数，具有经典测验理论所无法比拟的优点。由于项目反应理论在估计试题参数时涉及的样本数多，计算复杂，因此常常与计算机结合起来使用，在建设题库、编制试卷、自适应测试等方面具有一般测试难以达到的效果。例如，利用计算机进行自适应测试，从试题作答结果中可以估计学生的能力水平，并根据估计的能力水平从题库中匹配相适宜的试题，这样就可以避免出现过难或过易的试题。

尽管项目反应理论在经典测量理论上有了很大改进，受到了很多研究者和实践者的青睐，但仍有其自身的不足，主要体现在以下方面：第一，项目反应理论建立在复杂深奥的数学基础上，需要借助计算机技术，否则计算方法复杂，工作量的，难以在一线教师的日常工作中大范围推广；第二，受到严格假设条件的限制，对样本数量、试题数量要求较高，否则其精确性容易受到质疑；第三，项目反应理论认为学生对试卷的作答情况主要受一种特质的影响，所测量出的学生能力参数是一个笼统的能力值。

（四）认知诊断理论

认知诊断是新一代测量理论的核心，用于对学生的认知过程、加工技能、知识结构进行诊断评估。经典测量理论、概化理论、项目反应理论的共同点在于都把学生的心理测量或潜在特质视为单纯的统计结构，忽视了所谓潜在特质的心理学实际意义。认知诊断理论结合了当前的心理测量理论和认知心理学的研究成果，与传统测量理论相比，认知诊断理论在理论基础、测量目的、功能、评价标准等方面都有一定区别，在传统测量理论的基础上，更强调测验要深入考察学生的内部心理加工过程。

无论是教师，还是学生，都不希望测试的数据分析结果仅仅是一个分数成绩，而希望测试能够为教师教学、学生学习提供更多的诊断建议和信息。首先，认知诊断理论可以帮助教师准确了解学生的知识结构、存在的技能问题等，实现因材施教、个性化教学，提高教学效率；其次，认知诊断理论还可以为学生提供个性化测评信息，帮助学生及时了解自身当前的学习情况和存在的具体问题，从而有针对性地进行补救。认知诊断可以为新课程改革所强调的素质教育提供有力的评价和诊断工具，具有极大的应用价值。

尽管认知诊断理论的发展前景看似一片大好，但在实际应用中任重而道远。一方面认知心理学对人的大脑内部加工机制的研究多为描述性的，难以量化，认知心理学家难以理解复杂的测量模型，测量学家也难以把握认知心理学的知识，二者的结合与沟通存在阻碍；另一方面，研究开发实用、有效、可操作性强的认知诊断模型是非常困难的，学生的认知过程、加工技能和知识结构等复杂、易变，难以用模型去量化，能够较好地解释这些内部加工过程的复杂模型也存在很多技术难题需要攻克。

（五）述评

通过上面的分析可知，经典测量理论、概化理论、项目反应理论和认知诊断理论各有优势与不足，适用范围也存在差异。经典测量理论便于理解和操作，是每一位教师必备的技能之一；概化理论基于方差分析和实验设计，分析误差来源和大小，寻求最佳方案，也是教师除教育学、心理学、教学法等以外应该掌握的基本技能；项目反应理论建立了学生和试题相关联的模型，对学生和试题的分析估计都更加精确，为自适应测试提供了理论基础，实现了因人而测；认知诊断理论深入学生的认知过程、加工技能、知识结构层面进行更加个性化的评估，为个性化测评奠定了基础。

随着计算机技术的普及和教育大数据的获得，四大测量理论在教育实践中都有条件得以实现。除了经典测验理论得到了广泛应用之外，项目反应理论和认知诊断理论也在国内外大型测验中得到了应用。本章将通过学生的考试数据分析出学生的目标达成度、知识点掌握水平等个性化测评结果，认知诊断理论是达到此目的的最佳方法，但其模型的复杂性使得测评难以进行，于是我们采用修订后的基于 Q 矩阵的属性掌握概率方法作为测量的主要方法。

二、基于教育大数据的智能测评平台分析

（一）智能测评平台的功能比较分析

为了解当前智能测评技术在实践中的应用和发展情况，本研究借助国内外搜索引擎，对国内外有关文字书写、语音分析、测评考试等不同智能测评平台进行整理分析。在选取智能测评平台的过程中，以具备多元化、智能化、交互性、可视化等特征为依据，确保分析的智能测评平台符合本研究的需求。对平台的分析从使用对象、数据采集来源、分析内容、结果呈现形式、特色功能展现等方面进行多维对比，见表 7-1。由此可以发现，在分析对象上，平台较为关注学生在群体中的表现，其测评结果偏重比较；在数据采集来源上，平台采用多种方式搜集，既包括传统的试卷、问卷和量表，也使用动作捕获感应器、自然语音拾取等高科技手段；在分析内容上，当前国内外智能测评平台涉及的测评内容除以学业成绩、语言能力、实验操作能力等为代表的学业水平方面测评外，也涉及心理测量、学习自适应能力等非学业水平方面的测评；在数据类型上，结构化数据是目前各测评平台数据的主要类型，目的在于方便数据分析，并以可视化方式呈现最终结果。

表 7-1 国内外智能测评平台分析

平台名称	使用对象	数据采集来源	分析内容	结果呈现形式	特色功能展现
海云天教育测评	教育主管机构、中小学教师和学生	测试卷、调查问卷、成长档案袋、测量量表	考试评价、教育质量综合评价与监控、学生综合素质评价、学校评价	雷达图、直方图、折线图、表格等静态图表	学习潜力预测、教学改进建议、学习改进建议、群体位置信息

续表

平台名称	使用对象	数据采集来源	分析内容	结果呈现形式	特色功能展现
汉字书写质量测评系统	中小学生、书法能力鉴定机构	触摸屏采集书写轨迹点集、汉字书写轨迹影像识别	笔画布局、部件布局、整字形态	折线图、雷达图、表格	提供详细的评价结果和书写意见
科学实验考查智能测评系统	中小学生、高校理工科学生、实验研究人员	实验操作时间记录、实验流程记录、实验结果达成记录	实验操作完整性、实验结果质量分析	交互式复合饼图呈现整体及分项能力结果	提供操作时间、流程规范度、操作能力群体位置信息
智能语音测评系统	学生、语言学习者	语音拾取及解码、口语能力特征信息	口语表达完整性、准确性、流利性、韵律性	雷达图呈现各能力达成度、甘特图呈现各模块作答时间	提供口语能力整体及各分项分析报告
E-valuating测评系统	学生、家长、培训机构	测试卷、调查问卷、心理测量量表	学业成就、学习能力、心理素质、教育方法、亲子关系、家庭环境	面积图、交互式分层对比图	对家长和学生心理调查结果进行相关分析、支持离线作答
慕华尚测	教育主管机构、中小学生、家长	测试卷	学业成就、学业潜能、素质评测	纵向折线图呈现认知过程和结果变化情况	提供认知过程和结果的评价数据、答题能力的群体位置信息、提供详细的试题参数
Taskstream	在线学习者、网络课程开发者、学校学术科研管理机构	日常行为数据、反思文本、测试卷	学术和非学术成果评估	双轴图呈现学生学术能力未来走势	提供各学术能力维度分析、提供学术研究建议
Acrobatiq	学生、在线学习研究者	调查问卷、在线学习行为数据	自适应能力评估	轨迹图呈现学习者在线学习路径、热力图呈现学习者对各学习模块的关注度	提供学生在线学习轨迹特征分析

续表

平台名称	使用对象	数据采集来源	分析内容	结果呈现形式	特色功能展现
Smart sparrow	学生、在线学习研究者	文本材料、在线学习行为数据	学业能力、学习适应性	标签云呈现学习者文本材料信息、标准分数和位置图共同表现学习者学习成效群体位置	提供学前诊断、学习前后成效对比
MyEnglishLab	学生、个性化系统推荐技术的研究者	测试卷	学业成就	提供各层次、各维度的图表	根据学生的作答结果提供相应的测试题以及学习资料
E2Coach	在校大学生	在线学习行为数据、调查问卷	学习动机、学习的优势和不足	一般性图表、雷达图呈现学生的学习状态	诊断报告、学习建议、个性化学习内容
AVIDAnet	学生、语言学习者	语音拾取及解码、口语能力特征信息、标志码信息	听力口语能力	以雷达图、折线图为主的口语表达能力结果展示	支持语音回放并重点标记失分点

(二) 智能测评平台存在问题分析

通过对国内外主流智能测评平台的梳理分析后发现，当前智能测试平台存在以下五方面的问题：

1. 测评目的存在异化现象

在对上述智能测评平台进行分析的过程中发现，无论从面向使用对象，还是分析内容组成上看，均存在较为明显的测评目的异化的情况（该现象在国内实践中尤为突出），即测评目的在于选拔和甄别，而忽视测评的诊断、反馈和促进功能。如测评平台关注区域教育质量监测及对比、学校的办学质量分析、教师的教学质量分析、学生学业成就分析，而提供的诊断报告集中在基于常模参照测量下的排序和比较，具有较为明显的"排位次"现象。测评需要为教师精准教学和学生高效学习提供有效支持，如果盲目追求测评的选拔和甄别作用，缺少基于测评结果的教与学的优化，则会造成测评活动舍本求末，无助于教与

199

学改进的困境。

2. 测评数据的采集相对单一

数据采集的内容和形式将直接决定后续分析的广度和深度。从数据内容上看，当前智能测评平台主要以学业成绩数据为主，缺乏学生日常学习行为数据、家庭背景信息等重要内容的采集；从数据类型上看，已有分析数据以结构化数据为主，如学生的试卷分数、调查问卷结果、在线学习时间、点击次数等，缺乏更能体现学生情感、价值观、学生学习品质和学习思维等非结构化信息内容的采集；从数据搜集时间跨度上看，以阶段性、结果性数据为主，缺乏日常关键事件和典型表现行为数据的搜集。当前，无论是从数据内容和类型，还是数据搜集的时间跨度上看，现有的测评平台尚未达到智能测评对数据采集的要求。

3. 测评分析缺乏深度

受限于测试数据采集较为单一，目前各测评平台在分析内容和分析方法上的设计也较为简单。在分析内容上，主要采用问卷、试卷等测量工具获取的区域教育质量、学生学业成就等方面的分析；从分析的方法上看，以描述性的量化统计分析为主，缺乏质性分析及纵向和横向的对比分析功能，以及多角度、多层次分析同一对象；从测量统计理论的应用上看，主要以经典测量理论作为理论依据，缺乏更能反映学生认知过程、数据处理精度更高的认知诊断和项目反映等理论应用。分析结果往往较为片面，无法对分析结果形成有效的证据链，分析结果的可信度不高。

4. 测评结果可视化水平低

通过分析各类评测平台可知，用图表对分析结果进行可视化输出是当前各智能测评平台结果呈现的主要特征，目前，测评平台一般采用静态图表和动态图表两种类型来表征可视化结果。静态的可视化结果是指以直方图、雷达图、数据仪表盘等图表呈现结果且一般不能更改；动态的可视化结果是指通过选择和关联不同的时间、测评维度和统计分析指标来呈现测评结果，例如，在分析学生口语表达能力中，学生可以按照自己的需求来选择语音、词汇分项等内容的诊断结果，也可以自定义分项成绩来模拟当前口语水平与目标水平的差距等交互性的功能。从整体而言，测评结果的可视化在数据更新、图形化、交互性等方面还较弱。

5. 测评反馈智能化薄弱

智能测评平台的关键特征应为测试结果的智能化和个性化，平台应基于区域、学校、学生作答数据的分析结果提供相应的教育质量预测并提供相应的改进建议。但从目前的调查来看，各测评平台提供预测和建议的功能有待进一步完善。部分提供教与学改进建议的平台并没有做到个性化,给出的建议较为宽泛且缺乏个性分析。在所分析的测试平台中,均未提供预测分析功能。由此可以看出,实践中有较多测评平台冠以智能之名,但未有智能之实,这一现象值得深思。

三、数据集驱动的智能测评研究现状分析

为了解近年来国内外智能测评研究的整体状况,对国内外相关文献进行了梳理和内容分析。其中,中文文献的检索选取中国期刊全文数据库、中国博士和硕士学位论文全文数据库和中国重要会议论文全文数据库作为样本来源,分别以检索项:"主题";检索词:"智能测评""智能反馈系统""智能测试系统""智能评价";剔除会议通知、简讯等无关内容,筛选后共获得样本文章 19 篇。外文文献的检索选取 Elsevier ScienceDirect、Springer Link、Wiley Blackwell、Web of Science 等国外知名数据库为样本文章来源,分别以检索项:"Theme";检索词:"intelligent assessment、intelligent evaluation、artificial assessment、artificial e-valuation";时间跨度与中文文献一致,并辅之以谷歌学术搜索,剔除会议通知、workshop 等非研究文献,共获得有效文章 23 篇。通过对所获样本的整合与分析,得到当前国内外智能测评研究主要集中在以下几个方面:

（一）智能测评的理论与技术研究

该类研究主要集中在智能测评结构观的认识和发展探讨、智能测评量表设计与开发的理论依据、智能测评算法和模型等方面。例如,邱江等在借鉴国外学者对智能结构最新研究成果的基础上,分析了未来智能测验应遵循的原则并进行了智能测验的试题编制[1]。贺玉兰（Yulan He）等在文本语义挖掘研究中深入分析潜在语义分析（Latent Semantic Analysis,简称 LSA）,N‑gram 和 BLUE 等技术,研究表明,与现有技术相比,新技术支持的文本自动化评估能够实现文本分析高精度并且显著提高分析性能[2]。

（二）智能测评系统的设计与实现

这方面研究主要围绕多元化、个性化智能测评系统的设计和实现来展开。例如,吴志刚等在研究学习者和学习内容的基础上,整合学习目标、学习能力、

---

[1] 邱江,张庆林. Shavinina 的智能测评观述评 [J]. 心理科学进展,2004（3）:416–422.

[2] HE Y, HUI S C, QUAN T T. Automatic Summary Assessment for Intelligent Tutoring Systems [J]. Computers & Education, 2009, 53 (3): 890–899.

评价方法等因素提出三位个性化评价模型,并从提升系统的效度和可用性出发,构建了个性化智能测评系统模型①。阿瑟·卡克劳斯卡斯(Arturas Kaklauskas)等采用生物特征识别、语音压力分析和特殊算法开发了智能自我评估系统,支持考生在正式考试前对自我的情绪和压力进行测评,为帮助学生缓解考前压力和平复紧张情绪提供参考②。Ifeyinwa Chika 等利用增强实现技术构建了一个集成智能测评功能的虚拟实验室,该虚拟实验室可以实时动态地采集学生在实验过程中的操作过程数据并自动反馈实验效果达成度等诊断信息③。

(三)基于智能测评系统的教与学应用研究

这类研究主要包含智能测评技术在语言学习中的应用、智能测评在混合式教学和在线学习中的应用、基于智能测评结果的教与学改进策略和模式等。例如,李娟基于注意假设理论,通过两个班级的口语教学实践和语用能力调查以及对学生的访谈,发现移动智能测评终端的应用有助于提高教学效果④。Chia - I Chang 针对网络学习中如何评价学习者离线后课程学习表现的问题,提出了基于学生问题课程量表(Student Problem Course Scale)的在线智能测评系统,该系统能够依据学习者的个性特征和需求组织课程材料并生成课程内容,其自适应和自组织特性能够激发学生课程学习的兴趣和参与度⑤。乌代·库马尔(Uday Kumar)等利用智能测评的相关理论构建了在线智能评估系统,用以测量学习者在线学习表现以及为学习者推荐个性化学习资源,帮助学习者挖掘自身学习潜力并提高其学习表现⑥。

---

① 吴志刚,张红军,蔡俊. 个性化智能评测系统模型[C]//张际平. 计算机与教育:理论、实践与创新——全国计算机辅助教育学会第十四届学术年会论文集. 上海:中国人工智能学会计算机辅助教育专业委员会,2010:528 - 532.
② KAKLAUSKAS A, ZAVADSKAS E K, PRUSKUS V, et al. Biometric and Intelligent Self - Assessment of Student Progress System [J]. Computers & Education, 2015, 55 (2): 821 - 833.
③ CHIKA I E, AZZI D, STOCKER J, et al. Genuine Lab Experiences for Students in Resource Constrained Environments: The RealLab with Integrated Intelligent Assessment [J]. International Journal of Online Engineering, 2008, 4 (3): 18 - 24.
④ 李娟. 移动智能测评终端的应用及评估——以语用能力调查问卷为例[J]. 南京理工大学学报(社会科学版), 2016 (3): 63 - 68.
⑤ CHANG C I. Intelligent Assessment of Distance Learning [J]. Information Sciences, 2002, 140 (1): 105 - 125.
⑥ UDAY KUMAR M, MAMATHA J, JAIN S, et al. Intelligent Online Assessment Methodology [C] //ABRAHAM A, CORCHADO E, HAN S Y. International Conference on Next Generation Web Services Practices. New York: Institute of Electrical and Electronics Engineers, 2011: 215 - 220.

通过对国内外有关智能测评研究分析可知，当前，多元智能理论是智能测评的主要理论依据，有关新的智能学说理论正不断受到研究者的关注；在测量趋向上，研究者开始使用新的算法和模型，并结合新的测量统计理论来不断提高智能测评系统的测量精度。在设计趋向上，基于个性化测评结果的教与学改进得到人们的普遍认同，这是智能测评的价值追求所在，也是智能测评服务模式的内在要义。然而，目前有关智能测评的理论和技术走向尚不明晰，智能测评在学习过程中如何实时监控和预警、在学习结果上如何促进学生个性发展是测评走向智能化和个性化必须面对的重要议题。

第二节 学习测评发展的理论与技术趋向

学习测评的关键原理是必须提供反馈和回溯的机会，而且被评价的内容必须和学生的学习目标相一致。智能测评需要在学习内容、学习过程和学习目标等方面为学习者提供个性化学习评价结果，以作为改进教与学的反馈信息的来源。智能测评发展需要以个性化学习为目标，以形成性评价为中心，以学习理论为指导，以机器学习分析和自然语言处理为技术支撑，持续对学生的知识、思维和理解进行评价和反馈，最终促进学习者达成目标。

一、学习测评发展的理论趋向

（一）以内容为导向的概念转变学习理论

促进学习者对所学知识点的概念理解是学习测评的一个重要目的。而在概念理解上，特别是理科知识概念，存在容易让学习者困惑的相异概念、迷思概念、直觉概念等，这就需要通过智能测评发现并促使学习者完成概念转变。这其中包括通过题目和选项的分析挖掘出学习者存在的迷思概念和通过观点分析并转变先前概念背后的本体论和认知轮假定。此外，对学习者建模的评判可以了解其概念转变过程，当学习者建构并转变他们的模型时，他们就在通过改变正在学习的概念重新组织知识结构。

（二）以理解为导向的生成性学习理论

学习结果是学习者在完成知识内容学习和参与学习活动之后在知识内化上的集中体现，对学习结果的评价离不开学习过程和活动，而对过程进行持续跟踪和评价有助于及时发现学习问题，并提供学习干预和补救。生成性理论强调在学习过程中学习者对知识的理解和意义建构。该理论的基本假设是学习者是学习过程的主动参与者，只有通过个体生成关系和理解，才能有意义生成知识。智能测评在内容上的设计应将测评内容和知识点与学习者所学内容进行关联，并着重理解性题目内容的设计和评价，以促使学习者建立知识之间的联系并生成自己的理解。

（三）以结果为导向的学习目标分类理论

对学习结果的测评不仅要关注所取得的成绩和知识掌握程度，而且要了解学习者在学习目标上所达到的层级，以进一步合理规划后面的学习内容和学习活动。而在目标分类理论上，注重通过外显行为观测目标的布鲁姆教学目标分类理论能够有效区分学习者的能力表现。布鲁姆提出的教学目标分类学包含两方面特征：第一，用学生的外显行为来陈述目标；第二，目标是有层次结构的。该分类学包括知道、领会、应用、分析、评价和创造六个层级，能够将学生的行为由简单到复杂按顺序排列，并具有连续性和累积性。研究者雷克斯·希尔在该分类理论的基础上增加了知识层级维度，形成了以知识和认知过程为组合的二维表，对学生的学习结果表现可以通过这两个维度进行坐标定位，从而了解学生达到的能力层级。

二、学习测评发展的技术趋向

（一）基于学习行为数据链的机器学习分析技术

大数据技术、数据科学和移动技术的日渐成熟和广泛应用使得学习者在任何情境下的数字化学习行为得到了跟踪和记录。学习行为时间点包含学习者在线预习、活动参与、学习测评等整个学习流程。而学习行为数据类型则包含隐性学习行为和外显学习行为。其中，隐性学习行为是学习者在学习活动过程中所进行的有意识、无意识、分散的、连续的、跳跃的等不确定特征的思考和行为过程，而外显学习行为是学习者在参与学习活动过程中与学习资源、学习平台交互所产生的行为路径。学习行为时间点和数据类型构成了整条学习数据链，这为智能测评提供了大数据源。而基于这些学习大数据应用机器学习技术进行测评可以精准识别出学习者在行为偏好、知识强弱、能力水平、学习路径等方面的个性特征，从而为后面的学习任务智能匹配提供数据支持，最终使学生的学习更有效。

（二）基于生成文本数据链的自然语言处理技术

学习者在练习测评过程中的学习行为除了通过鼠标输入的客观题作答数据，

还包括通过键盘输入的以文本为交互内容的主观题作答数据。而对这些文本内容进行情境化分析则需要自然语言处理技术，包括词法分析、句法分析、语义分析、文本生成、语音识别等。在自然语言处理系统输入层面上，要使系统能够处理基于不同终端和多种输入方式生成的真实文本数据；在输出层面上，使系统能够对文本内容进行深层理解，从而提取符合作答内容的关键信息以及包含个人情感和观点的个性信息。随着混合式学习逐步成为常态，学生的测评内容既包括传统纸质文本数据，又包括在线测评文本数据，这就需要整合两部分真实文本数据。由于测评内容的分布性和真实情境性，因此后面应当进一步加强不同情境真实语料库的整合以及大规模、信息丰富的词典编制工作，以提高测评文本的实时性和精准性。

三、学习测评发展的路径趋向

在前面理论与技术的支撑下，学习测评发展的未来路径是当以面向个性化学习为宗旨，在学习任务上，以学习能力为评价起点，基于能力水平智能匹配学习任务以实现有效学习；在学习路径上，以内容掌握为评价标准，依据测评结果提供个性化学习路径以实现高效学习；在学习过程上，以活动参与为评价对象，依据学习行为特征识别出个性优势以进行个性化培育；在学习目标上，以学习表现为评价结果，依据知识掌握和能力水平描绘个人知识地图以精准定位学习状态并据此合理设定目标。

（一）基于学习能力的学习练习智能匹配

尽管传统练习环境下衍生出的题海战术在提高成绩上有一定效果，但花费的时间成本较高，学习者往往需要遍历每套试题中的所有题目，才能找到真正的薄弱点。在理科题目练习中，不同选项的答案反映出学习者头脑中应用不同推理逻辑计算得出的结果，这折射出学习者存在迷思概念和先前知识不足的可能性。当前，数字化学习环境下的错题练习较多的是基于同类知识点题目进行分析推送，较少关注学习者已有知识及其思维方式。智能测评环境下的练习应当根据学习能力和学习思维，智能匹配与其水平和先验知识相当的练习测评任务，让其测评过程既有挑战，又有成就感，同时能够使其从知识理解层面完成从迷思概念到正确概念的转变。

（二）基于内容掌握的个性化学习路径规划

最近发展区理论对学生能力范围的清晰界定和差异表现说明传统测评在评价内容和反馈步调上整齐划一的特性并不有助于促进每个学习者达成目标。个体学习风格和能力的差异使得学习测评要以内容掌握作为常量,以掌握时间作为变量,根据学习者的掌握程度和进度动态规划学习内容和活动路径。在设计和分析上应当对学科知识点进行属性标记,包括难度、掌握程度、学习状态等。其中,难度可以区分为简单、中等和困难;掌握程度可以区分为未掌握和已掌握;学习状态可以区分为待学习、进行中和已完成。基于测评内容结果对知识学习状态进行评估,进而动态优化后面的学习路径,使学习能够循序渐进并更加有效。

(三)基于活动参与的个性优势识别

学习结果是学习过程的精炼理解,通过对学习活动过程行为的分析和评价,可以更为精准地测评出学习者的知识水平和能力特征。学习活动行为既包括外在行为,如访问学习资源、测评考试、互动交流等,也包括内在行为,如学习偏好、思维特征、能力倾向等。相对于传统学习环境在数据搜集上的乏力性,数字化学习环境下的学习行为数据可以通过学习平台进行记录和搜集,由此我们可以对其进行个性化分析,从而洞察学生的真实过程和能力,识别出其个性优势。依据加德纳的多元智能理论对学习者在测评题目、观点表达、行为路径等方面进行内容和行为解析,获取学习者在语言、数理逻辑、空间、人际等方面的个性特征,有助于创新型和个性化人才的培育。

(四)基于测评结果的知识地图描绘

对学习结果的测评和反馈不仅是对题目内容对错的简单评判,而且要从学科知识内容出发,识别出学生的知识薄弱点,并根据知识点间的相互承接关系和掌握程度描绘出个人知识地图。在知识地图的构建上,通过采集学习者结构化、半结构化和非结构化学习行为数据对其进行结构化处理,利用实体识别、语义推理、关系抽取与识别等技术进行挖掘和构建。知识地图应当具备知识推理的逻辑结构能力,并能更好的理解知识内容与关系,根据测评结果,实时更新地图内容。通过知识地图中知识点逻辑关系、掌握度、强弱点、迷思概念等信息呈现,促使学习者的自我概念系统向科学概念系统的转变。

第三节 个性化学习评价层次塔

要评价学习结果达到的层次水平,需要通过对教育云服务平台存储的大数据进行分析,并设计基于大数据的个性化评价层次塔来评价学生的学习结果。

一、个性化评价层次塔的理论依据

(一) 柯氏四级评估模式

柯氏四级培训评估模式是由国际著名学者威斯康星大学教授柯克帕特里克（Kirkpatrick）提出的，该模式是世界上应用最广泛的培训评估工具，是衡量培训效果的重要手段。柯克帕特里克认为，在项目评价中，评价者必须关照的四个层级为：反应、学习、行为和结果。其中，反应指的是项目参与者对项目的满意情况；学习指的是项目参与者在参加项目之后改变态度、增长知识或提高技能的程度；行为指的是参与者在学完课程后行为改变的程度。对参与者的行为进行评估，评价者需要判断参与者学到的新知识、技能和态度是否迁移到了其工作或后续课程之类的其他情境中[1]。第四个评价层级是结果，它关注课程学习之后的成果，即组织内发生的持久变化，如产能的提高、管理能力的改善和质量的提高等。尽管柯氏评估模式致力于培训项目评价，但该模式可以在教育评价中应用。柯氏评估模式对设计个性化评价层次塔的指导意义体现在以下三个方面：一是根据学习者的不同表现设计多层级的评价，注重评价的差异性和渐变性；二是不仅注重学习者在课程学习后的静态知识掌握，同时注重学习者对知识和技能的深层次应用；三是评价结果要由具体的行为变化向抽象的思想和能力变化发展。

(二) 布鲁姆教学目标分类理论

布鲁姆的教学目标分类学一直是教学系统设计理论和实践的指导性原则，在学科教学设计中得到广泛的应用。布鲁姆将认知领域的目标分为识记、领会、运用、分析、综合和评价六个层次。2001年，安德森和克拉斯沃尔（D. R. Krathwohl）在《学习、教学和评估的分类徐——布鲁姆教育目标分类学修订版》一书中，将布鲁姆对认知领域的教学目标分类修订成识记、理解、应用、分析、评价和创造六个层次。该理论对个性化评价层次塔的指导意义在于，评价内容要以教学目标为依据，学生个性化学习评价结果由低阶目标向高阶目标渐进。

---

[1] SERRANO – LAGUNA á, TORRENTE J, MORENO – GER P, et al. Tracing a Little for Big Improvements: Application of Learning Analytics and Videogames for Student Assessment [J]. Procedia Computer Science, 2012 (15): 203 – 209.

二、个性化评价层次塔的设计

依据柯氏四级评估模式和布鲁姆教学目标分类理论，结合学生个性化学习评价模型内容，我们设计了基于大数据的个性化评价层次塔，如图7-1所示。该层次塔以学习终端教育云服务平台及其存储的教育大数据为基础，通过大数据技术，对学生的学习行为结果进行个性化评价，评价层次自下而上包括学习成效、概念转变、学习迁移和学习力四个层级，其学习水平由塔的底端向顶端依次提高。

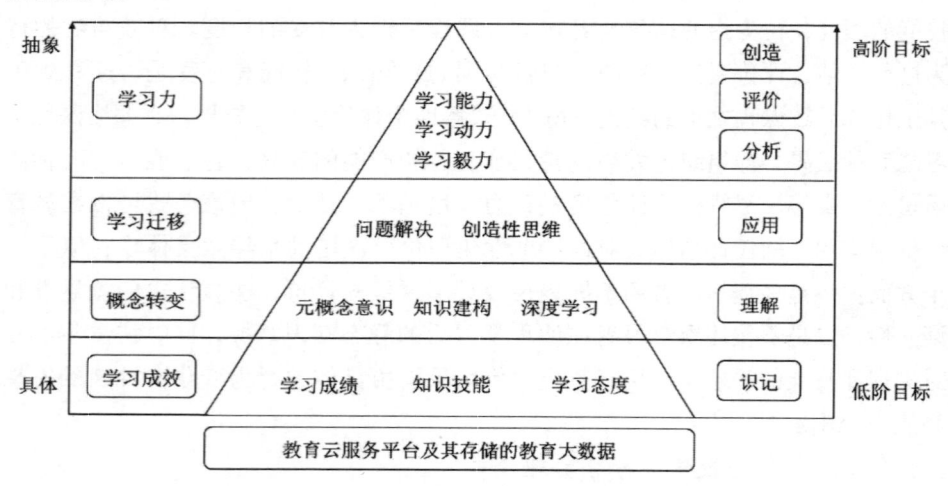

图7-1 基于教育大数据的个性化评价层次塔

（一）基于教育大数据的四层级评价

根据学生学习过程和结果的数据信息，对学生的个性化评价包括四个层级：第一层级是学习成效，主要是对学生在课程学习之后的陈述性知识进行评价，它包括学习成绩、知识技能和学习态度三方面的评价内容。第二层级是概念转变，主要是考查学生对概念结构自身和使用方式的转变以及对知识的深度理解。概念转变关注学习者的认知过程，如果教学没有考虑学生的先前知识，那么学生所学的知识往往只能应付考试，而离开课堂后，占据他们大脑的依然是迷思概念。只有当学习者实现从自发概念系统向科学概念系统转变时，才会由原来的知识获得转向知识建构。概念转变层次包括元概念意识、知识建构和深度学习。通过发展学习者的元概念意识，可以使其意识到自身所建构的解释框架以及限制他们的假定。第三个层级是学习迁移，主要是对学习者的知识应用能力和迁移能力进行评价，它包括问题解决和创造性思维。通过对学生发展复杂问题解决技能和处理复杂结构不良问题能力进行评估，可以判断学习者是否具备高阶思维能力。第四个层级是学习力，主要是对学习者的学习心智进行评价，看其是否具有更快的学习能力。该层级评价内容包括学习能力、学习动力和学习毅力，通过为学习者提供支持和建模推理过程，促进群体动力和协作，以培养学生的自我导向和终身学习技能。

（二）四层级评价之间的关系

个性化评价层次塔中各评价等级之间的关系是渐进式扩展。第一层级的学习成效对应教学目标理论中的识记阶段，它是学生达到下一层级的基础和条件。当学生达到概念转变水平之后，即实现了教学目标理论中的理解阶段，它与学习成效共同作为下一层级的条件。当学生达到学习迁移层次之后，即实现了教学目标理论中的应用阶段。而通过学习成效、概念转变和学习迁移三个阶段的结合和作用，学生可以达到最高层级学习力阶段。因为学习力阶段体现的是学生的创新能力和综合素养，所以该层次涵盖教学目标分类理论中的分析、评价和创造三个阶段。个性化评价层次塔中的评价等级是由具体的行为表现逐渐向抽象的能力发展渐进，其达到的教学目标水平是由低阶目标向高阶目标发展。

第四节　个性化学习评价研究设计

一、研究内容

本研究围绕个性化学习评价这一核心，按照构建测评模型、数据分析和案例研究、设计测评工具的逻辑顺序进行分析，主要聚焦于以下三个方面的研究内容：

（一）基于认知诊断理论和测评数据的个性学习评价建模

以布卢姆教育目标分类学修订版的各层次目标达成情况和知识点掌握程度为测量目标，对学生的测评数据进行分析，从测评功能、测评方法、关益者等各个维度构建个性化智能测评模型，为后面的数据分析和工具设计提供理论依据。

（二）个性化学习评价模型的验证与案例分析

以高一学生在某大数据平台上的数学测评数据为分析源，将平台上获得的数学测试题在二维分类表中进行归类，基于测评模型对学生测评数据进行分析，计算出学生对布卢姆教育目标的达成情况；同理，对试题进行知识点归类，测量学生对不同知识点的掌握概率。在此基础上，进一步探索测评结果的可视化呈现方式。从整个测评流程中产生的大量不同类型的测评数据出发，探索个性化测评功能，为实现全面测评、素质教育提供参考。

（三）个性化学习测评工具原型设计与评估

采用 Axure RP8 软件设计个性化智能测评工具的原型，包括整个测评流程需要的所有功能。该测评工具分为教师端和学生端，其中，教师端包括组卷、阅卷、查看班级整体成绩分析、布卢姆教育目标平均达成度、知识点平均掌握情况、群体差异以及学生个体的测评结果等；学生端主要显示学生个体的测评结果、学生与平均水平的对比、测试结果的趋势变化等。之后，对测评专家和测评工具的主要使用者进行访谈，被访谈者在试用测评工具后，从测评功能、界面设计、用户体验感等各个维度对其进行评价，收集并分析访谈内容，针对被访谈者从理论层面和实践角度提出的建议，在可操作的范围内对测评工具进行完善。

二、研究方法

本研究主要是对学生布卢姆教育目标达成度和知识点掌握程度的量化研究，以及其他个性化测评维度的理论探讨，通过理论分析和实证研究相结合，建立测评模型，以某测评大数据平台上某高中高一（1）班数学的考试数据为案例进行分析，并设计相应的测评工具原型。为实现测评目的，在研究方法的选择上综合运用了以下几种方法：

（一）属性层次法

属性层次法是认知诊断模型中的常用方法，确定认知、技能等属性及属性间的关系，然后由属性间的关系最终确定缩减矩阵、典型属性掌握模式和理想反应模式，再通过各模型的计算方法，对学生的实际作答进行模式判别。将布卢姆教育目标分类学修订版中的各个目标作为一个属性，当数据过少时，可将认知过程维度和知识维度各作为一个属性，但这在一定程度上割裂了两个维度之间的内在联系；同时将试卷涉及的知识点作为一个属性，通过计算属性掌握概率得到目标达成情况以及知识点掌握程度的结果。

（二）概率统计法

概率统计亦即数理统计，是衡量自然界中随机事件发生可能性的数量指标，任何事件的概率值都在 0 和 1 之间。对学生知识点掌握程度和目标达成度的测评结果都是以概率来表示的，例如，对试卷测试的某知识点掌握了70%，对应用程序性知识掌握了62%，或对认知过程维度的应用掌握了47%、对知识维度的元认知知识掌握了36%等。

（三）案例研究法

案例研究法是指研究者选择一个或几个场景作为研究对象，系统地搜集数据和资料并进行深入研究，通常有事先确定的理论基础和研究问题。本研究不涉及设计实验，而是以无锡某高中高一（1）班学生为案例，分析其在某测评大数据平台上的数学测评数据，利用构建的模型分析学生的考试数据，得到个性化测评报告。

（四）快速原型法

快速原型法就是在开发系统之前，利用原型软件构造一个功能简单、具有交互性的原型，根据专家、用户的意见对原型不断扩充完善，直至基本满足用户的要求后再进行技术实现。在模型构建、案例分析后，将设计一个个性化智能测评的原型，根据专家、教师的意见不断完善这一原型，从而展示完整的测评过程。

（五）访谈调查法

访谈调查法是根据研究的需要，以口头形式向被访者提出有关问题，通过被访者的答复搜集客观的、不带偏见的事实材料。本研究在设计好个性化智能测评工具的原型后，通过对高校研究者和中小学教师的访谈，不断完善并验证模型的科学性和可行性，为本研究的科学性提供支撑。

三、研究过程

本研究首先对考试测评系统、教育目标分类学、测量理论进行综述，通过分析研究趋势，结合研究目的和技术路线，提出了个性化智能测评的理论模型。然后，基于某高中高一（1）班数学学科的考试数据，对该理论模型进行实证分析，检验这一模型是否具有可行性和适用性。最后，设计一个个性化智能测评工具的原型，对理论模型指导下的测评工具进行一个交互式的可视化呈现，在被访谈者的意见指导下得以不断完善，研究过程如图7-2所示。

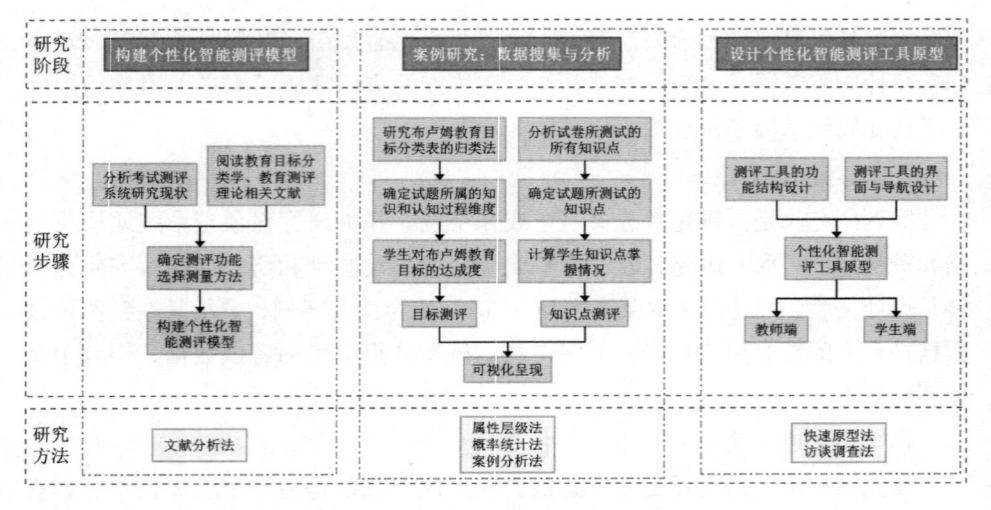

图7-2 个性化学习评价研究流程

第五节 个性化学习评价建模

一、测评试题的分类及其标准化处理

试题归类作为考查知识点类型的基础，是掌握学生对知识点掌握的重要手段。本研究将从教学目标分类和知识点分类两个维度对试题进行归类，以了解学生学习目标掌握情况，并依据学生测评数据隐含信息深度挖掘各知识点掌握情况，以此构建对学生个体具有针对性的个性化评价模型。具体内容为：第一，教学目标分类，实现从教学内容、学习结果到目标属性的转换。在使用布鲁姆教学目标分类学时，只需将教学目标中的名词、动词与两个维度上各层级之间的关系相对应，实现教学目标归类划分。例如，在"运用正弦定理解答问题"这一教学目标中，动词"运用"与分类表认知过程类别中的应用对应，名词"正弦定理"与知识类别中的概念性知识对应，该教学目标属于应用概念性知识。第二，知识点分类，明晰知识点的相关关系，实现从测评数据、知识点数据到编码数据的转换。首先需要分析教材内容，将教材内容以相关知识点的形式呈现。在此基础上，确定试题涉及的所有知识点，进而将题目数据拆分成各个相互关联的知识点，以满足Q矩阵将学生的作答情况用1和0进行编码计算

的前提需求，确保测评数据可以和 Q 矩阵进行耦合，从而扩大题目类型的适用范围。

二、测评数据的采集

数据采集是对数据进行分析的前提，其质量和数量将直接影响测评结果的准确性。本研究的测评数据包括试卷试题信息、学生作答情况等，其中，试卷信息不仅是指试题内容，还包括试题编号、试题在分类表中的位置、试题所属知识点等，学生的作答情况也不仅是正确与否，还包括答题时间、解题流程等。关于试卷试题的分类方法已在上节中阐述过，鉴于分类的复杂性和重要性，这项工作很难通过测评工具自动完成，而是需要依赖命题者、教师等完成，试题的归类是否准确将直接影响最后的测评结果。学生的作答情况中关于学生对每一道题做对做错的信息可以通过以下方法获取：第一，扫描录入。有痕阅卷仍然是目前应用最广泛也是最易接受的阅卷方式。教师按传统方法手动批卷，以便学生可以拿到批阅后较为简单直观的试卷。客观题通过计算机扫描图像自动识别，教师阅卷后，将 60 份试卷放入阅卷仪，2 分钟即可扫描完成。根据教师、学生、家长的需要，计算机自动生成各种数据统计结果和分析报告。第二，人工输入。传统的考试分析都是采用人工输入数据，教师选择各种成绩分析软件进行分析的方法。虽然这种方法烦琐费时，但简单实用，教师、学生都已经习惯了使用纸质试卷，人工输入考试数据仍然是比较常用的方法。第三，在线测试。很多在线学习平台都有考试功能，学生在平台上的考试数据可以直接同步存储，快速分析。

获得考试数据后，需要基于一定的标准对数据进行预处理，丢弃一些不符合分析前提和与分析目标不相关的无效数据，以提高数据分析的效率和准确性。数据预处理的内容包括以下几方面：第一，数据审核。审核原始考试数据的完整性、准确性等，例如，试题信息是否完整、学生每次作答对错是否存在遗漏等。第二，数据筛选。剔除不符合测试要求的数据或者有明显错误的数据，例如，是否有重复数据、零分试卷等。第三，数据变换。根据测评方法需要的数据格式将原始数据转化为适用于数据分析的形式，例如，试题和学生的编号、学生作答对错用 1 和 0 表示等。数据采集的流程如图 7-3 所示。

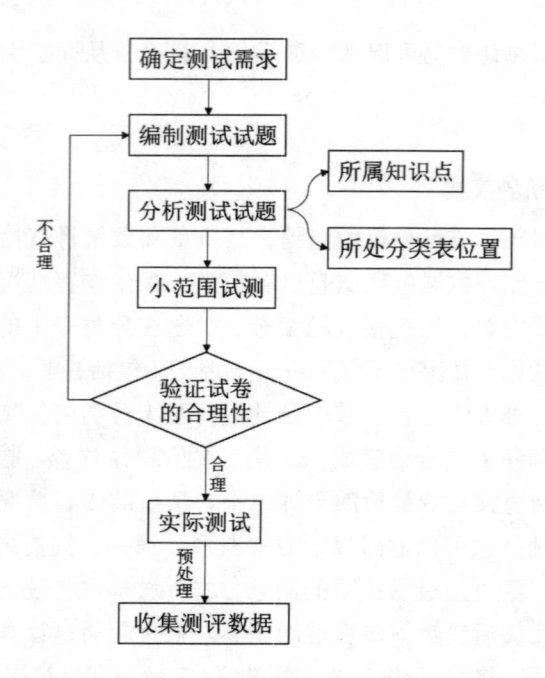

图7-3 测评数据采集流程

三、基于 Q 矩阵的学习评价理论计算

认知诊断理论结合了心理测量学和认知心理学的研究成果，不同的研究者从不同角度提出了几十种认知诊断模型，然而这些模型的复杂性往往让人望而却步。本研究采用朱金鑫、张淑梅、辛涛提出的一种基于 Q 矩阵的属性掌握概率模型，这是一种较为简洁的认知诊断模型，且通过计算机模拟已验证其有效性。在理想的情况下，在一次测验中，学生要答对一道测试试题，需要掌握该试题涉及的所有属性，即解题时需要用到的知识、认知技能或认知策略。通过观察学生对涉及某个属性的所有测试试题的作答情况，可估计出学生对该属性的掌握程度，再利用学生对试题的答对概率估计值进行修正，可得到更为精确的属性掌握概率[①]。该模型的分析流程如下：

（1）假设在某个测试中，共有 m 道试题、n 个学生，学生答对记为 1，答错记为 0，可得到所有学生在所有试题上答对或答错的项目反应矩阵 R 矩阵：

---

① 朱金鑫，张淑梅，辛涛. 属性掌握概率分类模型———一种基于 Q 矩阵的认知诊断模型[J]. 北京师范大学学报（自然科学版），2009（2）：117-122.

$$R_{n\times m} = \begin{pmatrix} r_{11} & r_{12} & \cdots & r_{1m} \\ r_{21} & r_{22} & \cdots & r_{2m} \\ \vdots & \vdots & \ddots & \vdots \\ r_{n1} & r_{n2} & \cdots & r_{nm} \end{pmatrix}, r_{ij} \in \{0,1\}$$

例如，表 7－2 是一个含有 20 道试题、45 个学生的项目反应矩阵，其中，$r_{13} = 1$ 表示学生 1 答对了试题 3，$r_{34} = 0$ 表示学生 3 答错了试题 4。

表 7－2　含 20 道试题、45 个学生的项目反应矩阵

试题\学生	1	2	3	4	⋯	20
1	1	1	1	0	⋯	1
2	1	0	1	1	⋯	0
3	1	1	1	0	⋯	1
⋯	⋯	⋯	⋯	⋯	⋯	⋯
45	0	1	0	1	⋯	1

（2）假设所有试题共涉及 l 个属性，通过对试题进行分析，若试题涉及该属性，则记为 1，若不涉及，则记为 0。例如，$q_{25} = 1$ 表示试题 2 涉及属性 5，$q_{13} = 0$ 表示试题 1 不涉及属性 3，由此可组成一个描述测试试题与所测属性间关系的 Q 矩阵，由 m 行 l 列的 0－1 矩阵组成：

$$Q_{m\times l} = \begin{pmatrix} q_{11} & q_{12} & \cdots & q_{1l} \\ q_{21} & q_{22} & \cdots & q_{2l} \\ \vdots & \vdots & \ddots & \vdots \\ q_{m1} & q_{m2} & \cdots & q_{ml} \end{pmatrix}, q_{jk} \in \{0,1\}$$

如表 7－3 所示是一个含 20 道试题和 6 个认知属性的 Q 矩阵，其中，第一题只测试了属性 1 记忆，第 19 题测试了属性 4 分析和属性 6 创造，其余类推。

表 7-3 含 20 道试题、6 个属性的 Q 矩阵

项目＼属性	记忆	理解	应用	分析	评价	创造
1	1	0	0	0	0	0
2	1	0	1	0	0	0
…	…	…	…	…	…	…
19	0	0	0	1	0	1
20	0	1	0	1	0	0

（3）根据以上得到的 Q 矩阵和 R 矩阵，利用矩阵乘法 $N_{n \times l} = R_{n \times m} Q_{m \times l}$，可以得到每个学生在各个属性上的答对个数 n_{ik}，即学生 i 对涉及属性 k 的项目的答对个数：

$$N_{n \times l} = \begin{pmatrix} r_{11} & r_{12} & \cdots & r_{1m} \\ r_{21} & r_{22} & \cdots & r_{2m} \\ \vdots & \vdots & \ddots & \vdots \\ r_{n1} & r_{n2} & \cdots & r_{nm} \end{pmatrix} \begin{pmatrix} q_{11} & q_{12} & \cdots & q_{1l} \\ q_{21} & q_{22} & \cdots & q_{2l} \\ \vdots & \vdots & \ddots & \vdots \\ q_{m1} & q_{m2} & \cdots & q_{ml} \end{pmatrix} = \begin{pmatrix} n_{11} & n_{12} & \cdots & n_{1l} \\ n_{21} & n_{22} & \cdots & n_{2l} \\ \vdots & \vdots & \ddots & \vdots \\ n_{n1} & n_{n2} & \cdots & n_{nl} \end{pmatrix}$$

例如，$n_{32}=4$ 表示学生 3 答对了 4 个涉及属性 2 的试题，$n_{54}=6$ 表示学生 5 答对了 6 个涉及属性 4 的试题。假设 s_k 为涉及属性 k 的试题总个数，则学生的 i 对涉及属性 k 的试题的答对频率为：

$$f_{ik} = \frac{n_{ik}}{s_k}, 其中 s_k = \sum_{j=1}^{m} q_{jk}$$

（4）将学生 i 正确作答试题 j 的概率估计为该试题涉及的所有属性答对频率的乘积，若题目 1 涉及属性 2 和属性 3，则学生 1 答对题目 1 的概率 $g_{11} = f_{12} \times f_{13}$，若题目 3 只涉及属性 1，则学生 2 答对题目 3 的概率为 $g_{23} = f_{21}$，由此可得到学生 i 答对试题 j 的概率：

$$g_{ij} = \prod_{k=1}^{l} (f_{ik} \vee (1 - q_{jk})), x \vee y = max(x, y)$$

（5）最后，学生 i 对属性 k 的掌握概率＝涉及属性 k 且学生 i 答对的所有项目的答对概率之和/涉及属性 k 的所有项目的答对概率之和。至此，可得到所有学生对这次考试涉及的所有属性的掌握概率估计值：

$$p_{ik} = \frac{\sum_{j=1}^{m} min(r_{ij}, q_{jk}) \times g_{ij}}{\sum_{j=1}^{m} q_{jk} \times g_{ij}}, x \wedge y = min(x,y)$$

若 $\sum_{j=1}^{m} q_{ik} \times g_{ij} = 0$，则 $p_{ik} = 0$

四、评价结果的可视化呈现及分析

数据可视化可以将抽象的信息和数据直观地呈现出来，在教学中应用广泛，例如，借助地图和路径图讲授历史上各个朝代的首都变迁，用饼图、柱形图、条形图、折线图表示学生在网络教学平台上的登录时间、资源访问时间、发言数量、成绩趋势等。对测评结具进行可视化分析可以使教师、学生直观地了解到班级学生的分布情况，更有针对性地投入学习精力去解决学习需要，而不是花费时间研读一个个表格中的大量数据。对于布卢姆教育目标达成情况的测评结果，考虑到目标的二维性，可以采用三维图进行呈现。同时也可以和知识点掌握概率一样，将认知过程维度和知识维度分开，用柱形图或雷达图等二维图进行呈现。这在一定程度上割裂了认知过程维度和知识维度之间的联系，教师可根据实际情况灵活选择。例如，针对整个学期的大量数据进行一次性测评，可以采用三维图呈现；而对于一次考试的数据，往往没有对 24 个目标进行测评，此时可采用二维图进行呈现。关于知识点测评的可视化呈现也可以根据测评需求自由选择知识点掌握程度雷达图或包含知识层级的网络图呈现。

（一）三维柱形图：布卢姆教育目标达成情况

通过测评可以得到每个学生对布卢姆教育目标学修订版中两个维度形成的 24 个目标的达成情况，即 24 个目标达成概率。若在分类表的方格中用数字表示，则很难从一堆数字中发现学生哪种认知能力掌握较好，哪些目标尚未达到要求。三维柱形图可以简明、醒目地表示二维数据，以宽度相等的条形的高度差异来显示数值的大小。在用三维柱形图表示布卢姆教育目标达成情况的测评结果时，如图 7-4 所示，水平轴表示认知过程维度，深度轴表示知识维度，垂直轴表示数值，可对沿水平轴和深度轴分布的数据进行比较。

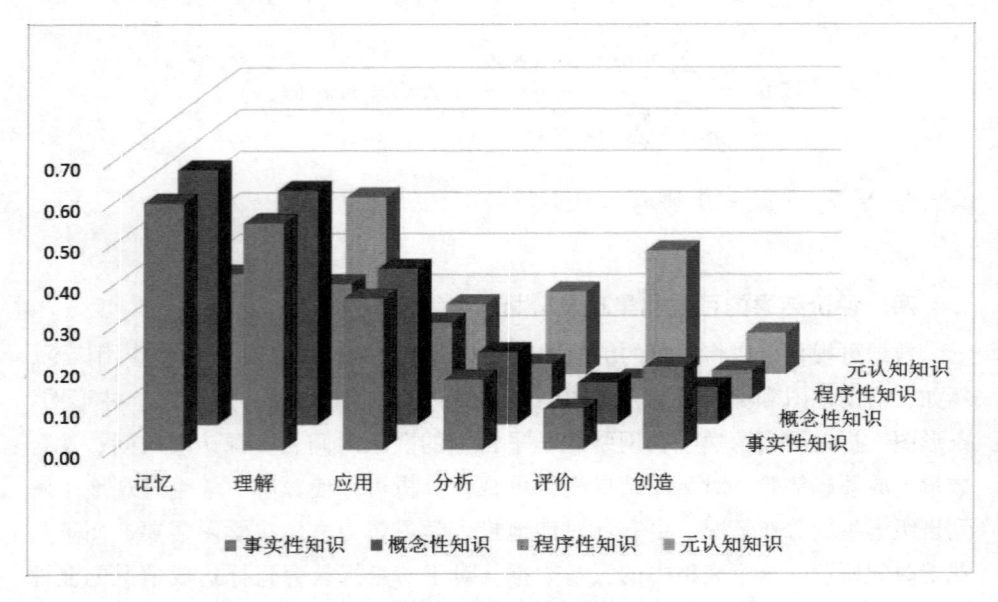

图7-4 布卢姆教育目标达成度的三维柱形表示图

（二）雷达图：知识点掌握程度

雷达图，又称为戴布拉图、蜘蛛网图，是一种应用广泛的对多元数据进行全面分析的作图方法。一个单元或一个小节往往涉及多个知识点，雷达图分析方法可对多个知识点进行对比分析，反映数据相对中心点或其他数据点的变化情况，评价学生对各个知识点的掌握是否均衡、是否朝良性发展等。知识点雷达图由若干个等距的同心圆组成，同心圆向外引出若干条射线；每个圆代表一定的掌握概率值，由圆心向外增加，每条射线末端放一个被测评的知识点。学生知识点掌握程度雷达图包含以下几个属性：

半径：即从圆心到某个数据点的距离，表示该学生在这个知识点上的掌握概率。最小半径表示该生最薄弱的知识点，最长半径表示该生掌握最好的知识点，半径之差表示该生在各个知识点上的离散程度。

面积：即雷达图内部的面积，面积代表学生知识点掌握得好坏。面积越大，知识点掌握得越好；面积越小，知识点掌握得越差。

重心：即雷达图的几何中心，重心表示学生知识点掌握的集中趋势。

形状：不同学生的测评结果不同，呈现出的雷达图形状也不同，大致分为积极发展型、消极收缩型和发展失衡型三种。形状饱满、均匀，中心在圆心附近，表示该生对各个知识点掌握得都比较好，各方面齐头并进，是理想的雷达图；形状面积小，收缩在圆心附近，表示该生各个知识掌握得都较差，是最差的雷达图；形状明显凹凸不平，半径长短不一，重心偏离圆心，表示该生知识点掌握程度不一，有明显偏差失衡，是有待完善的雷达图。

除了对单个学生的单次考试数据进行分析，也可用雷达图对某学生与其所在班级、年级平均水平进行对比分析，体现学生实际掌握概率与理想值或者平均水平之间的偏差；跟踪学生在学习过程中的每次考试，绘制不同次考试的雷达图，观察学生的变化发展情况。如图 7-5 所示，以班级或年级平均掌握程度作为标准线，当学生的掌握概率值位于标准线以内时，说明该学生对这个知识点的掌握程度低于平均水平，需要加以提高；若接近最小圈圈或处于靠近中心的位置，说明此掌握概率处于极差状态，是极其薄弱的知识点，应该重点加以学习；若处于标准线平均水平的外侧，说明学生对这个知识点的掌握处于理想状态，是学生的学习优势、强项，应当采取措施，加以巩固和保持。

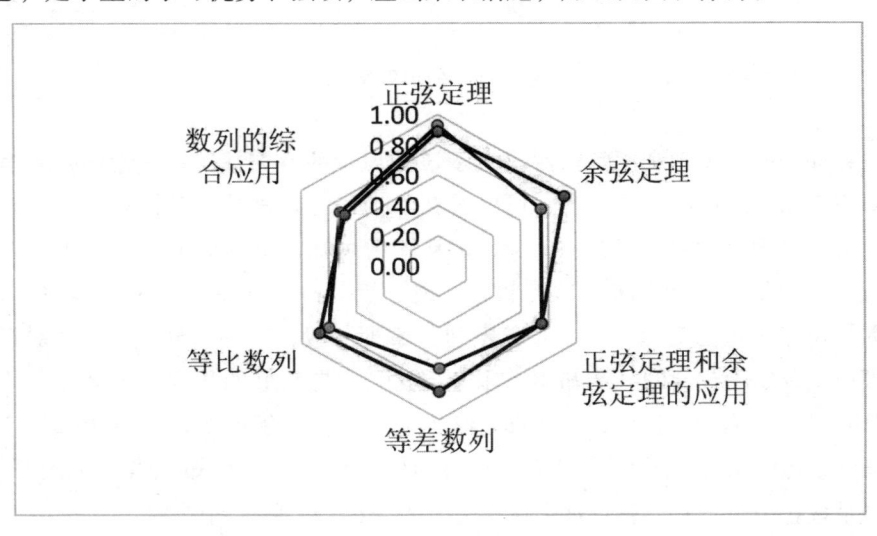

图 7-5 知识点掌握程度雷达图

（三）知识网络图：包含知识层级的知识点测评

知识网络图是心理学中的一种说法，指的是对知识内容进行整理分析并制成系统完整、层级明确的知识结构图示，包括知识点和知识点之间的关系。知识网络图不仅可以帮助学生厘清学科不同知识概念之间的关联，而且当它被用于可视化呈现测评结果时，可以帮助教师和学生发现错因、制定学习路径。关键在于知识网络图不同于知识点掌握程度雷达图，它能够表示知识点的层级关系和相互联系。以图 7-6 所示的测评结果为例。

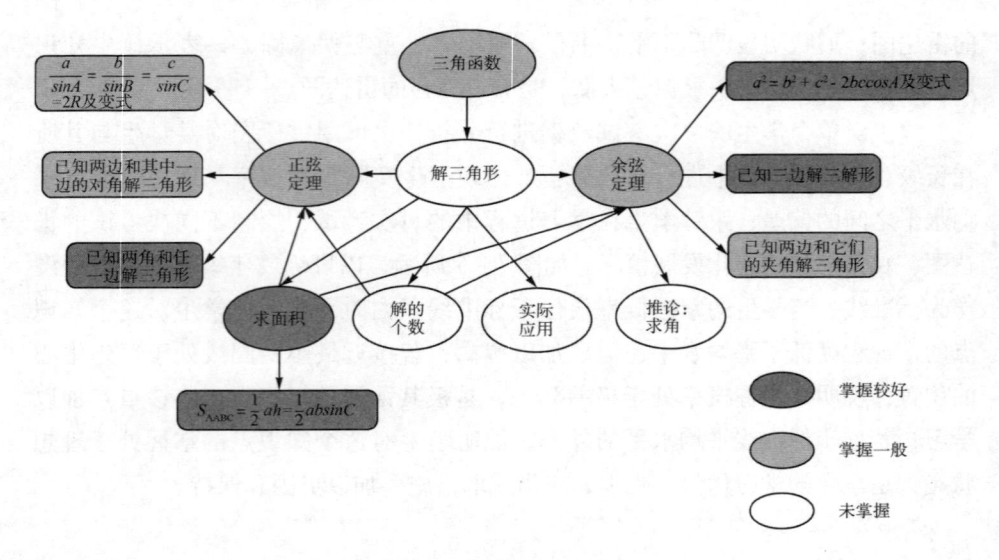

图7-6 知识网络图

在知识网络图中利用颜色深浅表示该知识点的掌握情况。三角函数是学生学习解三角形之前的学习内容，可以看到学生对三角函数的掌握程度并不是很好，对新知识的学习也存在一些障碍。从图中可知，学生对解三角形中"解的个数"这个知识点处于未掌握的状态，进一步分析，可知学生对"解的个数"的前知识点"正弦定理"和"余弦定理"掌握一般，再往前分析，学生对正弦定理或余弦定理包含的某些知识点未全部达到掌握较好的程度，甚至存在"求角"这种未掌握的知识点，这些都是学生完全掌握"解的个数"这个知识点的前障知识点。由此，学生可以逐步攻破薄弱知识点，从小知识点的巩固开始，逐步掌握正弦定理和余弦定理，再探究解的个数、求角等问题。

五、个性化评价模型的生成

在确定研究数据、研究方法的基础上，我们对个性化评价维度和评价内容进行了梳理和划分，并由此构建了个性化学习评价模型，如图7-7所示。学生学习掌握情况包含内在和外在两种表现形式，在模型中，我们以布鲁姆的二维教学目标来评判学生的内在认知水平，以此评价各个学习者不同认知层级的达成度；以知识点掌握情况为量化形式，以属性掌握概率方法为算法实现支撑，用直观数据展示学习者外在知识点掌握程度。在设计思路方面，个性化评价模型左侧圆轮是以 Padagogy 轮①为设计思路来源,以此表现数据基础以及评价维度的划分,并在此基础上将模型加以引申、完善,该模型包含教学目标达成情况、知识点掌握程度两个维度,从知识点掌握度、学习风险问题点、学习目标达成度、课程成绩四个方面来实现对学生学习掌握情况的个性化评价分析。

其中,个性化评价模型的优势如下:第一,以测评数据为基础,使得计算过程及反馈结果更加具有针对性,为实际教学提供个性化评价反馈信息,从而提高学习质量;第二,随着测评数据的累积,个性化评价与学生个体的真实学习情况趋于一致,并会逐渐起到个性化评价、问题诊断、预测预警等作用。在微观层面可以帮助师生了解学生个体对各个知识点的掌握状况,帮助教师制订针对学习者的个性化培养方案。在宏观层面,教师也可以从繁杂的测评数据中发现隐含的教学规律,从而为教师提供相关教学方案完善建议。

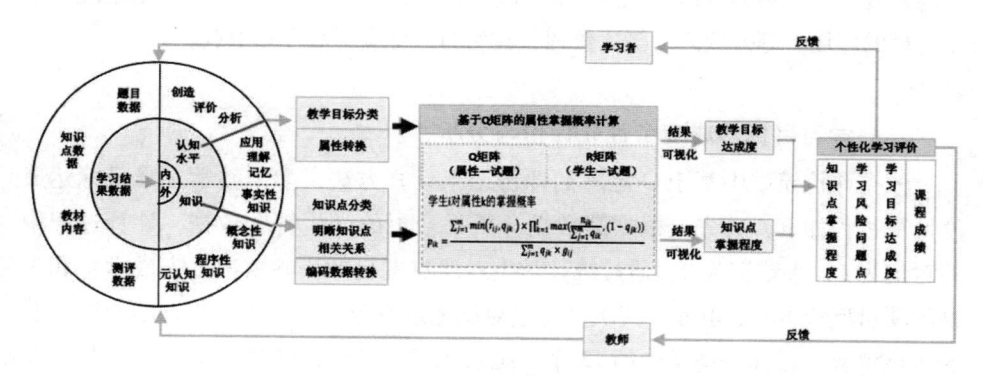

图7-7 个性化学习评价模型

---

① COCHRANE T D, NARAYAN V, OLDFIELD J. Ipadagogy: Appropriating the Ipad within Pedagogical Contexts [J]. International Journal of Mobile Learning & Organisation, 2010, 7 (1): 146-154.

第六节 个性化学习评价模型的验证分析

一、研究对象与数据选取

本研究以江苏某高中高一50名学生为研究对象,其中,男生28名,女生22名,以研究对象在某数据分析平台上的三次考试信息作为数据来源,对模型进行数据检验。经过和任课教师协同筛选,排除不在本次教学内容之内和学生作答数据不全的21道试题,共选取了52道考试试题数据。涉及的题型包含选择、填空、解答题,其中,考试试题涉及的教学内容为苏教版高中数学必修5第11章《解三角形》和第12章《数列》。在此基础上,将题目数据分解成相关知识点数据完成标准化处理,得到测试的知识点可以划分为正弦定理、余弦定理、正弦定理和余弦定理的应用、等差数列、等比数列、数列的综合应用六个知识点。

二、学习目标达成度个性化评价与分析

依据评价模型中基于Q矩阵的评价结果计算方法,学生教学二维目标达成度计算过程如下:首先,根据某数据分析平台上的学生答题数据,计算过程中答对记为1,答错记为0,通过统计学生对所有题目的作答情况,完成学生和试题的项目反应 $R_{50 \times 52}$ 矩阵。其次,通过对试题进行分析、归类,将试题与所涉及的布鲁姆教学目标分类学中的12个二维目标进行耦合,详情见表7-4。将涉及的某一目标属性记为1,不涉及记为0,得到52道试题和12个二维目标属性的关联矩阵 $Q_{52 \times 12}$ 矩阵,明晰测试试题与所测属性间的关系。

表7-4 基于试题和二维目标属性的关联Q矩阵

目标 试题	记忆 事实性 知识	理解 事实性 知识	应用 事实性 知识	评价 事实性 知识	记忆 概念性 知识	理解 概念性 知识	应用 概念性 知识	分析 概念性 知识	评价 概念性 知识	应用 程序性 知识	分析 程序性 知识	评价 程序性 知识
1	0	0	0	0	0	1	0	0	0	0	0	0
2	0	0	0	0	0	1	0	0	0	0	0	0
3	0	1	0	0	0	0	0	0	0	0	0	0
…												
49	0	0	0	0	0	1	0	0	0	1	0	0

续表

目标\试题	记忆事实性知识	理解事实性知识	应用事实性知识	评价事实性知识	记忆概念性知识	理解概念性知识	应用概念性知识	分析概念性知识	评价概念性知识	应用程序性知识	分析程序性知识	评价程序性知识
50	0	0	0	0	0	1	0	0	0	0	0	0
51	0	0	0	0	0	0	0	1	0	0	0	0
52	0	0	0	0	0	0	0	0	1	1	0	0

计算得到学生对二维目标属性的掌握概率估计值，将认知水平用具体的数值外显化，可以帮助教师掌握学生对不同知识属性的内化吸收状态，详细数值见表7-5。我们在上述表征学生作答情况的项目反应矩阵 R 矩阵和表征试题、属性间关系的 Q 矩阵的基础上，利用矩阵乘法 $N_{50 \times 12} = R_{50 \times 52} Q_{52 \times 12}$，计算每个学生对涉及 12 个二维目标属性试题的答对个数，得到 50 个学生在 12 个二维目标属性试题上的答对个数 $N_{50 \times 12}$ 矩阵。之后，通过公式：$f_{ik} = \dfrac{N_{ik}}{S_k}$，其中，$s_k = \sum_{j=1}^{m} q_{jk}$ 为涉及属性 k 的所有试题个数，计算每个学生对 12 个二维目标属性试题的答对频率，得到 50 个学生对 12 个目标属性的试题的答对频率 $F_{50 \times 12}$。再将学生 i 答对试题 j 的概率估计为该项目涉及的所有属性答对频率的乘积：$g_{ij} = \prod_{k=1}^{l}(f_{ik} \vee (1 - q_{jk})), x \vee y = max(x,y)$，计算得到 50 个学生在 52 道试题上的答对概率 $G_{50 \times 52}$ 矩阵。最后，学生对属性 k 的掌握概率等于涉及属性 k 且学生作答正确的所有试题的答对概率之和与涉及属性 k 的所有试题的答对概率之和的比值，即 $p_{ik} = \dfrac{\sum_{j=1}^{m} min(r_{ij}, q_{jk}) \times g_{ij}}{\sum_{j=1}^{m} q_{jk} \times g_{ij}}, x \wedge y = min(x,y)$。

表7-5 学生二维目标掌握概率估计值

目标\学生	记忆事实性知识	理解事实性知识	应用事实性知识	评价事实性知识	记忆概念性知识	理解概念性知识	应用概念性知识	分析概念性知识	评价概念性知识	应用程序性知识	分析程序性知识	评价程序性知识
1	1.00	0.74	1.00	1.00	1.00	1.00	0.87	1.00	0.47	0.91	0.65	0.50
2	1.00	0.69	1.00	1.00	0.80	0.93	0.84	0.64	0.27	0.75	0.60	0.73
3	1.00	0.87	0.78	1.00	0.60	0.80	0.58	0.56	0	0.51	0.65	0.46

续表

学生\目标	记忆 事实性 知识	理解 事实性 知识	应用 事实性 知识	评价 事实性 知识	记忆 概念性 知识	理解 概念性 知识	应用 概念性 知识	分析 概念性 知识	评价 概念性 知识	应用 程序性 知识	分析 程序性 知识	评价 程序性 知识
…	…	…	…	…	…	…	…	…	…	…	…	…
47	0.87	1.00	1.00	1.00	1.00	0.93	0.77	0.78	0.50	0.71	0.70	0
48	1.00	0.69	0.56	1.00	1.00	0.66	0.68	0.75	0.17	0.63	0.14	0
49	0.82	0.73	0.73	1.00	1.00	0.92	0.82	0.92	0.48	0.81	0.65	0.70
50	1.00	0.65	0.70	1.00	1.00	0.72	0.69	0.50	0.44	0.66	0.23	0.23

在得到每位学生在知识目标、认知过程目标以及知识与认知过程二维目标的达成度的基础上，进一步从班级的平均情况和学生的个体情况两个方面对其进行统计分析。分析结果表明，在班级平均情况方面，整个班级对布鲁姆教学目标的平均达成情况随层级的升高而降低；学生普遍对"记忆""事实性知识"掌握最好，随着认知过程的层次的升高，知识越来越抽象，学生的目标达成度依次降低，详情如图7-8（a）所示。在学生个体情况方面，将A学生对布鲁姆教育目标的达成情况与班级平均情况进行对比，发现该学生高层次认知能力

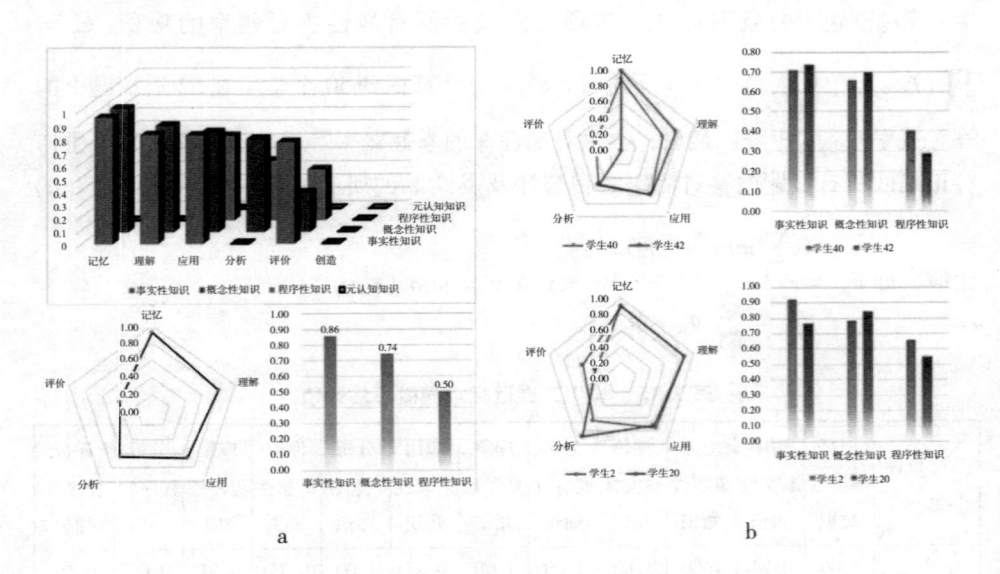

图7-8 教育目标达成度、相同分数学生教育目标达成度对比

低于班级平均水平，应该加强对事实性知识的学习，逐步提高自己的高层次认知水平。此外，将不同分数段具有相同分数的学生进行对比，发现分数相同的学生认知分布也存在差异，如图 7-8（b）所示。由此得出，生生帮扶并不一定是优生辅导差生，量化认知属性等级、找出互补区间、增加生生有效互动显得尤为关键。

三、知识点掌握程度个性化评价与分析

通过上述计算方法，我们计算得到该年级 50 名学生在所有知识点上的掌握概率估计值，具体值见表 7-6。从班级的平均情况和学生的个体情况两个方面对知识点掌握计算结果进行统计分析，结果如下：第一，通过对班级知识点平均掌握程度的分析，可以帮助教师找准薄弱知识点，对班级普遍掌握较差的知识点进行统一讲解。如图 7-9 所示，学生整体对知识点掌握情况由高到低依次是余弦定理＞正弦定理＞等差数列＞等比数列＞正弦定理和余弦定理的应用＞数列的综合应用。第二，在学生的个体情况方面，我们进行了学生个体各个知识点掌握情况横向对比发现存在学习风险的知识点，例如，48 号学生的数列综合应用明显低于其他知识点的掌握程度，以此提出有针对性的指导建议。针对各个知识点进行不同学生掌握情况的纵向对比，以此发现互补点，寻找合适的学习伙伴。

我们将知识点掌握程度的计算结果与教师对学生的宏观评价、学生知识点掌握情况自评进行了对比，其中，36 名学生认为计算结果和自己的真实状况一致；9 名学生认为该计算结果比自己更加清楚自己的学习状态。在计算结果中，掌握程度较差的知识点即学习风险问题点引起了师生的共同关注，把该方面的个性化评价数据当作解决学习问题，提高教、学效率的核心关键点。部分教师认为，随着测评数据的增加和完善，使得发现学习风险知识点、解决学习问题、减轻教学负荷、实现因材施教成为可能。

表 7-6　学生知识点的掌握程度

学生 \ 知识点	正弦定理	余弦定理	正弦定理和余弦定理应用	等差数列	等比数列	数列的综合应用
1	1.00	1.00	0.88	0.92	0.80	0.79
2	1.00	0.75	0.75	0.67	0.80	0.71
3	0.67	0.75	0.50	0.83	1.00	0.29

续表

知识点 学生	正弦定理	余弦定理	正弦定理和 余弦定理应用	等差数列	等比数列	数列的 综合应用
…	…	…	…	…	…	…
48	0.67	1.00	0.75	0.67	0.80	0.36
49	1.00	1.00	0.88	0.83	0.80	0.64
50	0.78	1.00	0.75	0.83	0.60	0.29

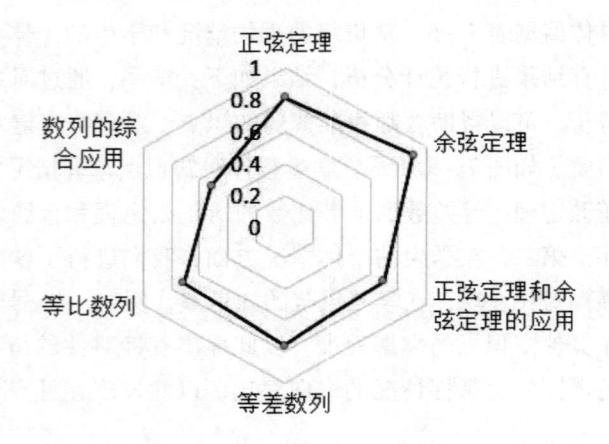

图7-9 班级知识点平均掌握程度

第七节 个性化学习评价工具设计

我们运用Axure对个性化评价工具进行了原型设计，并进行个性化评价模型的UAT测试。UAT即User Acceptance Test，也就是用户可接受测试，在本研究中主要是邀请师生参与测试流程，并鼓励师生对个性化评价工具的原型进行质疑以及漏洞检测，以此得到有效反馈信息，迭代优化工具原型，提高普适性与实用性。期望我们的评价工具最终能够以插件的形式嵌入各个学校的网络教学平台中，为各类学习平台实现个性化评价提供参考。

一、个性化评价工具的功能结构设计

在现阶段基础教育当中，教师和学生依旧是学习评价的主要参与者，教师是测评者，而学生是被测评者，在评价实施过程中，教师通过设置不同测评目标的考试来对学生的学习进行评价，学生则通过参与考试来获得评价。评价工具在用户分类上可分为教师和学生两大类，在功能设计上可分为测试子系统、评价子系统和用户管理子系统。根据测评工具的理论基础、测评目标和内容以及测评流程，在个性化智能测评理论模型的基础上，考虑到普通考试测评的常规功能，设计了个性化智能测评工具的功能结构图，如图7－10所示。

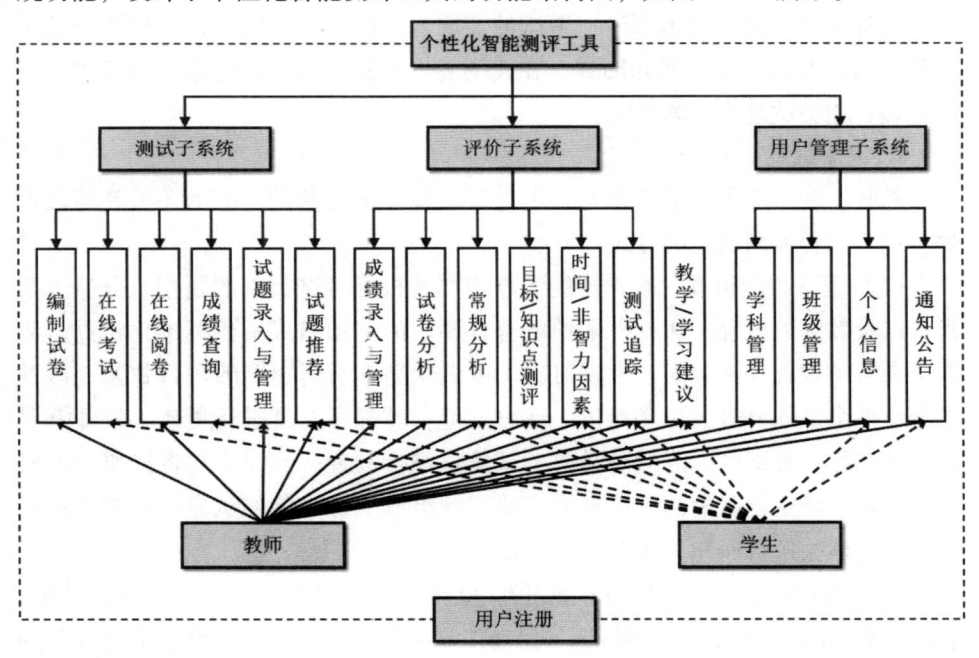

图7－10 个性化智能测评工具功能结构

从功能的角度来看，测评工具包括测试子系统、评价子系统和用户管理子系统。测试子系统主要为教师提供编制试卷、在线阅卷、试题信息录入与管理以及为教师编制试卷推荐相应试题等功能，以及为学生提供在线考试、自我联系、成绩查询、适应性试题推荐等功能。评价子系统主要实现对试卷、学生的个性化智能分析，为教师提供纸笔测试的成绩录入与管理、试卷分析、常规分析、布卢姆教育目标达成度测评、知识点掌握程度测评、答题时间分析、非智力因素测评、班级或单个学生测试学情追踪以及教学建议等功能，为教师及时

掌握班级学情、实现个性化教学提供有益参考，而通过该系统，学生可获得各类成绩分析结果、学科追踪、学情追踪以及学习建议，帮助学生及时发现问题，有针对性地制定学习策略，从而高效学习。用户管理子系统主要为教师和学生提供个人信息管理和通知公告等功能，还包括教师对学科和班级的管理功能。

（一）测试子系统的功能设计

测试子系统包括学生考试的整个过程，主要实现试题的录入与管理、编制试卷、在线考试、在线阅卷、成绩查询、试题推荐等功能，下面分别从教师、学生两个方面展开具体论述。

教师模块

教师是测验试卷的编制者、考试的实施者、测评的组织者，该模块包括了多种编制试卷的方式、通知阅卷、在线阅卷、创建试题、试题录入与管理、题库管理、相关试题推荐等功能。

1. 编制试卷

教师组卷、发布考试信息是学生进行在线考试的基础，本测评工具为教师提供以下三种编制试卷的方式：

（1）题库智能组卷：题库智能组卷主要是根据考试大纲的题型、分值等要求，以及教师的设置，从题库中抽取符合要求的试题组成一份标准化试卷。测评工具自动设置考试时间、考试对象、考试题型、不同题型的题目数量、试卷总分、单个试题分数、试题难度、区分度等，教师可对其进行更改。教师需要对考试名称、考试内容范围等必要考试信息进行设置，测评工具将按照一定的组卷策略自动从题库中抽取符合要求的试题组成一份完整的试卷，并对参加考试的所有学生进行通知，如图 7 – 11 所示。

（2）自动匹配出卷：自动匹配组卷是指测评工具根据不同班级的测评结果，自动生成 20 道匹配度较高的试题，组卷依据包括薄弱知识点训练、掌握较差的目标训练、平时测试较少的目标或知识点等。自动匹配生成的试卷在题型、不同题型试题数量、试卷总分、考试时间等基本信息上与高考一致，且符合班级当前学情。除依据测评结果的试题推荐外，测评工具也会推荐相关的经典试题，例如，往年真题、校易错题等。

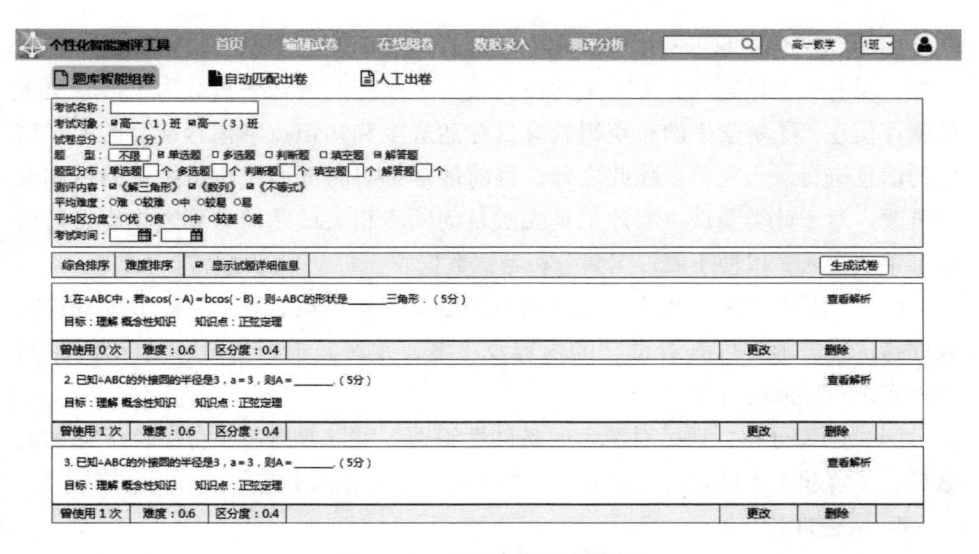

图 7-11 题库智能组卷界面

（3）人工组卷：教师可以根据不同班级的学习情况以及测试目的，从题库中灵活地选择试题，也可以从试题推荐中快速选择试题加入或者自己创建试题。教师需要确认每道题所属的目标分类，试卷编制结束后，可根据试卷分析得出的结果不断完善试卷结构，直到编制出一套符合试卷质量要求的试卷。

2. 在线阅卷

学生完成在线考试后，测评工具对客观题如选择题、判断题、填空题等进行自动阅卷评分并将阅卷结果记录到数据库中。而对于解答题、名词解释、阅读论述、作文等主观题，则需要教师登录系统人工批改。

（1）任务通知：通知教师批改学生提交的试卷，提示哪些学生的试卷未批改完成。

（2）在线批改：教师依次批改学生的试卷，工具自动将人工批改结果记录到数据库中，并和智能阅卷得分相加计算出试卷总分。

3. 试题录入与管理

题库是测验子系统的基础部分，教师需要根据不同班级的需求对试题进行管理，主要包括创建新的试题、对题库已有试题的信息进行完善、对试题进行增删改查等操作以及分析题库中试题的分布情况。

（1）创建试题：教师在编制试卷时可创建题库中没有的新试题，不同题型采用不同的输入界面。除了输入题型、分值、题干、答案、解析等基本参数外，还需要确定试题所测评的目标以及考查的知识点，为后续个性化测评提供支持。

（2）试题信息录入：对于题库中已有的试题，部分试题信息可能并不完善，例如，没有标注试题在分类表中的位置或者试题涉及的知识点。为了得到更多的测评信息，了解学生的布卢姆教育目标达成度和知识点掌握程度，需要对试题的信息进行录入完善。除此之外，目前最常见的测试形式还是纸笔测试和有痕批改，对于此类测试，测评工具无法自动同步相关试题信息到数据库，需要教师手动录入，以便于测评工具分析考试数据。

（3）试题管理：题库中的试题可按照题型、知识点、难度、区分度等进行查询筛选，教师可以查看试题的内容及答案，并对其进行修改、删除等操作，从而实现对题库的管理。

（4）题库分布：通过对题库的条件性筛选，可以看出每一种条件下试题的数量，了解题库中试题的题型分布、难度分度、知识点分布等。

4. 试题推荐

个性化智能测评工具可以根据班级或个别学生的测评结果，为教师推荐适应性的试题，帮助教师编制更有针对性的试卷。

（1）综合测评推荐：综合测评推荐指的是根据以往考试的数据分析，针对班级学生掌握较差的知识点、班级达成情况不佳的布卢姆教育目标、错误率高的试题等情况推荐相应的试题。该测评方法适合对班级薄弱点的专项训练。

（2）经典试题推荐：经典试题推荐指的是结合全校或更多学生的学情，推荐经典错题或与高考相关度较高的经典试题。这些试题往往是经过反复验证的质量较高的试题，存在常考的重要知识点或学生经常容易犯错的地方。

学生模块

教师编制好试卷，发布考试通知后，学生可登录测试子系统参加在线考试。测试子系统的学生模块最主要的功能就是为学生营造一个良好的在线考试环境，学生可以快速地获取考试信息，并且无障碍地顺利参加考试。学生模块的功能结构如下：

1. 在线考试

在线考试为学生提供了一个良好的线上做题环境，实现了学生平时练习、和同学竞赛练习、参加教师发布的正式考试，提供考试、计时、收卷、客观题自动阅卷评分等功能。

（1）自我练习：自我练习为学生提供了自测的机会，学生在学习完某一单元或者复习错题时，可以通过自测巩固知识、强化对薄弱点的练习。学生可以对每次练习的试题数量、测试范围、考试时间等进行限制，也可以不限制，做一题看一题的答案。学生练习完成后，系统会自动对客观题进行批改评分，反馈每一题的正误情况、正确答案以及题目解析。而对于主观题，则需要学生自己批改，系统会提供详细的解析。

（2）同学竞赛练习：为了增加学习的趣味性，本测评工具提供竞赛式练习的功能。学生可以设置参加竞赛的学生名单以及竞赛试卷的参数，例如，题型、试题数量、考试时间、试卷难度等，由系统从题库中自动抽取试题组卷或者学生手动从题库中抽取相应试题。关于如何阅卷，客观题仍采用自动阅卷评分的功能，主观题由参与竞赛的学生互相批改。

（3）正式考试：正式考试是指学生参加由教师或学校统一组织的标准化考试，考试机会只有一次，考试时间固定。学生考试答题后，系统自动开始计时，将学生的答卷情况记录到数据库中，如果到时间未交卷，则自动收卷，结束考试。试题呈现时可按试题固定顺序依次展现，也可根据学生的选择随机显示。收卷后，系统对客观题自动阅卷评分，并提醒教师有阅卷任务。

2. 成绩查询

学生可以随时查看以往考试或练习的分数以及每一题的作答情况，对以往的错题进行整理或重做。

（1）查看成绩：如果试卷或练习均由客观题构成，学生交卷后即可马上获得考试成绩；如果包含主观题，则需等待批阅。批阅完成后，学生可以查看自己的成绩以及详细作答情况，并且可以查看答案解析。

（2）错题重做：学生可以将考试中的错题加入错题库进行重做，对于客观题，系统自动判别重做答案的正误，主观题则有考试查看解析自行判断。错题库中的试题答对三次后自动移除，学生也可以自己进行增、删、改、查等操作。

（3）查看解析：已做过的试题可查看答案及详细解析。

3. 试题推荐

根据每位学生的测评结果，个性化智能测评工具可为学生推荐适应性的试题，帮助学生更有针对性地练习，从而达到高效学习。

（1）综合测评推荐：综合测评推荐是指根据学生以往的练习、考试的数据分析，针对其达成情况不佳或训练较少的目标、掌握较差或训练较少的知识点、常错题型等情况，为其推荐相应的试题。这些薄弱点往往是学生提分的关键，是测评结果的典型应用。

（2）经典试题推荐：根据学生的设置，结合更大范围的测评数据，推荐经典试题，包括创新题、易错题等。这些题往往与高考密切相关，是经过相关专家、教师验证过的高质量试题，帮助学生进行知识的巩固与能力的提高。

（二）评价子系统的功能设计

评价子系统主要是对搜集到的测评数据进行分析，包括纸笔测试的考试数据录入、布卢姆教育目标达成度、知识点掌握程度测评、答题时间分析、非智力因素测评、测评轨迹追踪记录以及平均分、名次、优秀率、及格率等常规分析。根据测评结果，为教师教学、学生学习提供建议。下面分别从教师、学生两个角度展开论述，教师更多关注的是班级的整体情况以及部分学生的个体情况，学生更多关注的是个体情况。

教师模块

考试是教师掌握班级学情的一个重要手段，通过对考试数据的测评分析，可以帮助教师及时发现问题，调整教学。评价子系统的教师模块主要包括成绩的录入与管理、试卷分析、常规分析、目标达成度、知识点测评、答题时间分析、非智力因素测评、测试追踪、教学建议等功能。

1. 成绩录入与管理

在线考试的数据，例如，试题的详细信息、学生的作答情况等，在教师编制试卷、学生作答以及阅卷过程中自动同步到了数据库。而对于纸笔测试，若要对考试进行分析，则需要将试卷试题的分类以及学生的作答情况等录入系统，这样测评工具才能对数据进行分析。

（1）录入考试数据：是指将学生对每一道试题的对错情况录入到系统中，可采用扫描录入或人工输入的方式。

（2）成绩管理：对学生的成绩进行修改、删除等操作，从而实现对学生考试成绩的电子化管理。

2. 试卷分析

对试卷进行分析可以了解试卷的有效性，帮助教师更好地分析测评结果。

（1）难度与区分度：试题的难度是衡量试题难易程度的数量指标，可以采用 $P_i = 1 - \dfrac{C_i}{n}$（P_j、C_i、n 分别表示第 i 题的难度、答对人数、总人数）或 $P_j = 1 - \dfrac{S_j}{F_j}$（$P_j$、$S_j$、$F_j$ 分别代表第 j 题的难度、学生对第 j 题的平均分、第 j 题的满分）进行计算。难度是一个 0 到 1 的数值，试题的难度系数越大，表示试题越难，答对的人越少。区分度是衡量试题对学生的区分程度或鉴别能力的数量指标，通常采用两端分组法进行计算：$D = \dfrac{R_h - R_l}{n}$，其中，R_h、R_l 分别表示高分组和低分组答对该题的人数，n 为每组的总人数。区分度是一个 -1 到 1 的数值，

一般 $D>0.4$ 的试题区分能力较好。难度与区分度的分析既可用于对考试结果的分析，也可用于教师编制试卷时对试卷进行分析，对于难度较高或较低、区分度差的试题进行相应的修改或删除，分析结果如图 7-12 所示。

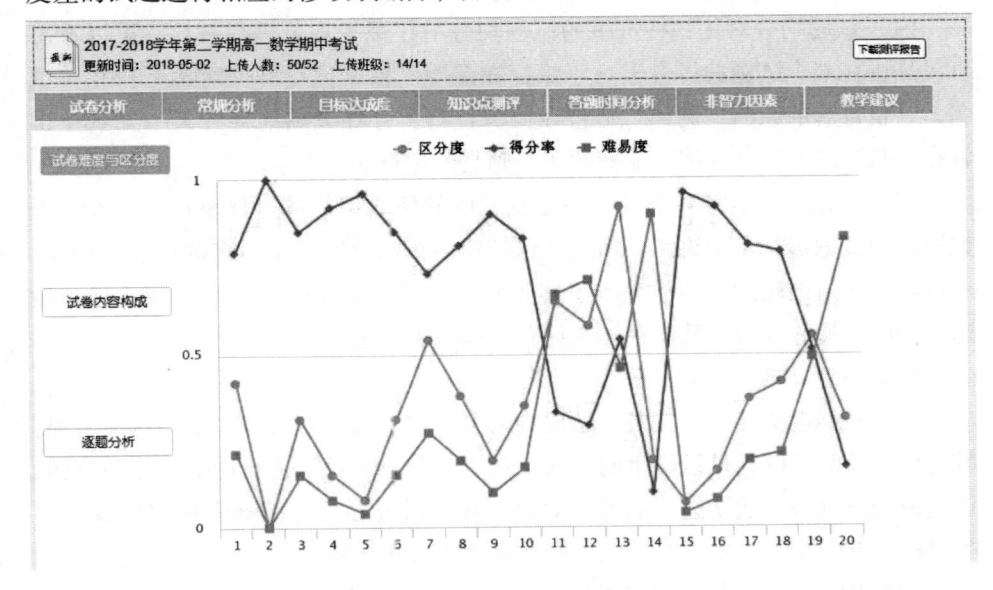

图 7-12 试卷难度与区分度分析界面

（2）试题分布：考试的题型一般与标准化考试保持一致，试题分布主要是对试卷所有试题在分类表上的位置以及所测知识点进行分析。教师可明显看到哪些目标施测的比较多，哪些知识点尚未涉及等，对试卷的内容构成有一个更详细的把握。

（3）逐题分析：对试卷中的每一道试题进行详细分析，例如，试题在分类表中的位置、所考察的知识点、班级得分率、与年级得分率的对比、答错学生数、答案解析等，教师也可点击查看回答错误的学生名单。

3. 常规分析

（1）班级成绩单：通过对本次考试的数据统计分析以及与上次考试的对比，生成班级的成绩单，包括学号、姓名、得分、班级排名、班级排名变化、年级排名、年级排名变化等信息。

（2）班级整体学情：包括班级均分、最高分、优秀率、及格率以及年级均分、最高分、优秀率、及格率的对比等班级学情，以及班级均分在年级的排名和排名变化。通过对班级整体学情的分析，可以了解班级的整体学情在年级当中所处的层级，从而适当调整教学进度。

（3）分数段分布：分数段分布指的是班级学生在每个分数段上的分布情况，教师可以直观地看出班级是否存在两极分化严重或者高分数段学生较少等情况，从而采取相应的措施。

（4）试题均分对比：将班级的试题均分与年级平均分进行对比，可以看出班级是否在某个试题的得分上与年级存在差距。根据试题均分对比分析相关试题，寻找背后的原因，例如，是否在授课技巧上存在欠缺而导致某一知识点讲解存在疏漏或者其他原因，从而便于教师之间进行交流与学习。

（5）试题答错名单：统计每一道试题的答错名单，对得分率较低、答错人数较多的试题进行集中讲解。通过试题答错名单，可以挖掘更多的信息，例如，通过询问某道试题的答错学生，了解到底是知识点的概念理解不清晰还是，做题方法没掌握等原因，从而更加有针对性地解决问题。

4. 目标达成度

（1）班级整体平均：是指班级整体对各个布卢姆教育目标的平均达成情况，教师可以及时了解到班级学生的平均认知能力分布。对于达成情况较差的目标，说明班级对这一个认知能力的习得效果不佳，需要在后面的教学中多设置这一类目标，在教学活动中不断训练、提高学生的认知水平。

（2）学生个别分析：班级整体的平均测评结果只能了解班级的平均目标达成情况，而不能把握个体学生的学情，需要对每位学生的目标达成度进行呈现。为区分未测评的目标和达成度为 0 的目标，采用粗黑色边框表示本次测试未涉及的目标。除测量二维目标达成度外，还可单独测量认知过程维度或知识维度目标达成度。

5. 知识点测评

（1）班级整体平均：是指班级整体对不同知识点的平均掌握程度，可采用知识点掌握程度雷达图或知识网络图进行可视化呈现。教师可以通过测试及时了解班级薄弱知识点，对于讲授过但学生掌握程度不好的知识点可以采取集中讲解的教学方式巩固知识。

（2）学生个别分析：通过对学生个体的知识点测评结果进行分析，可以了解到每一个学生的个体差异，对不同的学生采取不同的教学方式，实现个性化测评、个性化教学、个性化学习。采用包含知识层级的知识网络呈现测评结果，可以帮助教师和学生发现错因，从而制订合适的学习方案。

6. 答题时间分析

（1）班级整体平均：通过观察班级平均答题时间，可以发现学生在哪些试题上耗费的时间比较多，再进一步分析原因，例如，到底是因为学生对这类试题比较陌生，还是该题的计算量太大或者学生没有发现快速答题的方法等。

（2）学生个别分析：即学生个体的答题时间和班级平均答题时间的对比。教师可以通过答题时间的测评结果分析某位学生的成绩飘忽不定是否是因为答题时间较快，没有检查答案的习惯，导致经常因计算错误或粗心丢分等。

（3）相关性分析：若是在线考试的形式，测评工具可以记录下学生的审题时间、作答时间，与试题字数、试题得分、学生性别等做相关性分析，为个性化教学提供更多测评信息。

7. 非智力因素测评

（1）量表/问卷调查：教师可采用已有的较经典的非智力因素测评量表或调查问题对学生进行测试，从而获得相应的分析结果，了解学生的非智力因素情况。

（2）学生自我评价：学生在测试后进行自我评价，反思本次考试中因非智力因素导致的丢分情况。教师可根据自我评价结果采取相应的教学策略，帮助学生养成良好的考试习惯。

8. 测试追踪

（1）考试趋势：包括每次考试班级平均分变化以及班级在年级中的排名变化，从趋势图中可以看出班级的发展趋势是朝积极的方向发展还是持续走低。教师也可看到班级每一个学生的考试趋势，从测试的追踪情况了解学生最近的学习状态。

（2）认知目标达成度：不同布卢姆目标的达成度趋势，每一个学习阶段都涉及不同的教学目标，有些目标所考察的认知能力是相同的。从认知目标达成度的趋势图中可以看出哪些目标的达成情况一直较好，哪些波动比较大，哪些之前掌握较差的目标有所好转，也可观察到哪些目标的测试比较少。

（3）知识点掌握情况：每个知识点的考查都不会只出现在一次测试中，从知识点掌握情况趋势图中可以发现每个知识点在不同测试中的掌握程度是多少，是否存在之前掌握较好的知识点，经过一段时间后，学生的掌握程度开始下降，需要加以巩固提高。在反复的学习巩固中，尽可能地掌握每一个知识点。

9. 教学建议

（1）重点关注学生、试题：提醒教师关注排名波动较大的学生、成绩持续走低的学生、答题时间较长的试题或因非智力因素失分较多的试题等，帮助教师快速定位到需要重点关注的学生和试题，采取相应的补救措施，如个别辅导、学生谈心、集中讲解等。

（2）教学目标建议：对达成情况较低的目标、多次测试未涉及的目标等加以标注，教师可根据实际教学情况调整教学目标的设置，帮助学生全面发展。

（3）教学内容建议：主要针对学生掌握程度较差的知识点、多次测试未涉及的知识点、错误率高需要统一讲解的试题等内容，建议教师关注这些教学内容，设计相应的教学活动。

学生模块

对于学生而言，考试的成绩和排名固然重要，但更重要的是如何利用考试测评促进学习。评价子系统的学生模块主要包括查看个人或班级的成绩单、观察试卷得分分布、获取布卢姆教育目标达成度和知识点测评的测评结果、学科追踪、总分追踪、名次追踪、认知目标达成度追踪、知识点掌握程度追踪以及学习建议，个性化的测评信息可以帮助学生更好地针对自身的薄弱点进行有效学习。具体分析功能如下：

1. 常规分析

常规分析包括学生查看自己或班级的成绩单以及了解自己在本次考试中的试卷得分分布。

（1）班级成绩单：班级成绩单包括学号、姓名、得分、班级排名、班级排名变化、年级排名、年级排名变化等信息。学生可以从班级成绩单中了解其他学生的考试详情，将个人成绩与班级平均分进行对比等。

（2）个人成绩单：学习既可以在班级成绩单中查找自己的成绩，也可以单独查看自己的成绩单。从得分和排名中了解自己本次考试的情况，并从排名变化中看到自己的考试趋势。

（3）得分分布：试卷得分分布主要是指学生本次考试在不同题型上的得分率分布等，通过观察不同题型的得分情况，了解自己的优势和弱势，对得分率较低的题型加以训练，并总结方法。

2. 个性化测评

布卢姆教育目标达成度和知识点掌握概率的测评是本研究的精髓所在，同时在理论层面探讨了答题时间分析和非智力因素的测评重要性以及测评方法，旨在除常规分析外，为学生提供更多个性化测评结果。

（1）目标达成度测评：布卢姆教育目标达成度测评是指学生对本次考试所测试的每个目标的达成度，学生可以了解到自己那些认知目标达成度较差，有针对性地训练自己的认知能力，从而做到全面发展。

（2）知识点测评：知识点测评是指学生对本次考试中涉及的知识点的掌握情况，获取薄弱知识点的信息，快速定位学习内容。

（3）答题时间分析：通过与班级平均答题时间的对比，发现那些远超出班级平均答题时间的试题的背后原因，对时间成本高的试题、因审题时间较短导致失分的试题等进行总结。

（4）非智力因素测评：每次考试后，对这次考试进行自我评价，分析错题的失分原因，总结因非智力因素导致失分的试题。通过非智力因素的测评结果，发现自己的问题所在，培养良好的考试心理和做题习惯。

3. 测试追踪

学习并非一次短途旅行，而是一次长途跋涉。在学习过程中，学生需要参加非常多的考试，对每一次考试进行追踪有助于学生把握自己的学习趋势，并及时做出调整。

（1）考试趋势：考试趋势是对学生每次考试的分数和排名进行追踪，包括学科追踪、总分追踪、班级名次追踪、年级名次追踪等。分数和排名作为最常用的考试分析，有助于学生把握自己的学习动态，了解现有水平与平均水平或目标水平之间的差距。

（2）认知目标达成度：对认知目标达成度进行追踪可以快速了解学生认知能力的发展变化，帮助学生对某方面的认知能力进行巩固或练习，支持学生全面发展，助力素质教育。

（3）知识点掌握程度：通过从考试数据中发现学生的薄弱知识点，学生可以有针对性地进行学习。而学习是否有效，以及相关知识点的掌握程度是否有所提高，可以从知识点掌握程度的趋势图中一窥究竟。除此之外，对于某些知识点，当时学习时可能掌握得比较好，但经过一段时间没有接触，可能会出现遗忘等现象。学生可以从趋势图中及时注意到掌握趋势下行的知识点并加以巩固。

4. 学习建议

从考试数据中利用基于 Q 矩阵的属性掌握概率方法可得到学生对布卢姆教育目标分类学修订版中的各目标的达成度以及每个知识点的掌握程度，据此建议学生关注相关的目标和知识内容。同时提醒学生答题时间过长和因非智力因素丢分的试题。学习目标提醒：提醒学生关注达成情况较低的目标；学习内容提醒：提醒学生关注掌握程度较低的知识点。

（三）用户管理子系统的功能设计

用户管理子系统主要是指教师、学生对用户信息的管理，包括学科管理、班级管理、账号管理、接收通知等功能。

1. 学科管理

学科教师可以关注自己所任教学科的测评情况，也可关注其他学科。例如，班主任可能需要对所有的学科测评都加以关注，物理教师可关注数学学科的测评，帮助教师更精确地诊断出学生落后的根源所在。

2. 班级管理

教师可以对自己任教班级的学生进行管理，例如，增加、删除、更改学生信息等操作。

3. 个人信息

教师和学生都有自己的用户账号，可以对账号的头像、昵称、邮箱、手机等进行设置，也可随时进行修改密码的操作。

4. 通知公告

通知公告主要是指对一些重要的消息通过发送通知给用户的方式及时提醒教师、学生查看。例如，教师编制完试卷后，系统会自动向所有考试对象发布考试通知；学生提交完试卷，系统也会及时提醒教师阅卷；测评分析结束，系统将通知教师、学生查看。

二、个性化评价工具的原型设计

在以上评价工具的功能结构设计基础上，结合现有网络学习平台测评功能和实践应用分析结果，采用 Axure 软件制作了评价工具各部分功能原型。其中，根据工具的结构功能设计，该原型主要可以分为三大模块：测试模块、评价模块和用户信息管理模块。测试模块对应于测试子系统中的各部分功能，体现在编制试卷、在线阅卷和数据录入三部分内容，如图 7 – 13（a）所示；评价模块对应于评价子系统中的各部分功能，主要体现在测评分析部分，包括了常规分析（成绩单、得分分布等）、目标达成度、知识点测评等评价内容，如图 7 – 13（b）所示；用户信息管理模块对应于用户管理子系统中的各部分功能，在原型中用最熟悉的个人信息 UI 图标来作为该模块的入口。

(a) 测试模块数据录入功能页面

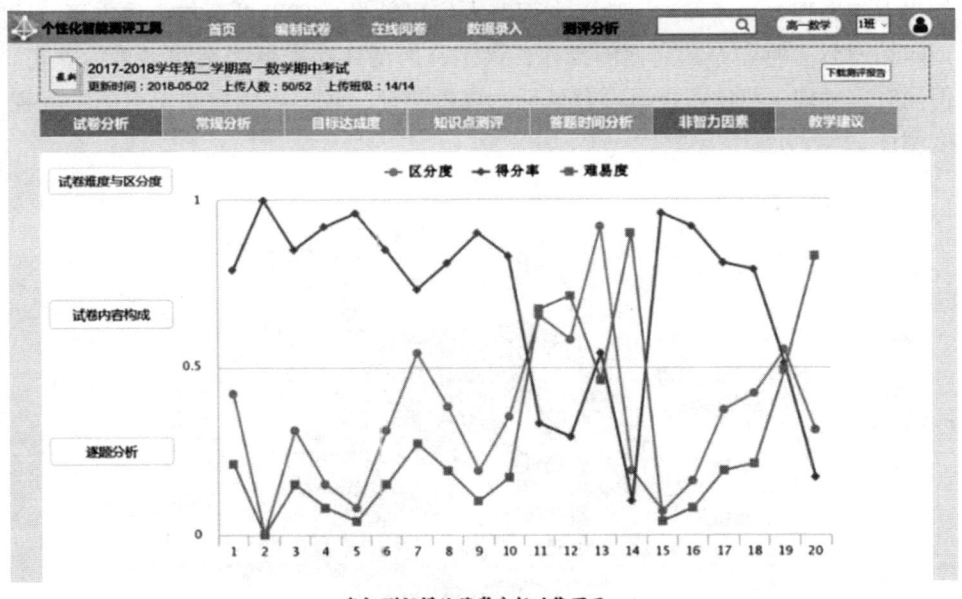

(b) 测评模块试卷分析功能页面

图 7–13　个性化评价工具原型部分功能页面

三、个性化评价工具的 UAT 测试

在原型设计的基础上，选取了 10 位中小学一线教师和 30 位与本研究方向相近的高校研究者进行工具的试用，之后采用面对面访谈、视频访谈和电话访谈等多种方式对这 40 位试用者展开用户体验访谈。访谈内容为：如果从理论基础、测评功能、内容呈现、界面设计、用户体验感五个维度给该工具评分，每

239

个维度的满分为 10 分,您会给多少分,为什么?对访谈问题量化评分结果进行统计,得到本次访谈的 40 名对象在不同维度上的平均评价得分分别为 9、8.75、8.75、8.92、8.75,分值普遍较高,说明该工具整体接受度较高,可用性较好。

在以上访谈结果材料的基础上,基于扎根理论方法,采用 Nvivo 软件对该工具的优点进行编码分析。经过三轮的调整,我们获得了测评功能、界面与操作和理论基础 3 个一级编码节点,以及评价分析深入、知识点掌握程度测评、界面简洁、理论基础扎实和理论先进等 10 个二级编码节点。最后采用层次图表中的环状层次图来展示整体的编码情况,如图 7-14 所示,内圈表示一级编码节点,外圈表示二级编码节点,扇形面积大小和编码参考点指的是对应编码节点的频次多少。可以看出,功能全面、评价多样、布鲁姆教育目标达成度测评、知识点掌握程度测评等测评功能方面节点编码数量远高于界面与操作方面,这说明相比简洁的界面和简便的操作,该工具的测评功能更受被访谈者的认可。但同时也发现,相比布鲁姆教育目标达成度测评,教师更倾向知识点的掌握程度测评。

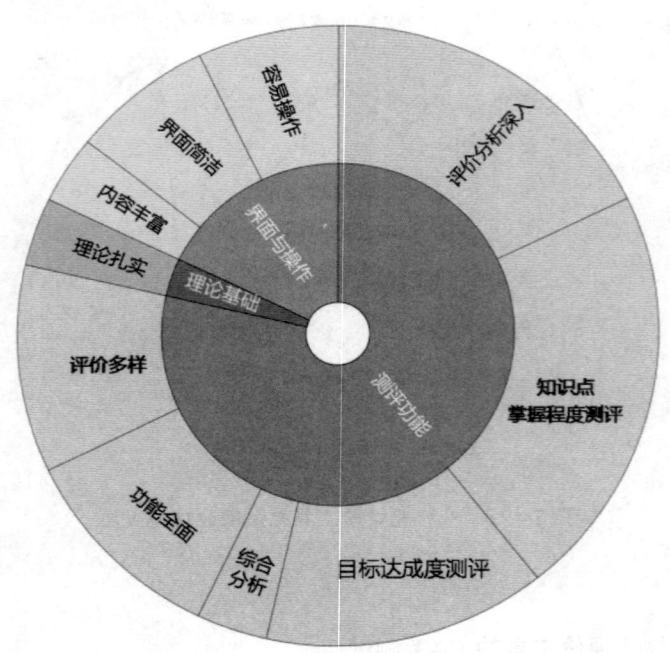

图 7-14 用户体验访谈结果分析

本章小结

本研究首先学习测评理论、基于教育大数据的智能测评平台与研究现状进行了梳理分析，并提出学习测评发展的理论与技术趋向。之后，结合柯氏四级评估模式，提出个性化学习评价层次塔，为学习结果的评价提供分类指导。接下来，我们以中小学教育测评数据为研究场景，开展个性化学习评价设计与实证研究。我们以布鲁姆教学目标分类学和 Q 矩阵理论为理论支撑，以属性掌握概率方法为算法实现支撑，结合教育评价的实施过程构建了基于学习测评数据的个性化评价模型。该模型包括教学目标达成情况、知识点掌握程度两个维度以及知识点掌握度、学习风险问题点、学习目标达成度、课程成绩四个方面。其次，以江苏某高中高一 50 名学生的学习测评数据对个性化评价模型进行了数据检验，测评数据包含关于"解三角形"和"数列"的六个知识点。最后在模型构建的基础上设计了个性化评价工具原型，并进行了 UAT 测试。研究结果表明，所构建的模型能够对学习者的学习结果进行个性化评价，帮助学生及时进行具有针对性的补救；相较于认知水平，教师更加关注学生的知识点掌握程度，其中，学习风险问题点是师生最关心的个性化评价数据；学生的认知水平和知识点的掌握程度正相关，这表明测评数据是学生对知识点内化的外显形式；工具原型在不同维度上的 UAT 测试平均评价得分为 8.834，这表明该工具整体接受度较高，可用性较好，为后期工具的技术实现奠定了基础。

241

第八章

个性化学习资源推荐

个性化学习资源是基于学习者个性特征和学习偏好为学习者推送符合其学习规律的各类学习资源的一种个性化学习服务。它是学习分析在学习拓展环节中的应用体现，其推荐算法为学习资源的设计提供依据。要满足学生的个性化学习需求并支持学生的个性发展，须为其提供符合其个性特征的学习资源。而数字化教与学资源经过数年的发展，呈现出数量繁多、类型多样和非线性呈现等特征，如何在分析学习者个性化特征的基础上，为其提供个性化学习资源推荐成为数字化学习环境下解决学生个性化学习的一个重点和难点。在移动学习时代背景下，亟须调整构建教育资源推送平台的既有思路，以满足学习者在移动学习过程中的个性化需求。本章对基于学习终端的个性化推荐系统进行比较和分析，基于前面设计的个性化学习分析模型和推荐系统构建个性化学习资源推荐框架，为今后开发基于学习终端的个性化学习资源推荐工具提供模型依据。

第一节 个性化推荐系统比较分析

一、个性化推荐系统及其基本思想

推荐系统是将畅销物品展现给浏览用户的一种软件系统，其主要特点是由服务器主动发送信息。而个性化推荐是依据不同用户的个人偏好而推荐不同的物品内容，它须要开发并维护一个用户模型或用户记录以保存用户的个人偏好。实际上，个性化推荐可以看作一个映射问题，其目标是建立用户需求与物品特征相映射的二元关系。目前较为成熟的个性化推荐系统包括协同过滤推荐、基于内容的推荐和基于知识的推荐[1]。这三类个推荐系统的内涵及其基本思想如下：

---

① [奥地利] JANNACH D, ZANKER M, FELFERNIG A, 等. 推荐系统 [M]. 蒋凡, 译. 北京: 人民邮电出版社, 2013: 8-9.

（一）协同过滤推荐

协同过滤推荐的基本思想是利用已有用户群过去的行为或意见预测当前用户最可能感兴趣的物品，其输入数据只需给定的用户对物品的评分矩阵，输出数据包括表示当前用户对物品喜欢或不喜欢程度的预测数值和 N 项推荐物品的列表。协同过滤推荐包括基于用户的最近邻推荐和基于物品的最近邻推荐。基于用户的最近邻推荐主要思想是首先将一个评分数据集和当前用户的 ID 作为输入，找出与当前用户过去有相似偏好的其他用户，这些用户被称为对等用户或最近邻；之后对当前用户没有见过的物品 P，利用其近邻对物品 P 的评分计算预测值。基于物品的最近邻推荐主要思想是利用物品间的相似度，而不是用户间的相似度来计算预测值，物品的相似度度量标准一般采用余弦相似度。协同过滤推荐算法依赖的是用户对物品的得分，与资源的内容或形式无关，这一特点使得其不仅适用于文本类资源，而且对视音频、动画等多媒体资源具有同样的推荐效果。

（二）基于内容的推荐

基于内容的推荐是将物品特征和用户偏好匹配起来，它只需要两类信息就能实现推荐：物品特征的描述和描述用户兴趣的个人记录，尽管这种推荐方法依赖关于物品和用户偏好的额外信息，但它不需要巨大的用户群体或评分记录，即一个用户也可以产生推荐列表。基于内容的推荐主要包括基于内容相似度检索和基于概率的方法。基于内容相似度检索是推荐与用户过去喜欢物品的相似物品，在衡量两个文档相似度方面，其与协同过滤推荐中的最近邻计算方法一样；基于概率的方法采用服从条件独立假设的朴素贝叶斯方法计算词语在文档中出现的概率，再由数据的观测估算出条件概率。

（三）基于知识的推荐

基于知识的推荐是以用户需求与物品之间相似度的形式或依据明确的推荐规则而形成的一种推荐方式，它包括基于约束推荐和基于实例推荐。这两种方法在推荐过程上较为相似，即用户必须指定需求，然后推荐系统设法给出解决方案，若系统找不到解决方案，那么用户必须修改需求。两者的不同之处在于，基于约束的推荐系统依赖明确定义的推荐规则集合，它会在符合推荐规则的所有物品集合中搜索出要推荐的物品集合；而基于实例的推荐系统着重根据不同的相似度衡量标准检索与用户需求（在预定义阈值内）相似的物品。

二、个性化推荐系统的比较分析

前面对三类个性化推荐系统进行了介绍,可以看出,虽然各类系统的基本思想和启动要求存在差异,但其实现主要依赖对用户与资源的属性描述。为了清晰展示这三类系统的特性,我们从用户模型、物品特征、数据要求和知识模型四个方面进行比较分析,见表8-1。在用户模型方面,若将所有与用户和情境相关的数据都保存在用户记录中,则这三类推荐系统都需要用到用户模型,才能对推荐进行个性化处理;在物品特征要求方面,基于内容推荐和基于知识推荐都依赖物品特征和文本描述;在数据要求方面,协同过滤推荐需要大量的用户数据记录,并要计算目标用户的最近邻集合;在知识模型方面,基于知识推荐要求用户在定义的阈值内明确需求,并将其映射到物品属性上,而多属性的效用机制和特定的相似度标准需要知识模型来表征。

表8-1 个性化推荐系统的比较分析

系统名称	用户模型	物品特征	数据要求	知识模型
协同过滤推荐	是	否	是	否
基于内容的推荐	是	是	否	否
基于知识的推荐	是	是	否	是

通过对三类个性化推荐系统的比较分析可以看出每种系统各有利弊。若将推荐系统看成一个黑箱,如图8-1所示,它能将输入数据转换成物品的有序列表,再进行输出。输入数据的类型可能包括用户模型和前后数据、群体数据、物品特征信息和知识模型,然而,没有一种基本算法能完全用到所有数据。于是我们设计了一个混合式推荐系统,如图8-2所示,即根据输入单元中提供的不同条件选择合适推荐系统进行处理,各推荐系统处理的结果在输出单元中分类显示。通过采用混合式推荐不仅可以在不同情境下进行推荐,而且能够发挥各推荐系统的功能优势,使推荐结果更有效。

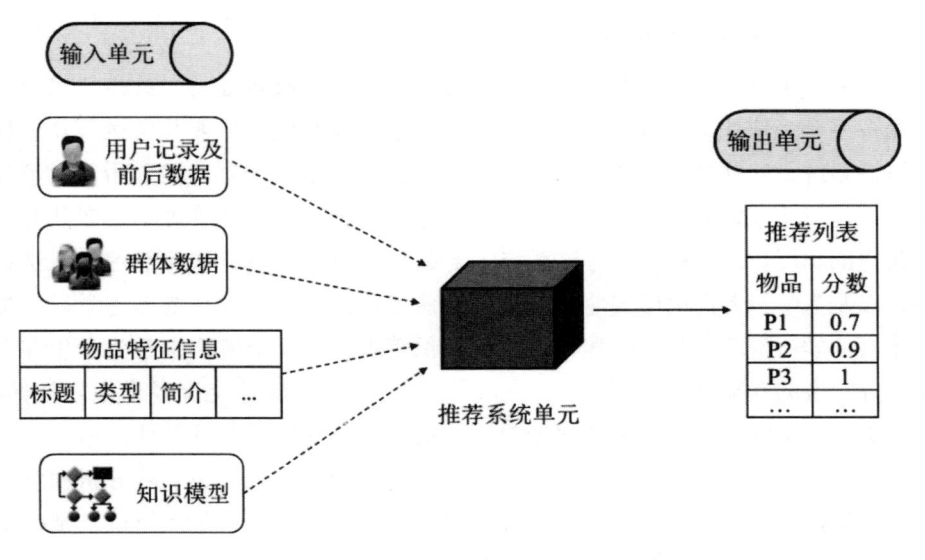

图 8-1 个性化推荐系统的输入输出单元

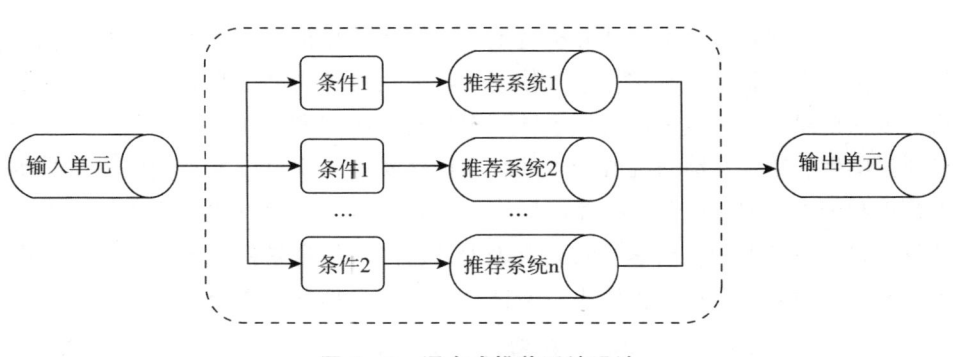

图 8-2 混合式推荐系统设计

第二节 个性化学习资源推荐框架

为了实现为学习者提供个性化学习资源推荐的目标，以学习终端各系统数据库为依托，以个性化分析模型为分析对象，以个性化推荐系统为技术支持，设计了个性化学习资源推荐框架，如图 8-3 所示。该框架主要包括以下几个模块：

245

（一）个性化学习模块

该模块主要是为学习者开展个性化自主学习提供服务支持。该模块以教育云服务平台为依托，通过学习管理中心、电子教材系统、作业与考试系统、数字资源系统、互动交流系统、电子学档系统为学生提供云服务。其中，电子教材系统是对交互式电子教材的阅读、记录进行管理，保存和管理学习者从客户端传送的学习记录；作业与考试系统主要是支持学习者进行作业练习和考试评测，以及为学习者提供形成性评价和总结性评价；数字资源系统是为学习者提供丰富的学习资源，并支持学习者进行知识管理；互动交流系统是为学生在课堂内外开展的互动答疑提供支持，同时为学生之间的课外交流提供学习社区，以促进学生围绕兴趣主题展开深度交流，从而形成虚拟学习共同体；电子学档系统主要汇聚学习者在不同系统中的学习痕迹和学习成果，为学习分析和学习资源推送提供个人数据支持。学习管理中心主要是融合各个子系统的功能，支持教师和学生开展各项教与学活动。

（二）学习分析模型与数据库支持模块

该模块主要是依据学习者分析模型对学习者产生的不同类型的个性化信息进行分类汇聚和记录。其中，个人信息、学业信息和作品信息是学生的个人身份和成果信息，它由电子档案袋系统数据库进行搜集和记录；关系信息是学习者通过师生、生生互动交流所产生的社会网络关系，它是由互动交流系统数据库搜集和记录；偏好信息和绩效信息是学习者在自主学习过程中所表现出的学习偏好以及对各类知识点学习的结果表现，这两类信息是由电子教材系统数据库、数字资源系统数据库和作业与考试系统数据库搜集和记录。为了便于对学习者个性化信息进行分析处理，互动交流系统数据库、电子教材系统数据库、数字资源系统数据库和作业与考试系统数据库记录的信息需要汇聚到电子档案袋系统数据库，从而为后面的个性化学习资源推荐做准备。

（三）个性化推荐系统模块

该模块主要是在各系统数据库的支持下，通过采用不同的推荐系统向学习者提供不同类型的学习资源推荐服务。其中，基于物品的最近邻推荐是为数字资源系统提供推荐服务，推荐的内容包括重点文本资源推荐、热门视音频资源推荐、热点数字动画推荐和优秀数字课程推荐；基于用户的最近邻推荐是为互动交流系统提供推荐服务，推荐的内容包括热门话题推荐、精彩回答推荐和兴趣主题推荐；基于内容相似度的推荐和基于概率的推荐是为电子教材系统提供推荐服务，包括推荐新版电子教材、优秀学习笔记和重点知识点等；基于约束的推荐和基于实例的推荐是为作业与考试系统提供推荐服务，包括推荐知识点练习、考试题和易错题等。通过上述推荐系统与终端学习系统的无缝对接，实现学生基于教育云平台的个性化学习。

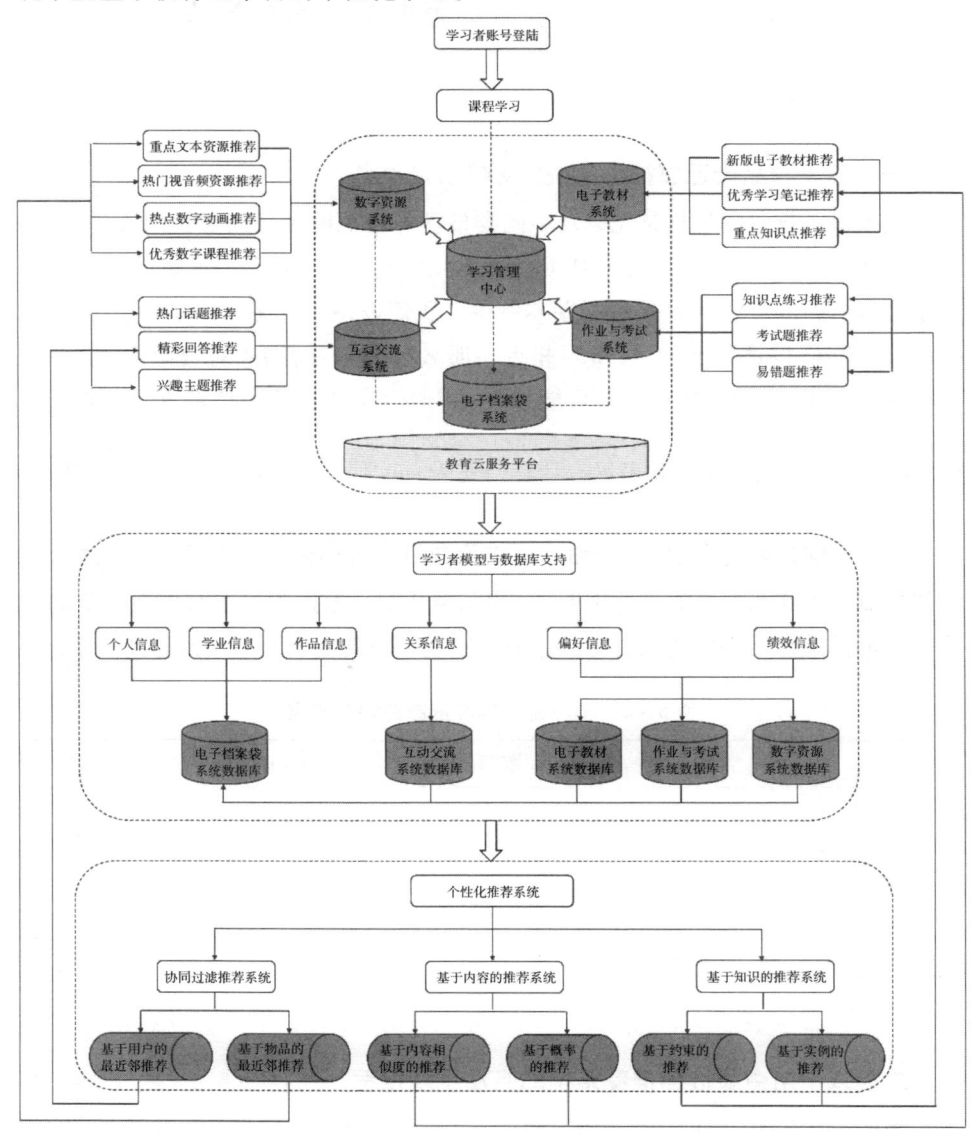

图 8-3　个性化学习资源推荐框架

第三节 个性化学习资源推荐过程与算法

一、基于物品最近邻推荐系统的数字资源推荐

实现该类推荐的过程是先确定不同类型学习资源的评分向量,如表8-2中的学习者 L1、L2 和 L3 对资源 R1 到资源 R4 的评分值,依据相近资源评分值确定学习者对新的资源的评分值。在本例中,我们发现,资源 R4 的评分(5,3,4)与资源 R3 的评分(5,4,3)相近,那么根据学习者 L4 对资源 R3 的评分值来推断其对资源 R4 的评分值可能是2。相似度实现的算法是将资源 a 与资源 b 用对应的评分向量 a 和 b 表示,计算公式为 $sim(\vec{a}, \vec{b}) = \dfrac{\vec{a} \cdot \vec{b}}{|\vec{a}| * |\vec{b}|}$,其中,符号·表示向量间的点积,$|\vec{a}|$ 和 $|\vec{b}|$ 表示向量自身点积的平方根。计算之后的相似度值介于 0 和 1 之间,越接近 1,表示越相似。根据学习者对相近资源的评分值决定其是否会偏好新的资源,进而决定是否将新的资源列入推荐列表中。

表8-2 学习者对学习资源的评分数据

	资源 R1	资源 R2	资源 R3	资源 R4
学习者 L1	1	3	5	5
学习者 L2	4	2	4	3
学习者 L3	5	4	3	4
学习者 L4	5	3	2	X

二、基于用户最近邻推荐系统的互动主题推荐

实现该类推荐的过程是首先确定同类或相似学习者集,将相似学习者浏览的话题和参与讨论的主题推荐给同类学习者。其算法是,用 $L = \{l_1, l_2 \cdots l_n\}$ 表示学习者集,用 $T = \{t_1, t_2 \cdots t_n\}$ 代表主题集,用 R 代表学习者对话题或回答评分项 $R_{i,j}$ 的 n×m 评分矩阵,分值定义为从 1(较差)到 5(较好)。若某个学习者没有对话题或回答进行评分,则对应的矩阵项为空。确定相似学习者集采用的方法是 Pearson 相关系数,依据已有的评分矩阵 R,学习者 a 和学习者 b 的相似度可以用公式 sim(a,

b) $= \dfrac{\sum_{p \in P}(r_{a,p} - \overleftarrow{r_a})(r_{b,p} - \overleftarrow{r_b})}{\sqrt{\sum_{p \in P}(r_{a,p} - \overleftarrow{r_a})^2}\sqrt{\sum_{p \in P}(r_{b,p} - \overleftarrow{r_b})^2}}$ 来表示，其中，符号 $\overleftarrow{r_a}$ 是学习者 a 对回答项的平均评分。通过计算得出与学习者 a 有相似兴趣偏好的学习者 b，最后依据其参与讨论主题的情况，决定是否将同类主题和话题推荐给学习者 a。

三、基于内容推荐系统的电子教材内容推荐

在电子教材学习系统中提供推荐服务的系统是基于内容相似度的推荐和基于概率的推荐。基于内容相似度的推荐主要是为学习者对同类电子教材感兴趣的内容提供推荐服务。其实现过程是：首先确定学习者对之前电子教材"喜欢/不喜欢"的评论记录，这些评分可以通过显式的学习者使用界面或隐式的监测学习者行为获取。其次，通过一个标准来衡量两类电子教材内容的相似度，一般采用余弦相似度方法评估它们的向量是否相似。基于概率的推荐主要是为学习者提供电子教材中重要知识点推荐服务。其实现过程是将教材中出现的知识点进行标记，分为"喜欢"和"不喜欢"两类。设定 P（X）为先验概率，P（Y）为后验概率，则通过后验概率 P（Y｜X）= $\dfrac{\prod_{i=1}^{d} P(X_i|Y) \times P(Y)}{P(X)}$ 可计算得出学习者对未知知识点的兴趣程度。

四、基于知识推荐系统的练习评测题目推荐

在基于知识的推荐系统中，基于约束的推荐是为学习者提供知识点练习推荐服务。约束满足问题可以用一组（V，D，C）描述，其中，V 是一组变量，D 是这些变量的有限域，C 是一组约束条件，即描述这些变量能够同时满足取值的组合情况，依据上述公式，再结合推荐题目库，就可以形成基于约束的推荐服务。推荐知识库中一般包括两类不同变量集合：一类是表示学习者的需求；另一类表示练习题目的属性，如题目难度、所属知识点、所属题型等，通过不同的约束条件而决定将哪些题目推荐给学习者。基于实例的推荐主要是为学习者提供含有重点题目的相似测评考试卷推荐服务。考试卷 E 与学习者需求 r（r ∈ REQ）之间的距离相似度可以通过公式 similarity（e，REQ）= $\dfrac{\sum_{r \in REQ} w_r * sim(p,r)}{\sum_{r \in REQ} w_r}$ 计算得到，其中，sim（p，r）表示每个考试卷的属性值到用户需求 r 的距离，w_r 是需求 r 的权重。通过上述算法，我们可以实现包含学

习者需要测评题目的考试卷推荐。

本章小结

　　个性化学习资源推荐是开展个性化学习的一个重要学习支持服务环节。本章首先从技术层面对个性化推荐系统的基本思想进行了介绍，并对各自的优缺点进行了对比分析，进而提出通过采用混合式推荐系统，将多个推荐系统单元组合在一起，以适应不同条件下的推荐要求。之后以学生的个性化特征信息为依据，以个性化推荐系统为技术支持，设计了个性化学习资源推荐框架。最后对四类个性化学习资源推荐实现过程及算法进行了分析，以期为后面基于移动终端的个性化推荐系统设计提供解决思路。

第九章

个性化学习路径推荐

个性化学习路径是基于学习者个性优势设计满足其学习需求的学习目标，并提供符合其学习偏好的学习内容和学习活动序列组合的一种个性化学习服务。它是学习分析在自主学习环节中的应用体现，其理论框架为学习路线的设计提供依据。在学习计算背景下，教育大数据的逐步完善，以及自适应技术和人工智能技术的日渐成熟使得基于个性特征和优势的学习路径生成和推送将成为可能。本章通过对个性学习行为数据分析和学习者肖像模型设计，明确了基于学习者肖像特征定义个性化学习路径服务的设计思路。而对个性化学习路径的特点、实施框架和系统平台结构设计的分析则进一步在操作层面上明确了在实践中开展个性化学习路径探索的方向。

第一节 个性化学习路径内涵与特征

个性化学习路径是对个体学习者所开展符合其个性特征的系列活动内容的路线总称，在实践探索前，需要把握其关键特征，并设计实施框架，以更好地指导实践。

一、个性化学习路径内涵解析

学习路径是学习者在学习过程中选择或被选择的一系列概念和活动的序列集合[①]。在已有的数字化学习系统中，由于学习路径和内容是由教学设计者制定的，因此学习者在学习进度上是同一步调的，在学习内容上是统一的，而这种

[①] KARDAN A A, EBRAHIM M A, IMANI M B. A New Personalized Learning Path Generation Method: ACO – Map [J]. Indian Journal of Scientific Research, 2014, 5 (1): 17 – 24.

学习方式无法满足学习者的需求①②。个性化学习路径则是基于学习者个性优势设计满足其学习需求的学习目标，并提供符合其学习偏好的学习内容和学习活动，由学习者自定步调和掌控的学习序列组合。美国高等教育信息化协会（EDUCAUSE）等组织在对个性化学习的工作定义中，将个性化学习路径作为其构成要素，认为个性化学习路径要满足以下四方面要求③：第一，基于个人学习进度、学习动机和目标开展；第二，基于个性优势的学习计划；第三，不同的学习体验，探索符合学习目标和学习偏好的任务设计和学习策略；第四，学习者能够调整和管理自己的学习路径。此外，学习分析知名专家乔治·西蒙斯对传统课程学习和联通主义学习环境下的学习路径进行了对比④，如图9-1所示。在传统序列课程中，教学时间线是由讲座内容、学习活动、学习评价和结业证书构成的，学习者由此开展的是震荡型学习路径，涉及知识传递和知识内化。而在联通主义学习环境下，学习者是基于知识的链接和掌握为目标，在学习内容、活动和评价上开展的是个性化学习路线，以知识连接和内容为中心。通过以上分析可以看出，个性化学习路径不仅是学习路线的差异化，也是学习目标、学习内容、学习活动和学习评价的差异化。

---

① LIN C F, YEH Y, HUNG Y H, et al. Data Mining for Providing a Personalized Learning Path in Creativity: An Application of Decision Trees [J]. Computers & Education, 2013, 68 (10): 199–210.
② FISCHER P, KASTENMüLLER A, GREITEMEYER T. Media Violence and the Self: The Impact of Personalized Gaming Characters in Aggressive Video Games on Aggressive Behavior [J]. Journal of Experimental Social Psychology, 2010, 46 (1): 192–195.
③ THE BILL & MELINDA GATES FOUNDATION, THE MICHAEL AND SUSAN DELL FOUNDATION, EDUCAUSE, et al. Personalized Learning: A Working Definition [J]. Education Week, 2014, 34 (9): 7–8.
④ SIEMENS G. Personal Learning Graphs (PLeG) [EB/OL]. Elearnspace Website, 2015–07–02.

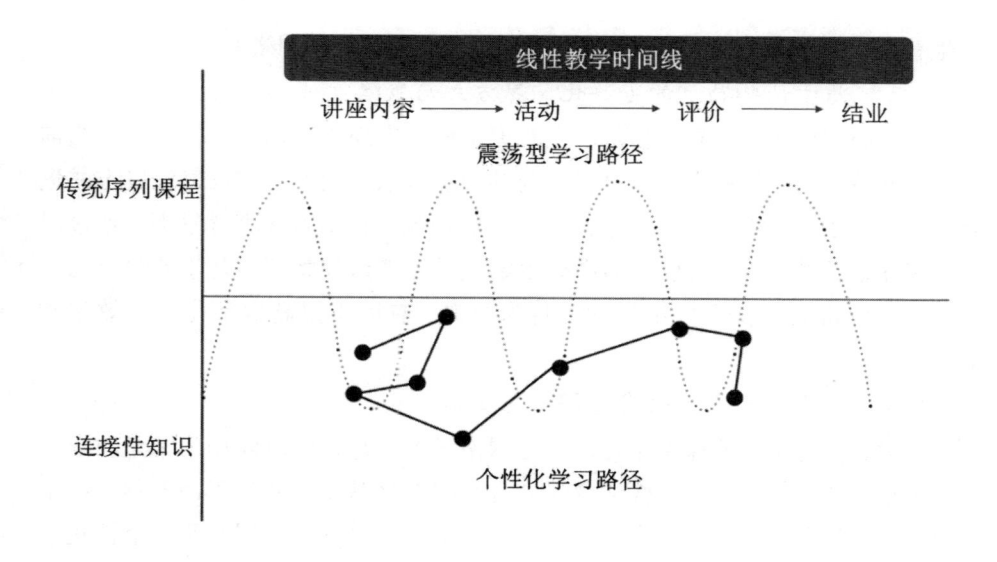

图 9-1 传统课程和联通主义下的学习路径对比

二、个性化学习路径应具备的特征

基于前面对学习者肖像模型设计和个性化学习路径的内涵解析，我们对个性化学习路径应具备的特征进行了总结分析，涵盖学习目标与计划、学习活动与社交网络、学习方式与策略、实时评价与反馈和学习路径的主动权等方面。

（一）基于个性特征的学习目标与计划

当前数字化学习环境下的学习目标和计划是由教师统一制定的，缺乏差异化。而要创建个性化学习路径，首先需要设定基于个性特征的学习目标和计划。在目标制定上，要基于个人能力，设计符合其学习兴趣和个性优势的学习内容；在能力培养上，要注重对学习者问题解决、批判性思维、协作能力等方面内容的设计，以使其掌握 21 世纪学生应具备的竞争力技能。此外，学习计划的设计还需考虑不同学习情境的差异性和连续性，使学习者能够在无缝学习环境中实现知识掌握与能力增长。

（二）基于兴趣特征的学习活动与社交网络

学习者在学习资源选择、活动类型和组织上有不同偏好，提供满足学习需求和学习兴趣的学习资源和活动可以提高数字化学习的参与度和沉浸度，有助于学习者进行深度学习。在学习活动开展过程中离不开互动交流和协作，为学习者推送具有相同兴趣爱好的学习同伴能够促使学习者在内容上的讨论和协作产生有意义的互动,进而形成具有差异化和专业化的社群网络①。

（三）基于认知特征的差异化学习方式与策略

个体心智模式的差异使学习者在心理层面上表现出不同的认知特征。当前对于认知特征的分析还主要通过任务与绩效度量法、问卷法、投射法等方式进行分析,对于基于心理与生理指标的分析还较少。在学习计算背景下,通过对心理变化数据的分析,可以较为准确地定位学习者认知特征,基于此设计的学习方式和策略更加符合数字化学习行为习惯,有助于提高数字化学习效率和效果②。

（四）基于概念掌握的实时评价与反馈

当前,无论是传统课堂学习,还是网络学习,都是以时间作为常量,学生的个人学习内容作为变量,教学设计内容和授课是基于时间流程而开展,在不同时间段讲授不同的学习内容,学生的学习结果则呈现出不同水平。个性化学习路径在学习评价上应当进行翻转,即将时间作为变量,学习内容作为常量,开展基于掌握的实时评价。只有当学习者掌握当前知识点时,才能学习后面的内容,该模式是以概念掌握为导向,而不是以时间为导向。此外,在进行评价过程中还需为学习者提供实时反馈信息以确保学习者能够获得所需要的支持以及促使其对所学内容进行反思。

（五）学习者对学习路径的主动权

数字化学习肖像特征分析和个性化学习路径的内涵都强调以学习者为中心,其目的不仅是围绕学习者开展设计和分析,也强调学习者能够对学习路径和内容进行掌控,让学习者感受到其主体地位的存在。在实践中,可以通过让学习者选择所感兴趣的学习活动和学习资源以及参与学习评价来实现,而不是被动地接受活动和内容。在整个路径的设计和规划中,也允许学习者根据个人时间和能力对学习序列做出调整,以最大化改善其学习体验。

---

① CARCHIOLO V, LONGHEU A, MALGERI M. Reliable Peers and Useful Resources: Searching for the Best Personalized Learning Path in a Trust – and Recommendation – Aware Environment [J]. Information Sciences, 2010, 180 (10): 1893 – 1907.

② BENEDETTI C. Online Instructors as Thinking Advisors: a Model for Online Learner Adaptation [J]. Journal of College Teaching & Learning, 2015, 12 (4): 171 – 175.

第二节 学习者数据肖像模型设计

一、用户画像及其构建过程

（一）用户画像及其构成

用户画像（User Persona）最早由交互设计之父艾伦·库伯（Alan Cooper）提出，并运用到互联网行业中。根据艾伦·库伯的提法，用户画像是用户的虚拟代表，是在真实的数据基础上建立的用户模型。后来，用户画像又有了一些新的提法，例如，User Profile、User Portrait 等。不过无论名称如何变化，它的内涵始终不变，即对用户数据的标签化。

由于用户画像在不同的应用领域、行业有不同的具体表现形式，因此目前其组成部分没有统一的范式。从数据的角度将用户画像分为四个维度：第一，用户自然特征，例如，性别、年龄、职业、出生日期、教育水平等；第二，用户兴趣特征，例如，兴趣爱好、常用 App、收藏夹内容、常浏览网站、品牌与偏好等；第三，用户社会特征，例如，婚姻状况、家庭情况等；第四，用户消费特征，例如，购买力水平、购物车商品、已购商品等。有研究者认为，基于大数据的用户画像是一个用户画像集，是企业根据需求形成的特定用户群体特征。而用户画像的构建可以由以下几个维度入手：用户基本属性画像、用户行为特征画像、用户产品特征画像、用户互动特征画像[1]。尽管研究者们都从不同维度构建了用户画像，不过总体上有相似之处，就是都关注用户的基本属性和用户的行为特征。

（二）用户画像的构建过程

用户画像的构建过程需要多方面的技术支持，下面是一种较常见的用户画像构建方法：

1. 数据源的准备与分析

从互联网中获取现成的用户数据，或者通过发放问卷、用户调查等方式了解用户，将获取的数据进行筛选，除去无用和不完整的数据后对其他数据进行结构化，避免过多无用数据干扰建模过程，为建模做准备。数据源主要有静态

---

[1] 谢康，吴记，肖静华. 基于大数据平台的用户画像与用户行为分析[J]. 中国信息化，2018（3）：100–104.

数据和动态数据两种，静态数据主要为用户的基本信息，动态数据则包括用户的消费行为、浏览行为、访问网站、点击操作等。

2. 用户分类

根据前面获取的静态数据中的用户信息进行基本用户分类，例如，用户性别、用户所在地分布、收入情况、年龄阶段。在不同的领域和行业中，人们将用户分类的目的不同，那么分类的依据也不同，例如，在MOOC环境下，可根据用户的受教育程度进行分类。

3. 框架搭建

数据的标签化是构建用户画像最基本的过程。在获得了静态数据和动态数据之后，需要为用户进行标签化，设置标签的权重。用户的标签表征内容，即用户对该内容或服务有兴趣、偏好、需求等，而权重表征用户的兴趣指数或需求度。用户标签的定义需要对用户有着充分的了解，通过经验进行定义，而用户标签的权重具有变化性，它会随着用户的变化而变化，这就需要在后期运营过程中不断进行优化。

4. 数据建模

经过前三个步骤，已经可以初步进行用户分析、内容精准投放、服务更新、简单内容推送，但是要做到个性化推荐和精细化运营，还需要对数据进行建模，使得系统能自动为用户添加标签，自动化决策进行产品服务。

5. 应用

用户画像要根据自身行业经验和产品特征进行针对性构建，建立特定的用户画像框架。在建立框架后的应用过程中，还需要通过真实的访谈，将真实的用户和用户画像进行对比，从而对画像进行丰富、更新和优化。再根据用户的行为特征、行为目的或其他区分度高的属性，找出可以代表一个群体的典型案例，从而完成用户分类。新用户在初次进入时，系统会对新用户进行类别判断，然后将符合用户类别的典型案例画像暂时填充进其专属画像模型中，这样就可以很好地避免"冷启动"的问题。

二、用户画像视角下的个性化学习特征分析

结合用户画像的分析视角和方法，我们进一步对学习者的内在和外在行为数据进行搜集，并通过计算分析得出学生的个性化学习特征。

（一）基于眼动行为的学习注意力判断

学习注意力是反映学习者参与度和关注内容的重要分析指标。在数据捕获

上,在正式学习环境中,可以通过台式机电脑和眼动仪来追踪学习者眼动数据;在非正式学习环境中,可通过平板电脑和智能手机中的摄像头来捕获眼动数据。在分析内容上,基于眼动数据既可以分析学习者注意力类型,如持续性注意力、选择性注意力、转移性注意力和分配性注意力[1],又可以判断学习者的内容和媒体类型偏好,为个性化学习资源在时间和媒体类型设计上提供依据。

(二)基于脸部行为的学习表情识别

脸部表情识别是近年来计算机视觉和机器学习领域的一项研究热点。通过脸部运动单元分析、隐马尔科夫模型、模式识别等不同算法,可以对学习者在网络学习过程中所表现出的厌恶、愤怒、高兴、惊奇等表情特征进行分析[2]。当前,脸部识别技术在分析算法的复杂度上和识别精确度上都有了进一步提高,能够对静态图像和动态画面进行识别分析。通过整合脸部表情识别技术,结合学习者当前的学习内容和学习活动类型,可以分析得出学习者的学习偏好和学习兴趣。

(三)基于心理行为的学习情绪分析

脸部表情识别可以分析学习者的外在学习行为表现,而当学习者在学习过程中未表现出表情特征时,则需要通过监测其心理状态来了解其情绪特征。通过心电图(Electrocardiogram,ECG)、肌电图(Electromyography,EMG)和皮肤电反应(Galvanic Skin Response,GSR)等设备可以分析学生心理状态变化,从而了解学生的内在情绪状态[3]。该技术的应用有助于分析学习内容设计的难度和适切性。

(四)基于脑部行为的学习心智推理

心智模式是由苏格兰心理学家肯尼思·克雷克(Kenneth Craik)提出来的,它是一种内在心理机制,影响人们的观察、赋义、设计和行动[4]。脑认知科学、神经科学和生物科学的合作探索使得我们可以对人类的脑部行为特征和状态进行测量分析。在数据搜集上,可以通过脑电图描记器(Electro Encephalo Graph,

---

[1] CAIN J, BLACK E P, ROHR J. An Audience Response System Strategy to Improve Student Motivation, Attention, and Feedback [J]. American Journal of Pharmaceutical Education, 2009, 73 (2): 1-7.

[2] ZHANG W, ZHANG Y, MA L, et al. Multimodal Learning for Facial Expression Recognition [J]. Pattern Recognition, 2015, 48 (10): 3191-3202.

[3] CALVO R, D'MELLO S, GRATCH J, et al. The Oxford Handbook of Affective Computing [M]. New York: Oxford University Press, 2015: 204-205.

[4] JOHNSON L P N. Mental Models: Towards a Cognitive Science of Language, Inference, and Consciousness [M]. Cambridge, MA: Harvard University Press, 1983: 2-3.

EEG）对学习者大脑活动数据进行监测。基于这些数据可以尝试探索学习者的学习风格、思维习惯、认知特征等，进而确定学习者的个体体征。

三、基于个性特征的学习者数据肖像模型

前面分别对基于行为数据的个性化学习特征进行了分析，明晰了与学习者相关的各项数据和内容。然而，各项数据反映的只是学习者某一方面的特征，且数据间存在内容相关性[1]，学习者在实际学习过程中会产生多维度行为数据，学习数据的产生具有并发性，这就需要整合心理和行为数据进行统筹分析来刻画学习者数据化肖像模型。依据个性化心理学、学习分析和个性化学习理论，在学习计算视域下提出教育大数据环境的学习者数据肖像模型，如图9-2所示。该模型以学习者为中心，以个性特征、学习体征和社交特征作为个体特征识别，以认知行为、心智行为、眼动行为、脸部行为、交流行为和语言行为作为行为数据源，通过情感计算、行为分析、知识分析和社群计算解析出以个性优势、学习情绪、个人网络等为代表的个性化学习特征。数字化学习肖像模型的设计是对学习计算和机器学习背景下通过人工智能实现个性化学习地再审视。要实现学习内容的自适应、学习资源推送的个性化、学习评价的差异化，需要底层具有个性特征的学习者肖像模型作为服务支撑。肖像模型解决的是各类个性化学习服务的核心依据问题，只有基于该模型，才能提供个性化学习路径服务。

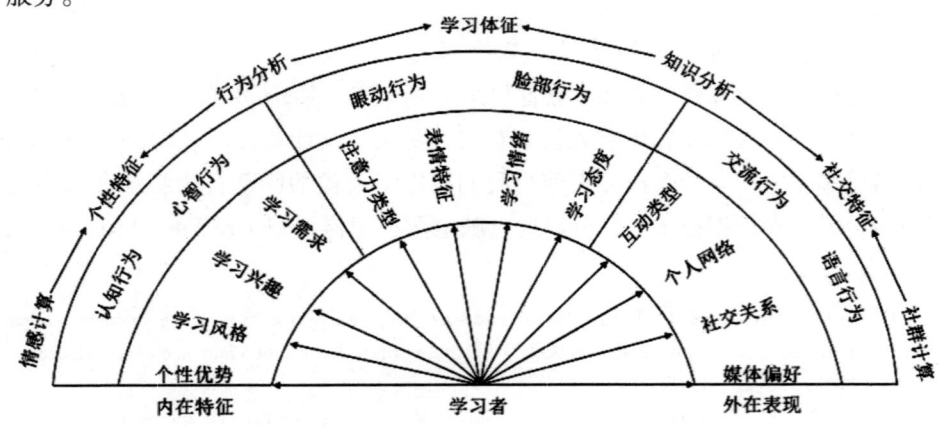

图9-2 教育大数据环境下的学习者数据肖像模型

---

[1] COCEA M, MAGOULAS G D. Participatory Learner Modelling Design: a Methodology for Iterative Learner Models Development [J]. Information Sciences, 2015, 321 (10): 48-70.

第三节　个性化学习路径框架与推荐算法

一、基于肖像模型的个性化学习路径框架

个性化学习路径的特征分析明晰了数字化学习环境下为学习者提供个性化学习服务的方向，而要在实践中设计和应用个性化学习路径，则需要实施框架作为指导。由此，我们提出基于学习者肖像模型的个性化学习路径实施框架，如图9-3所示。该框架以个性特征、学习特征和社交特征作为学习者数据化肖像特征，以提供底层数据分析支持，基于这些个性化学习特征设计以学习目标、学习内容、学习活动、社群网络、学习评价等为代表的数字化学习序列内容。受学习偏好、学习兴趣、学习风格等个性因素的影响，学习者的学习路径是基于上述环节内容的个性化组合，于是在环节组织上并没有采用线性流程箭头标明具体的实施流程。在最外层，以基于概念的掌握、数据启示分析、实时反馈、自定步调学习作为实施原则来为个性化学习路径的实施操作提供理念支撑。

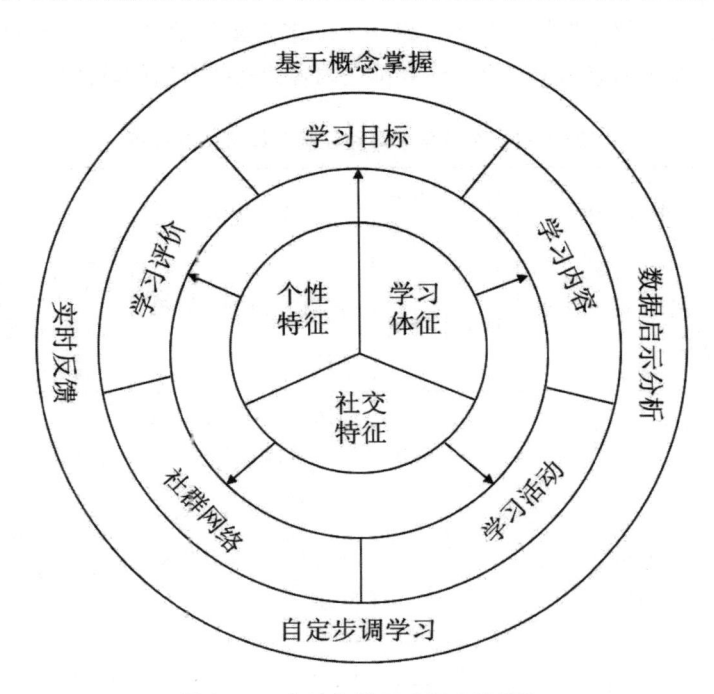

图9-3　个性化学习路径实施框架

个性化学习路径实施框架为在实践中探索学习路径设计和应用提供宏观指导，然而为学习者提供差异化的学习路径和服务并不等于学习技能的改善和学习效果的提升。在实施过程中，既要为学习者提供符合其个性特征的学习服务，也要对其应用效果和能力发展进行观测，以实时调整学习路径内容，形成个性化学习路径在应用流程上的闭环。在实施效果监测上，要关注学习者在认知发展与概念掌握度、学习情感和参与度、社交活动和群体黏度等方面的行为和状态变化，以实现学习者肖像数据的动态更新。通过将设计路径和应用效果整合分析可以生成新的学习路径，以获得更好的学习体验。

二、个性化学习路径推荐算法的比较分析

算法是实现个性化学习路径推荐的关键，综合现有研究已经实现的学习路径推荐系统，我们对常用的四种学习路径推荐算法进行比较，包括神经网络、蚁群算法、遗传算法以及粒子群算法，对比维度包括参数设置、复杂程度、求解效率、算法优势、不足等，分析结果见表9-1。通过对比可以看出，蚁群算法是一种基于种群寻找最短路径的启发式搜索算法，用来寻找优化路径的概率型，具有通用性强、操作简便、求解效率较快等优点。该算法是根据概率转移公式逐步完成求解过程的，其中，概率由动态更新的信息素和相对稳定启发信息所决定。在实际应用中，可以结合推送内容而选择合适的算法进行应用。

表9-1 个性化学习路径推荐算法比较分析

推荐算法	参数设置	复杂程度	求解效率	算法优势	不足
神经网络	误差公式、权重计算	复杂	较快	分类、预测准确性好	只有结果，缺少计算过程及依据，设备要求高，技术实现困难
蚁群算法	启发信息、信息素	较为简单	较快	算法的计算能力较好、运行效率较高、操作简便	容易陷入局部最优
遗传算法	适应性函数、交叉率、变异率	复杂	慢	擅长处理结构化的问题	遗传算法的编程实现比较复杂，算法的搜索速度比较慢
粒子群算法	速度、位置	较为简单	较快	搜索速度快，结构简单易于工程实现	容易陷入局部最优，对参数设置要求较高

在具体算法应用上，有研究者基于遗传算法建立个性化学习路径在线系统，该系统可以根据预测试中个体学习者的错误响应来生成合适的学习路径，通过同时考量课件难度等级和学习路径中概念的连贯性，引导个性化课程顺序安排，从而支持基于网络的学习①。整个系统包括一个离线课件建模程序、六个智能模块和四个数据库，如图9-4所示。其中，六个智能模块包括：学习者用户界面模块、预测试程序模块、学习路径生成模块、自适应导航支持模块、总结性测试程序模块和测试题目/课件管理模块。四个数据库包括：学习者用户账户数据库、学习者用户画像数据库、测验项目/课件数据库、教师用户账户数据库。学习者界面模块与预测试模块、自适应导航支持模块、总结性测试程序模块共同响应，旨在为学习者提供灵活可调节的学习者用户界面；预测试程序模块旨在从相应学习课件中随机生成测试题，从测试中的错误响应确认学习者错误的学习概念。与此同时，预测试程序模块会将测试中个体学习者的错误回答传递给学习路径生成模块，从而生成一个课程顺序安排。此外，基于学习路径生成模块生成的学习路径和自适应导航支持模块负责引导学习者的学习过程，并且将学习记录储存到用户画像数据库中。总结性测试程序模块在学习者完成所有学习过程之后提供一个最终测试。课件管理模块主要提供应答测试题和课件管理界面，帮助教师创造新的测试题和课程单元，并将这些资源上传到数据库中，同时删除或者修改来自测试题和课件数据库中的数据。系统的结构如图9-4所示，其中，数字标记代表系统操作步骤。

该系统的具体操作步骤如下：

步骤1：课件专家根据存储在测试题/课件数据库中的课程材料设计测试题。根据项目反应理论，基于学习者测试结果的统计学数据决定测验项目难度系数。之后，根据测试题所反映的概念设计网页类型的课件。

步骤2：教师使用账户登录系统，在测试题/课件数据库中上传、删除或修改测试题和课件。

步骤3：在课件管理模块下，将设计好的课件保存在测试题/课件数据库中。

步骤4：通过学习者用户界面模块，学习者使用账户登录系统。

步骤5：学习者登录系统之后，学习者用户界面模块检查他账户是否存储在学习者用户账户数据库中。

---

① CHEN C. Intelligent Web – Based Learning System with Personalized Learning Path Guidance [J]. Computers in Education, 2008, 51 (2): 787-814.

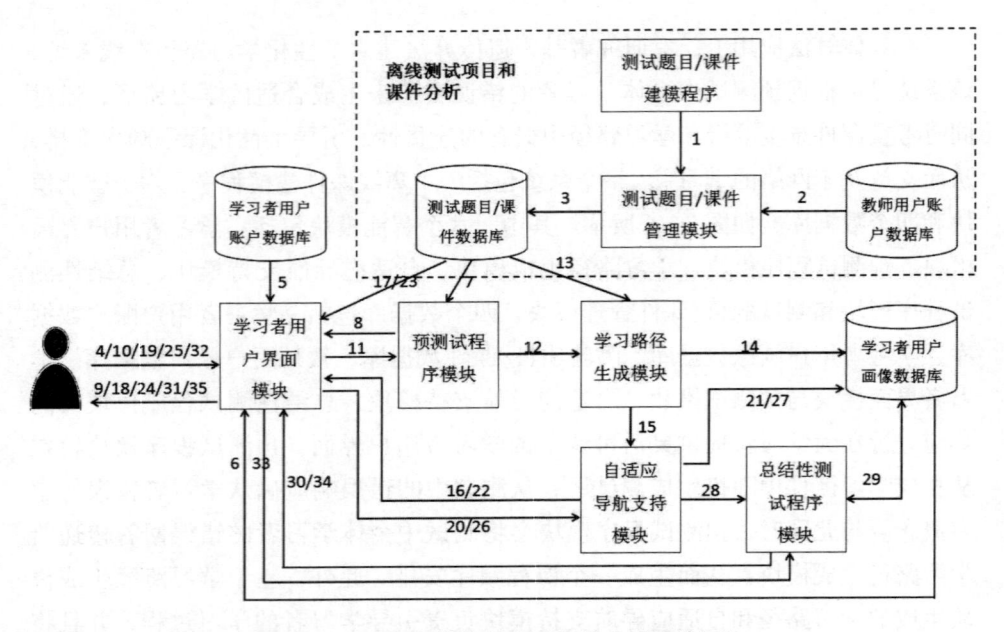

图 9-4 面向个性化学习路径的在线系统架构

步骤 6：如果学习者已有注册账号，系统从学习者用户画像数据库中调取他的学习画像，引导学习者完成之前未完成的学习课件。否则，所提出的系统将把学习者视作必须接受预测试的初学者。

步骤 7：对于初学者，所提出的系统将基于测试题/课件数据库中的测试题，随机生成一份测试卷，并指引学习者完成预测试。

步骤 8：生成的测试表传送到学习者用户界面模块，这样学习者就能完成预测试。

步骤 9：学习者通过用户界面完成预测试。

步骤 10：学习者用户界面模块将预测试的结果传递给预测试程序模块。

步骤 11~12：预测试程序模块分析预测试的结果，将测试中错误的响应传递给学习路径生成模块，以便安排制作个性化课程。

步骤 13~14：在学习路径生成模块中，根据预测试中个体学习者的错误答案设计一条学习路径。生成的学习路径被存储到用户画像数据库中，并传递到自适应导航支持模块，以便学习者进行课件学习。

步骤 15~16：通过设计好的控制机制，自适应导航支持模块根据生成的学习路径引导学生进行学习。

步骤 17~21：自适应导航支持模块与学习者用户界面模块进行通信，个体

262

学习者的学习进程也会被记录在用户画像数据库中。

步骤 22~27：在学习者完成全部学习路径生成模块安排的学习内容之前，学习者将重复上述步骤 15~21。

步骤 28~29：在学习者完成全部学习路径生成模块安排的课程内容之后，自适应导航支持模块将提醒总结性测试程序模块随机生成一份总结性测试卷，以评估学习者的学习表现。

步骤 30~35：总结性测试卷生成后将传给学习者用户界面模块，之后呈现给学习者。学习者可以对总结性测试结果进行自我检查，其结果将被保存在用户画像数据库中。至此，学习者结束了整个学习课程单元的学习步骤。

该研究者所提出的个性化学习路径在线系统比较适用于基于课件和测评类资源的网络学习，所提出的预测试思想有助于更好地把握地学习者个性知识水平，为后面学习路径的生成提供参考依据。

第四节 个性化学习路径支持系统设计

个性化学习路径强调学习对象的差异性和学习内容的自适应性[1]，这种以学习个体为出发点、为众多学习者提供差异化学习服务的系统化工程若仅靠教师分析和设计是较难实现的，特别是在大规模开放在线课程的情境下，有限人数的学习支持服务团队无法为世界范围内的学习者提供满足个性需求的学习资源和学习活动，授课教师也很难对每个学生做出较为科学准确的学习评价。在这种背景下，需要设计和开发具有个性化学习分析、学习内容自适应和推送服务的智能网络学习系统，该系统要能够基于学习者肖像特征，创建符合学习者的学习路径，并依据学习者生成的实时行为数据对学习路径进行调整，同时支持学习者对学习路径的调整和管理。

一、个性化学习平台的前沿动态与问题分析

当前，我们在个性化和自适应网络学习平台方面已经有一些探索和实践应用，除了前面提到的 Knewton、Smart Sparrow、Cerego 等自适应网络学习平台，

---

[1] HWANG G J, KUO F R, YIN P Y, et al. A Heuristic Algorithm for Planning Personalized Learning Paths for Context-Aware Ubiquitous Learning [J]. Computers & Education, 2010, 54 (2): 404-415.

在智能课件设计和个性化学习上，Acrobatiq 平台能够提供个性化多媒体课件、基于目标的实践和反馈、实时监测学习过程、动态呈现学习状态等学习服务，其设计整合了学习目标、形成性实践和评价、基于活跃参与度的教学内容等理念，通过自适应和数据驱动来提供个性化学习体验[1]。由个性化学习组织由创业公司 Education Elements 设计的 Highlight 平台能够对学习行为模式进行识别并提供推送服务[2]。在学习评价上，Taskstream 平台能够对学习者参与的项目和活动进行追踪，并提供交互式的行为表现报告和学习评价[3]。

尽管当前智能网络学习平台已经在个性化和自适应方面具备相关功能，但还存在以下三个方面的问题：第一，侧重某一方面的学习分析和评价，缺少对整个学习链的支撑分析和服务。已有平台强调在内容制作、学习分析和学习评价等某一方面的功能优势，在系统环节支持上比较薄弱。第二，缺少学习者肖像特征数据的支持，平台中的学习分析仅是依据学习者在线学习活动产生的行为进行分析，忽视了学生个人信息和个性优势数据的搜集，而这些数据有利于精确定位学习个性，为推送个性化学习服务提供依据。第三，仅在某一具体学习内容、活动和评价上提供相关内容推送，未能基于个性特征提供整合内容、活动和评价的个性化学习路径推送服务。针对上述问题，在个性化学习路径实施框架的指导下，我们尝试设计能够生成和动态更新个性化学习路径的智能网络学习系统。

二、个性化学习路径系统平台结构设计

个性化学习路径系统平台的设计不仅要能够提供个性化学习分析、学习内容自适应、学习资源推送和学习路径生成等服务，同时要能够承续当前常见数字化学习过程和习惯，延续已有学习体验。在数据采集上，要将学习档案数据、学习生物数据、学习行为数据等异构数据源中的信息数据进行抽取整合，通过清洗、转换、集成，加载到底层数据仓库中。在系统技术上，要整合自适应技术、推送技术、语义分析、预测分析、模式识别等人工智能分析和大数据挖掘技术，以支持学习计算和学习路径的生成和推送。在学习服务上，基于个性数

---

[1] ACROBATIQ. Adaptive Learning Authoring and Delivery Platform [EB/OL]. Acrobatiq Website, 2016 – 06 – 11.

[2] EDUCATION ELEMENTS. Highlight: Personalized Learning Platform [EB/OL]. Edelements Website, 2016 – 07 – 12.

[3] TASKSTREAM. Assessment, Accreditation, e – Portfolios to Improve Student Learning [EB/OL]. Taskstream Website, 2016 – 07 – 20.

<<< 第九章 个性化学习路径推荐

据和学习分析技术在学习模块上提供个性化学习资源推送服务，在学习流程上为其提供个性化学习路径推送服务。基于上述分析，我们提出个性化学习路径系统平台结构设计，如图 9-5 所示。该结构框架通过各个功能层，依次提供层级式学习服务。

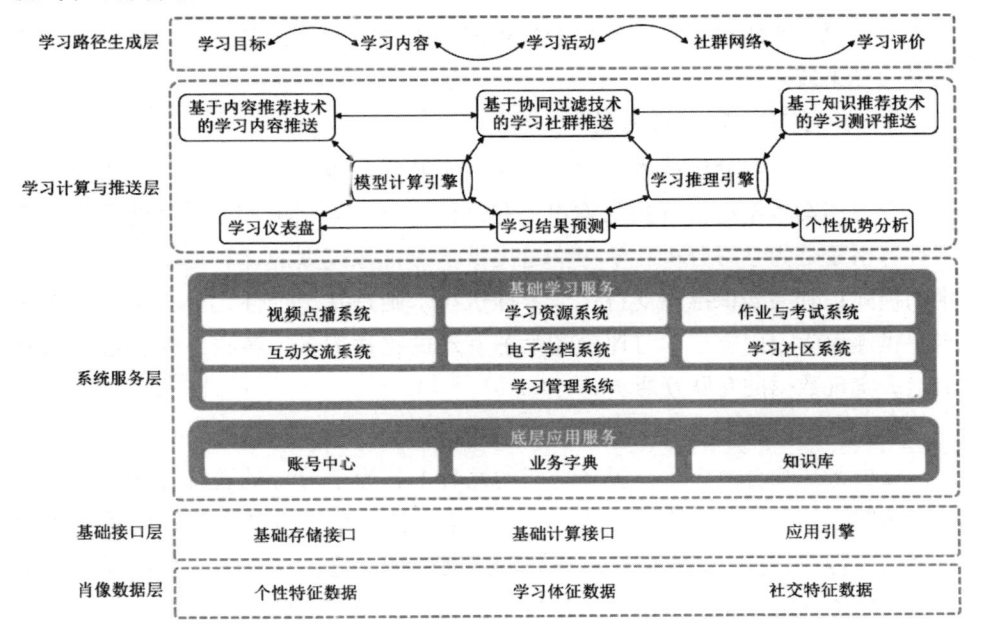

图 9-5 个性化学习路径系统平台结构

三、个性化学习路径系统平台的功能层解析

（一）基础数据与接口层

基础服务层包括学习者肖像数据和基础接口，主要为系统平台提供底层数据存储和服务接口支撑。其中，肖像数据储存学习者初始化数据和学习过程数据，在初始化状态下形成初步肖像模型，随着数据的积累，该模型将逐步完善，以提供精准化学习服务。基础接口主要是实现不同系统服务之间的衔接和组合，在云计算和分布式管理背景下，通过模块化服务满足不同地区平台建设的差异化需求成为教育云平台服务的一个典型特征，通过基础接口，实现数据存储、基础计算和应用服务之间的无缝对接。

（二）系统服务层

系统服务层主要通过模块化形式支持网络学习的各类系统，该层包括底层

265

应用服务和基础学习服务。底层应用服务包括账号与权限管理、建立系统公用业务术语库及术语间关系和知识管理工具。基础学习服务包括视频点播系统、学习资源系统、作业与考试系统、互动交流系统、电子学档系统、学习社区系统和学习管理系统,其中,学习管理系统用于对其他系统进行整合和调用;学习档案系统用于跟踪记录学生在平台中的学习行为及相关数据,并形成个性化的学习档案袋。

(三) 学习计算与推送层

该层包括学习分析技术、学习计算引擎和学习推送技术。学习分析技术用于对学习档案数据进行可视化输出,并进行学习结果预测和个性优势分析;学习计算引擎是为学习分析和学习推送提供学习肖像模型的计算更新和学习行为中的模式识别与知识推理支持;学习推送技术则是基于个性化分析结果为学习者提供涵盖学习内容、学习评价和学习互动的推送服务;各技术模块通过双向交换,实现数据的互联互通。

(四) 学习路径生成层

该层将在整合前面所有服务功能的基础上,为学习者推送符合其个性特征的学习路径。其内容是依据前面在个性化学习路径实施框架中设计的数字化学习序列内容进行自组织生成。系统服务层面的模块化设计为差异化课程类型设计提供功能自组织支持,而每个模块下的知识点学习标注、主题分类、测评题类型、知识点和难度等属性标注为学习活动序列生成提供内容自组织支持。受学习偏好、个性优势和行为习惯的影响,学习路径在形式上呈现出非连续性、复杂化、多样化特征,应采用双向箭头支持路径的跳跃和回溯。在生成过程上,依据学习者在每一学习模块中的行为特征表现抽取模块内容,并进行语义关联[1],在实际学习过程中,将依据具体学习结果对后面路径内容进行动态调整,从而实现学习路径在流程和内容上的自适应。

本章小结

随着自适应学习技术、学习计算、机器学习等先进学习分析技术的逐步成熟,以改善学习体验和促进学生个性发展为目标的个性化学习路径有了可实现

---

[1] CHEN C M. Ontology – Based Concept Map for Planning a Personalized Learning Path [J]. British Journal of Educational Technology, 2009, 40 (6): 1028 – 1058.

的契机。本章首先对个性化学习路径的内涵与应具备的特征进行了阐述，并进一步设计数字化学习环境下的学习者数据肖像模型。在此基础上，对个性化学习路径推荐算法进行剖析，提出基于数据肖像模型的个性化学习路径实施框架。最后设计个性化学习路径系统平台结构，并明确各功能层服务定位，为该类平台的开发提供有益启示。

参考文献

[1] ［奥地利］JANNACH D, ZANKER M, FELFERNIG A, 等. 推荐系统 [M]. 蒋凡, 译. 北京: 人民邮电出版社, 2013.

[2] ［美］莫勒, 休特. 无限制的学习: 下一代远程教育 [M]. 王为杰, 译. 上海: 华东师范大学出版社, 2015.

[3] ［美］乔纳森, 等. 学会用技术解决问题——一个建构主义者的视角 [M]. 第二版. 任友群, 李妍, 施彬飞, 译. 北京: 教育科学出版社, 2007.

[4] ［美］斯佩克特, 等. 教育传播与技术手册 [M]. 第三版. 任友群, 焦建利, 刘美凤, 等译. 上海: 华东师范大学出版社, 2012.

[5] ［美］索耶. 剑桥学习科学手册 [M]. 徐晓东, 等译. 北京: 教育科学出版社, 2013.

[6] 叶奕乾, 孔克勤, 杨秀君. 个性心理学 [M]. 上海: 华东师范大学出版社, 2011.

[7] 袁梅宇. 数据挖掘与机器学习——WEKA应用技术与实践 [M]. 北京: 清华大学出版社, 2014.

[8] 丁念金. 基于个性化学习的课堂转变 [J]. 课程·教材·教法, 2013, 33 (8): 42-46.

[9] 蒋志辉. 网络环境下个性化学习的模式建构与策略优化 [J]. 中国远程教育, 2013 (2): 48-51.

[10] 李广, 姜英杰. 个性化学习的理论建构与特征分析 [J]. 东北师范大学学报 (哲学社会科学版), 2005 (3): 152-156.

[11] 孟万金. 网络教育的真谛: 人文交互环境下的个性化自主学习 [J]. 教育研究, 2002 (4): 52-57.

[12] 孙海民. 个性特征对网络学习行为影响研究的关键问题探究 [J]. 电化教育研究, 2012 (10): 50-55.

[13] 谢明凤, 孙新. 基于本体知识管理的远程个性化网络学习系统模型研究 [J]. 中国电化教育, 2012 (11): 47-53.

[14] 杨雪, 姜强, 赵蔚. 大数据学习分析支持个性化学习研究——技术回归教育本质 [J]. 现代远距离教育, 2016 (4): 71-78.

[15] 杨玉芹. MOOC 学习者个性化学习模型建构 [J]. 中国电化教育, 2014 (6): 6-10.

[16] 张韫. 大数据改变教育: 写在大数据元年来临之际 [J]. 上海教育, 2013 (4): 8-11.

[17] 赵慧琼, 姜强, 赵蔚, 等. 基于大数据学习分析的在线学习绩效预警因素及干预对策的实证研究 [J]. 电化教育研究, 2017 (1): 62-69.

[18] 朱金鑫, 张淑梅, 辛涛. 属性掌握概率分类模型——一种基于 Q 矩阵的认知诊断模型 [J]. 北京师范大学学报 (自然科学版), 2009 (2): 117-122.

[19] 杨南昌. 基于多元智能 (MI) 的个性化学习研究 [D]. 南昌: 江西师范大学, 2003.

[20] ANDERSON L W, KRATHWOHL D R, AIRSIAN P W, et al. A Taxonomy for Learning, Teaching, and Assessing: A Revision of Bloom's Taxonomy of Educational Objectives [M]. Complete Edition. New York: Longman, 2001.

[21] BLOOM B S, ENGELHART M D, FURST E J, et al. Taxonomy of Educational Objectives: The Classification of Educational Goals Handbook 1: Cognitive Domain [M]. New York: David McKay, 1956.

[22] BRANSFORD J D, BROWN A L, COCKING R R. How People Learn: Brain, Mind, Experience, and School [M]. Washington D. C.: The National Academy Press, 1999.

[23] CALVO R, D'MELLO S, GRATCH J, et al. The Oxford Handbook of Affective Computing [M]. New York: Oxford University Press, 2015.

[24] CARROL A W. Personalizing Education in the Classroom [M]. Denver: Love Pub Co. , 1975.

[25] CONDE M Á, HÉRNANDEZ – GARCÍAÁ, GARCÍA – PE? ALVO F J, et al. Exploring Student Interactions: Learning Analytics Tools for Student Tracking [M]. Berlin: Springer International Publishing, 2015.

[26] DIMARTINO J, CLARKE J, WOLD D. Personalized Learning: Preparing High School Students to Create Their Futures [M]. Lanham, MD: Scarecrow Press, 2001.

[27] GRANT P, BASYE D. Personalized Learning: A Guide for Engaging Students with Technology [M]. Melbourne: International Society for Technology in

Education, 2014.

[28] KEAMY R L, NICHOLAS H R, MAHAR S, et al. Personalizing Education: From Research to Policy and Practice [M]. Melbourne: Department of Education & Early Childhood Development, 2007.

[29] LARUSSON J A, WHITE B. Learning Analytics: From Research to Practice [M]. New York: Springer Verlag New York Inc., 2014.

[30] MOEDRITSCHER F, WILD F. Personalized E - Learning through Environment Design and Collaborative Activities [M]. Berlin: Springer, 2008.

[31] ALI L, HATALA M, GASEVI D, et al. A Qualitative Evaluation of Evolution of a Learning Analytics Tool [J]. Computers & Education, 2012, 58 (1): 470 - 489.

[32] AMBADY N, ROSENTHAL R. Half a Minute: Predicting Teacher Evaluations From Thin Slices of Nonverbal Behavior and Physical Attractiveness [J]. Journal of Personality and Social Psychology, 1993, 64 (3): 431 - 441.

[33] BELCADHI L C. Personalized Feedback for Self - Assessment in Lifelong Learning Environments Based on Semantic Web [J]. Computers in Human Behavior, 2016, 55 (2): 562 - 570.

[34] BRUCE W, PETER C, CRAIG D, et al. Student Perceptions of Personalized Learning: Development and Validation of a Questionnaire with Regional Secondary Students [J]. Learning Environments Research, 2014, 17 (3): 355 - 370.

[35] CARCHIOLO V, LONGHEU A, MALGERI M. Reliable Peers and Useful Resources: Searching for the Best Personalized Learning Path in a Trust - and Recommendation - Aware Environment [J]. Information Sciences, 2010, 180 (10): 1893 - 1907.

[36] CHEN C M. Ontology - Based Concept Map for Planning a Personalized Learning Path [J]. British Journal of Educational Technology, 2009, 40 (6): 1028 - 1058.

[37] CHEN C. Intelligent Web - Based Learning System with Personalized Learning Pathguidance [J]. Computers in Education, 2008, 51 (2): 787 - 814.

[38] CHILDREN T E. Precision Teaching in Perspective: An Interview with Ogden R. Lindsley [J]. Teaching Exceptional Children, 1971 (3): 117 - 119.

[39] DANIELE D M, JAN S, MARCUS S, et al. From Signals to Knowledge: A Conceptual Model for Multimodal Learning Analytics [J]. Journal of Computer Assis-

ted Learning, 2018, 34 (4): 338 – 349.

[40] DUNLOSKY J, RAWSON K A. Do Students Use Testing and Feedback While Learning? A Focus on Key Concept Definitions and Learning to Criterion [J]. Learning and Instruction, 2015, 39 (10): 32 – 44.

[41] DYCKHOFF A L, ZIELKE D, BULTMANN M, et al. Design and Implementation of a Learning Analytics Toolkit for Teachers [J]. Educational Technology & Society, 2012, 15 (3): 58 – 76.

[42] ESSA A, AYAD H. Improving Student Success Using Predictive Models and Data Visualisations [J]. Research in Learning Technology, 2012, 20: 58 – 70.

[43] FISCHER P, KASTENMüLLER A, GREITEMEYER T. Media Violence and the Self: The Impact of Personalized Gaming Characters in Aggressive Video Games on Aggressive Behavior [J]. Journal of Experimental Social Psychology, 2010, 46 (1): 192 – 195.

[44] HEATH J. Contemporary Privacy Theory Contributions to Learning Analytics [J]. Journal of Learning Analytics, 2014, 1 (1): 140 – 149.

[45] HWANG G J, KUO F R, YIN P Y, et al. A Heuristic Algorithm for Planning Personalized Learning Paths for Context – Aware Ubiquitous Learning [J]. Computers & Education, 2010, 54 (2): 404 – 415.

[46] IFENTHALER D, WIDANAPATHIRANA C. Development and Validation of a Learning Analytics Framework: Two Case Studies Using Support Vector Machines [J]. Technology, Knowledge and Learning, 2014, 19 (1): 221 – 240.

[47] KAKLAUSKAS A, ZAVADSKAS E K, PRUSKUS V, et al. Biometric and Intelligent Self – Assessment of Student Progress System [J]. Computers & Education, 2015, 55 (2): 821 – 833.

[48] KARDAN A A, EBRAHIM M A, IMANI M B. A New Personalized Learning Path Generation Method: ACO – Map [J]. Indian Journal of Scientific Research, 2014, 5 (1): 17 – 24.

[49] KIM C M. The Role of Affective and Motivational Factors in Designing Personalized Learning Environments [J]. Educational Technology Research and Development, 2012, 60 (4): 563 – 584.

[50] KOVANOVIC V, GAŠEVIC D, DAWSON S, et al. Does Time – on – task Estimation Matter? Implications on Validity of Learning Analytics Findings [J]. Journal of Learning Analytics, 2015, 2 (3): 81 – 110.

[51] LIN C F, YEH Y, HUNG Y H, et al. Data Mining for Providing a Personalized Learning Path in Creativity: An Application of Decision Trees [J]. Computers & Education, 2013, 68 (10): 199 – 210.

[52] LIN Y J, KIM C M. Professional Development for Personalized Learning (PD4PL) Guidelines [J]. Educational Technology, 2013, 53 (3): 21 – 27.

[53] LOCKYER L, HEATHCOTE E, DAWSON S. Informing Pedagogical Action: Aligning Learning Analytics with Learning Design [J]. American Behavioral Scientist, 2013, 57 (10): 1439 – 1459.

[54] NARCISS S, SOSNOVSKY S, SCHNAUBERT L, et al. Exploring Feedback and Student Characteristics Relevant for Personalizing Feedback Strategies [J]. Computer & Education, 2012, 71 (2): 56 – 76.

[55] PAQUETTE L, OCUMPAUGH J, LI Z, et al. Who's Learning? Using Demographics in EDM Research [J]. Journal of Educational Data Mining, 2020, 12 (3): 1 – 13.

[56] PARDO A, SIEMENS G. Ethical and Privacy Principles for Learning Analytics [J]. British Journal of Educational Technology, 2014, 45 (3): 438 – 450.

[57] PARDOS Z A, BAKER R S J D, SAN PEDRO M O C Z, et al. Affective States and State Tests: Investigating How Affect and Engagement During the School Year Predict End – of – Year Learning Outcomes [J]. Journal of Learning Analytics, 2014, 1 (1): 107 – 128.

[58] PR? ITZ T S. Learning Outcomes: What are They? Who Defines Them? When and Where are They Defined? [J]. Educational Assessment, Evaluation and Accountability, 2010, 22 (2): 119 – 137.

[59] RITZHAUPT A D, KEALY W A. On the Utility of Pictorial Feedback in Computer – Based Learning Environments [J]. Computers in Human Behavior, 2015, 48 (7): 525 – 534.

[60] SIEMENS G. Learning Analytics: The Emergence of a Discipline [J]. American Behavioral Scientist, 2013, 57 (10): 1380 – 1400.

[61] SUPRAYOGI M N, VALCKE M, GODWIN R. Teachers and Their Implementation of Differentiated Instruction in the Classroom [J]. Teaching & Teacher Education, 2017, 67 (6): 291 – 301.

[62] SYED A R, GILLELA K. The Future Revolution on Big Data [J]. International Journal of Advanced Research in Computer and Communication Engineering,

2013 (6): 2446-2451.

[63] THE BILL & MELINDA GATES FOUNDATION, THE MICHAEL AND SUSAN DELL FOUNDATION, EDUCAUSE, et al. Personalized Learning: A Working Definition [J]. Education Week, 2014, 34 (9): 7-8.

[64] YOU J W. Identifying Significant Indicators Using LMS Data to Predict Course Achievement in Online Learning [J]. The Internet and Higher Education, 2016, 29 (4): 23-30.

[65] ZHANG W, ZHANG Y, MA L, et al. Multimodal Learning for Facial Expression Recognition [J]. Pattern Recognition, 2015, 48 (10): 3191-3202.

[66] DEPARTMENT FOR EDUCATION AND SKILLS. A National Conversation about Personalized Learning [R]. Nottingham: Department for Education and Skills, 2004.

[67] JOHNSON L, BROWN M, BECKER S A, et al. NMC Horizon Report: 2013 Higher Education Edition [R]. Austin: The New Media Consortium, 2013.

[68] MANYIKA J, CHUI M, BROWM B, et al. Big Data: The Next Frontier for Innovation, Competition, and Productivity [R]. New York: Mckinsey Global Institute, 2011.

[69] U. S. DEPARTMENT OF EDUCATION. Future Ready Learning: Reimagining the Role of Technology in Education [R]. Washington D. C.: U. S. Department of Education, 2016.

[70] U. S. DEPARTMENT OF EDUCATION. National Education Technology Plan 2016: Future Ready Learning: Reimagining the Role of Technology in Education [R]. Washington D. C.: U. S. Department of Education, 2016.

[71] WOLF M A. Innovate to Educate: System [Re] Design for Personalized Learning: A Report from the 2010 Symposium [R]. Washington D. C.: Software & Information Industry Association, 2010.

[72] CULATTA R. What Are You Talking About?! The Need for Common Language around Personalized Learning [EB/OL]. Educause Website, 2016-03-21.

[73] HEER R. A Model of Learning Objectives Based on A Taxonomy for Learning, Teaching, and Assessing: A Revision of Bloom's Taxonomy of Educational Objectives [EB/OL]. Celtiastate Website, 2017-02-08.

[74] SIEMENS G. Personal Learning Graphs (PLeG) [EB/OL]. Elearnspace Website, 2015-07-02.